Anna Hila | Franz Specht | Dr. Dörte Weers
Maria Katharina Lauritsch | Ulrike Lindemann | Katja Hanke

MOMENTE B1

DEUTSCH ALS FREMDSPRACHE

Kursbuch

PLUS INTERAKTIVE VERSION

Hueber Verlag

Für die hilfreichen Hinweise bei der Entwicklung des Lehrwerks danken wir:
Beke Meyerdierks, Goethe-Institut, Madrid, Spanien
Carla Christiany, Bologna, Italien
Hans Joachim Schulze, Goethe-Institut Frankfurt, Deutschland
Lisa Hainzl, Universität Salzburg, Österreich
Tünde Salakta, Budapest, Ungarn
Ulrike Lindemann, Lüneburg, Deutschland

Fachliche Beratung:
Prof. Christian Fandrych, Herder-Institut, Universität Leipzig, Deutschland
Prof. Dr. Marion Grein, Leitung Masterstudiengang DaF / DaZ, Universität Mainz, Deutschland

5. 4. 3. | Die letzten Ziffern
2030 29 28 27 26 | bezeichnen Zahl und Jahr des Druckes.
Alle Drucke dieser Auflage können, da unverändert, nebeneinander benutzt werden.
1. Auflage

Umschlaggestaltung: Sieveking Agentur, München
Layout und Satz: Sieveking Agentur, München
Verlagsredaktion: Jutta Orth-Chambah, Silke Hilpert, Sabine Hyna, Cornelia Kentmann, Anna Meißner-Probst, Maria Reimann, Franziska Roth, Hueber Verlag, München
GPSR-Kontakt: Hueber Verlag GmbH & Co. KG, Baubergerstraße 30, 80992 München, kundenservice@hueber.de
Druck und Bindung: FIRMENGRUPPE APPL Holding GmbH & Co. KG, Senefelderstraße 3–11, 86650 Wemding, info@appl.de
Printed in Germany
ISBN 978-3-19-501793-0

Art. 530_26468_001_03

Wegweiser

MOMENTE

- trainiert die kommunikativ-sprachlichen Aktivitäten des Begleitbandes zum Europäischen Referenzrahmen – Rezeption, Produktion, Interaktion, Mediation – und fördert plurikulturelle und plurilinguale Kompetenzen.
- ist ein motivierendes Lehrwerk: MOMENTE macht die Lernziele transparent, schafft viele Erfolgserlebnisse und weckt mit spannenden Protagonistinnen und Protagonisten, Themen und Geschichten die Neugier der Lernenden.
- ist handlungsorientiert und bereitet auf Alltag und Beruf vor. Immer eine Lektion pro Modul spielt in einem beruflichen Kontext.
- fördert das gemeinsame Lernen im Kurs durch kooperative Aufgaben.
- ermöglicht individuelles Lernen durch vielfältige Angebote für heterogene Gruppen und durch ein umfassendes Angebot an Erklär-Clips und interaktiven Übungen.
- enthält eine integrierte interaktive Version und eine geschickte Verzahnung von print und digital.

KURSBUCH – STRUKTUR

Pro Niveaustufe 8 Module mit jeweils 3 Lektionen, Schnelltests zu den Lektionen und einer Übersicht über Grammatik und Redemittel (Kommunikation) am Modulende, sowie einem Magazin im Anhang.

MODUL – AUFBAU

3 Lektionen

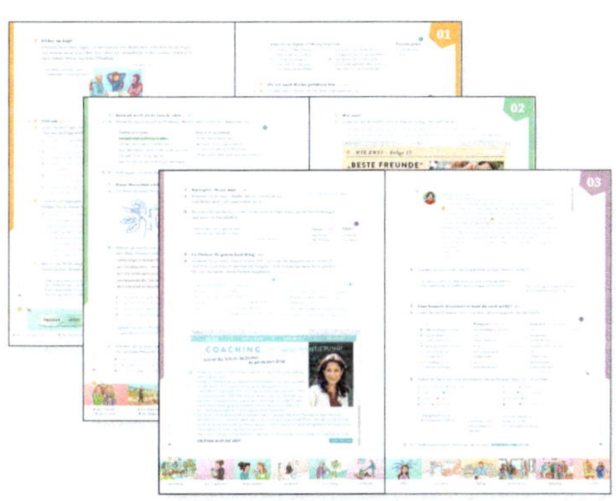

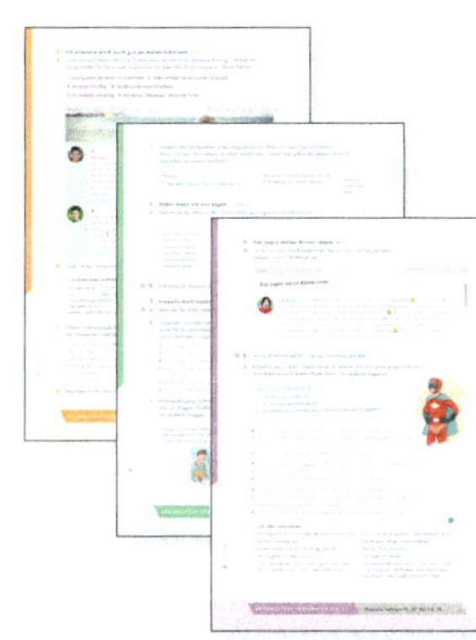

Am Modulende: Schnelltests zu den Lektionen und Übersichtsseiten zum Modul

Im Anhang: Magazinseiten

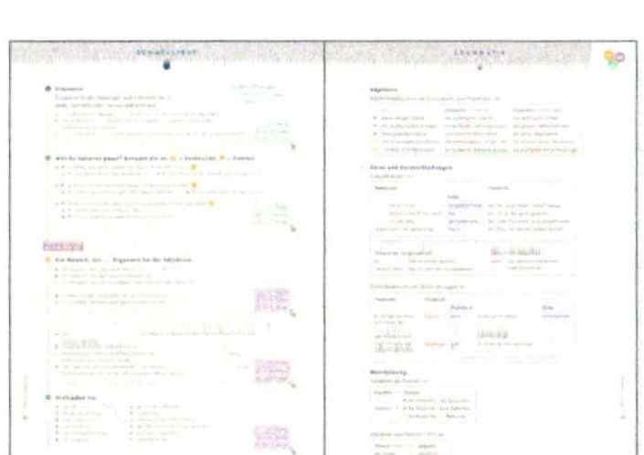

Die Schnelltests greifen den Stoff der Lektionen auf und der Lernerfolg kann allein oder in Gruppen überprüft werden.

Grammatik und Redemittel des Moduls werden klar und übersichtlich dargestellt.

Ein buntes achtseitiges Magazin beleuchtet die Lektionsthemen aus neuen Perspektiven, fördert die plurikulturelle Kompetenz und bietet spannende und vielseitige Themen aus den deutschsprachigen Ländern.

Wegweiser

LEKTION – AUFBAU

Jede Lektion besteht aus vier Seiten und ist transparent aufgebaut. Der Einstieg besteht aus einem oder mehreren interessanten Fotos. Die Geschichten dazu bilden den Rahmen der Lektion.

Die Aufgaben der Aktionsseiten ermöglichen echte Kommunikation im Kursraum und bieten handlungsorientierte oder spielerische Aufgaben in den Bereichen Sprechen und Schreiben.

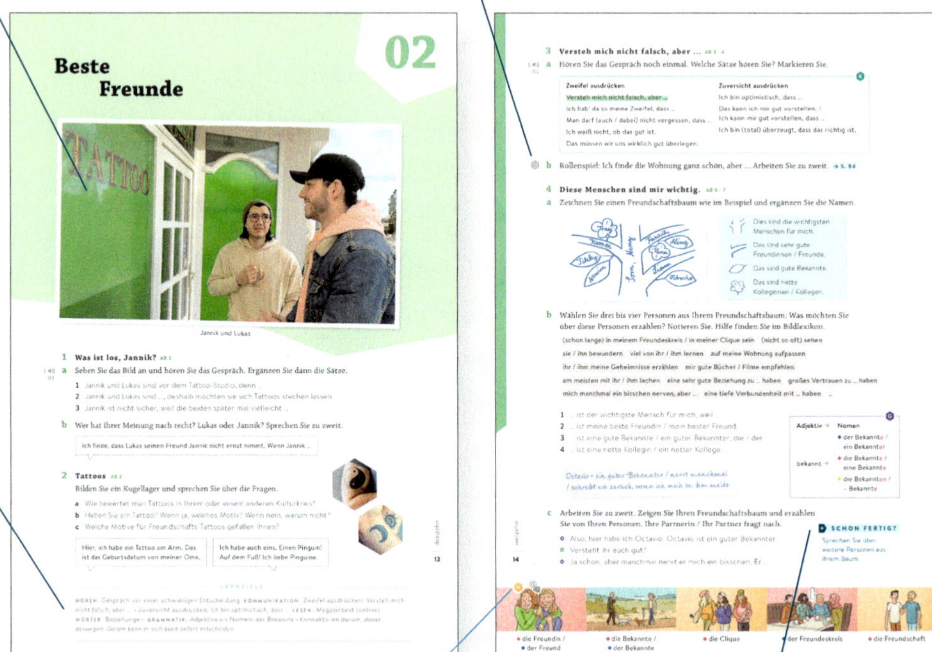

Die Lernziele jeder Lektion werden transparent dargestellt.

Die Wörter im Bildlexikon können mit zusätzlichen Übungen interaktiv weitergeübt werden.

Für schnellere Lernende gibt es kleine Extra-Aufgaben.

PIKTOGRAMME UND SYMBOLE

(Lautsprecher)	Hörtext
(Play)	Film zur Lektion
(Hand)	Erklär-Clip und / oder interaktive Übung
AB 1–3	Übung im Arbeitsbuch
(Sprechblasen)	Hinweis auf gesprochene Sprache

(Sechseck)	Aktionsseite
	WIEDERHOLUNG
	ZWISCHENSCHRITT
W	Wörter
G	Grammatik
K	Kommunikation

In jeder Lektion werden Lese- und Hörstrategien trainiert. Auch die produktiven Fertigkeiten Sprechen und Schreiben werden systematisch aufgebaut.

Der Grammatikstoff der Lektion wird induktiv und im Kontext eines Lese- oder Hörtextes eingeführt.

Die animierten Erklär-Clips zur Grammatik können im Kurs ebenso eingesetzt werden wie für die individuelle Vor- und Nachbereitung. Dazu gibt es eine interaktive Übung zur Vertiefung.

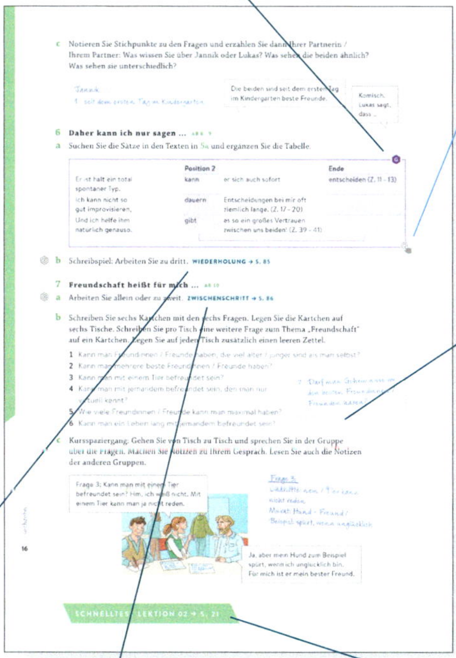

Die neuen Strukturen und Redemittel der Lektion münden in handlungsorientierte Aufgaben.

In einem Schnelltest am Modulende zum Stoff der Lektion kann der Lernerfolg allein oder in Gruppen überprüft werden. Je nach Ergebnis im Schnelltest kann individuell mit erweiternden oder vertiefenden Übungen interaktiv weitergeübt werden.

Die Rubrik **WIEDERHOLUNG** bietet auf den Aktionsseiten die Möglichkeit zur Wiederholung bekannter Grammatikthemen.

Die Rubrik **ZWISCHENSCHRITT** bietet auf den Aktionsseiten die Möglichkeit zur Binnendifferenzierung und zur Vorentlastung der Abschlussaufgaben.

UNTERRICHTEN UND LERNEN WIE UND WO SIE WOLLEN

Ob im Kursraum, von zu Hause oder unterwegs per Tablet oder Laptop: Wir stellen Ihnen dieses Lehrwerk digital als interaktive Version zur Verfügung. Egal, ob off- oder online.

- Alle Hörtexte, Filme, Erklär-Clips zur Grammatik sowie interaktive Übungen lassen sich direkt aufrufen und im integrierten Player abspielen – ganz einfach ohne Download oder weitere Abspielgeräte.
- Die Aufgaben im Buch stehen Ihnen interaktiv mit Lösungsanzeige zur Verfügung und lassen sich direkt starten.
- Integrierte Werkzeuge wie Marker, Kommentar, Lupe und Vollbildmodus unterstützen Sie bei der Unterrichtsvorbereitung und Präsentation im Unterricht am Whiteboard oder Touchscreen.
- Mit unserer Hueber interaktiv App können Sie die interaktive Version auch offline nutzen und auf eine Vielzahl der Materialien des Lehrwerks per Smartphone zugreifen.

Übrigens: Ihren Startcode zur Aktivierung der interaktiven Version zu diesem Buch finden Sie auf der vorderen Umschlagseite unter der Landkarte.

Inhalt

Inhalt

Die erste Stunde im Kurs: So bunt ist unser Kurs!

1 Schreiben Sie Ihren Namen auf eine Karte und stellen Sie sie vor sich auf den Tisch.

2 Ihre Kursleiterin / Ihr Kursleiter stellt eine Frage. Können Sie die Frage mit „Ja“ beantworten? Dann stehen Sie auf. Welche Themen interessieren Sie? Mit wem möchten Sie darüber reden? Notieren Sie die Namen von mindestens drei Personen und machen Sie Notizen.

- Wer hat schon in mehr als einem Land gelebt?
- Wer ist jeden Tag mehr als eine Stunde in sozialen Netzwerken aktiv?
- Wer isst kein Fleisch?
- Wer hat ein Haustier?
- Wer hat mehr als zwei Geschwister?
- Wer lebt in einer Großstadt?
- Wer spricht zu Hause mehr als eine Sprache?
- Wer verreist gern?
- Wer fährt nicht mit dem Auto zur Arbeit?
- Wer ist schon öfter umgezogen?
- Wer hat schon mal an einem Marathon teilgenommen?
- Wer steht immer früh auf?

> Wer hat schon in mehr als einem Land gelebt?

Mirko: in mehr als einem Land gelebt
Dana: an Marathon teilgenommen
Adil: ...

3 Kursspaziergang: Nehmen Sie Ihre Namenskarte und Ihre Notizen mit und sprechen Sie nacheinander mit „Ihren“ Personen über die Themen. Ergänzen Sie Ihre Notizen.

4 Was haben Sie über die anderen im Kurs erfahren? Sammeln Sie im Kurs.

> Dana hat schon mal an einem Marathon in New York teilgenommen. Das will ich jetzt auch unbedingt machen. Dana will mir Tipps geben. Das ist echt toll!

> Ja, und sie hat zwei Katzen. Sie hat mir Fotos gezeigt. Total süß!

Das weiß ich noch genau!

01

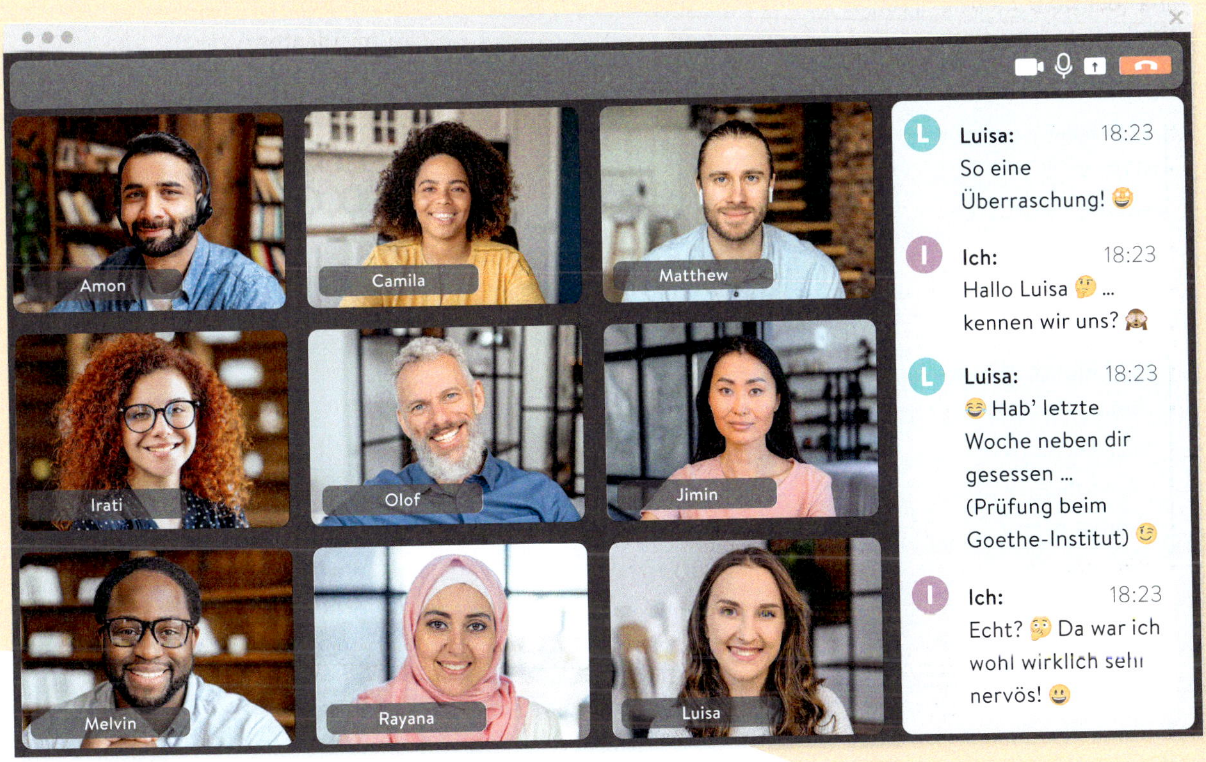

1 Kennen wir uns? AB 1–2

a Sehen Sie den Bildschirm an und lesen Sie den Chat. Zu wem passt das? Verbinden Sie.

Irati

1 ... macht einen Online-Deutschkurs.
2 ... freut sich über das Wiedersehen.
3 ... findet es peinlich, dass sie sich nicht erinnert.
4 ... hat eine Prüfung beim Goethe-Institut gemacht.
5 ... findet die Situation lustig.
6 ... erklärt, dass sie bei der Prüfung aufgeregt war.

Luisa

b Wie reagieren Sie, wenn ...? Arbeiten Sie zu zweit. WIEDERHOLUNG → S. 156

2 So eine Überraschung!

Machen Sie einen Kursspaziergang. Spielen Sie „Wiedersehen" an verschiedenen Orten (auf einer Party, im Café, ...) und stellen Sie sich vor.

- Hey! So eine Überraschung! Kennen wir uns nicht?

- Stimmt! Wir haben uns letzte Woche auf Michikos Party gesehen! ...
- Genau! Wie war noch mal dein Name? ...

- Ähm ... Sorry! ... Ich erinnere mich gerade nicht, ...
- ...

LERNZIELE

LESEN: Chat in einer Videokonferenz HÖREN: Podcast KOMMUNIKATION: etwas mit der eigenen Erfahrung vergleichen: *Das kann ich bestätigen. / Das kenne ich von mir nicht.* • Beispiele geben: *... wie ...*
LESEN: Forumsbeiträge KOMMUNIKATION: von Erlebnissen erzählen: *Ich habe viele Erinnerungen an ...*
SCHREIBEN: über ein Erlebnis schreiben WÖRTER: Lebensphasen GRAMMATIK: Konnektor *als: Als ich mich hingesetzt habe, ...*

3 Bilder im Kopf

Arbeiten Sie zu dritt. Sagen Sie ein Wort aus dem Bildlexikon. Schließen Sie die Augen und denken Sie an sich selbst. Was sehen Sie? Erzählen Sie es den anderen. Wählen Sie dann weitere Wörter aus dem Bildlexikon.

Das Alter: Ich habe zehn Enkelkinder und bin glücklich.

Ich reise viel.

Ich sitze auf dem Balkon und beobachte die Straße.

1 🔊 01

4 Podcast AB 3–4

a Lesen Sie die Fragen und hören Sie dann den Podcast. Über welche Frage wird nicht gesprochen? Kreuzen Sie an.

1 ◯ *Erlebnis in der Bahn*: Warum erinnert sich der eine und der andere nicht?

2 ◯ *Frisches Brot*: Wie hängen Erlebnisse, Erinnerungen und Gefühle zusammen?

3 ◯ *Hund und Torte*: Ab wann können wir uns erinnern?

4 ◯ *Der Song aus der Jugend*: An welche Musik erinnern sich ältere Menschen?

5 ◯ *Geschichten von früher*: Wie verändern sich Erinnerungen?

Tim Wittmann spricht mit der Neurowissenschaftlerin Dr. Alexia Nikolaou über:

Erinnerung

b Lesen Sie die Aussagen. Was meinen Sie: Welche Aussagen passen zu welcher Frage in a? Ordnen Sie zu. Hören Sie dann noch einmal und vergleichen Sie.

- (3) Später erinnert man sich vor allem an die Zeit zwischen 10 und 30 Jahren.
- ◯ Erinnerungen sind individuell: Jede/r erinnert sich anders.
- ◯ Gerüche können Erinnerungen wecken.
- ◯ Gemeinsame Erlebnisse verbinden.
- ◯ An die ersten Lebensjahre erinnert man sich oft durch Fotos.
- ◯ Erinnerungen sind oft positiver als die Realität.
- ◯ Wir erinnern uns, wenn wir etwas besonders finden.
- ◯ Erinnerungen sind mit Gefühlen verbunden.

c Wie ist Ihre Erfahrung? Wählen Sie eine Aussage aus b und sprechen Sie mit Ihrer Partnerin / Ihrem Partner. Verwenden Sie die Sätze aus dem Kasten auf Seite 13.

„Gerüche können Erinnerungen wecken." Stimmt. Das ist bei mir auch so: Wir hatten zum Beispiel früher eine Katze. Ich erinnere mich genau an den Geruch von ihrem Futter.

Ich glaube, bei mir ist das anders. Ich erinnere mich eher an Dinge, die ich oft gehört habe, wie die Straßenbahn vor meinem Fenster.

W

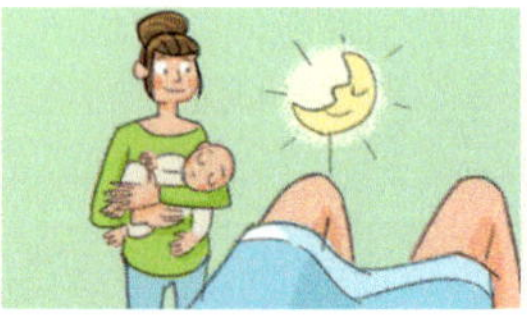

◆ die Vergangenheit ◆ die Gegenwart ◆ die Zukunft ◆ die Geburt ◆ die Kindheit

etwas mit der eigenen Erfahrung vergleichen				Beispiele geben
	Genau. / (Das) Stimmt.		Ich weiß nicht, ob das stimmt.	... zum Beispiel ...
	Das ist bei mir auch so.		Ich glaube, das ist bei mir anders.	... wie ...
✓	Das kenne ich auch.	✗	Das kenne ich von mir nicht.	
	Das geht mir genauso.		Echt? Das geht mir eher nicht so.	
	Das kann ich bestätigen.		Das kann ich nicht bestätigen.	

5 Als ich nach Mainz gefahren bin, ... AB 5 – 7

1 02 **a** *als* oder *wenn*? Hören Sie die Sätze und ergänzen Sie.

		Ende	
....	ich mich	hingesetzt habe,	hat der junge Mann „Hallo" gesagt.
....	ich als Erster wach	war,	bin ich zur Bäckerei gelaufen.
....	ich zwei	geworden bin,	hat unser Hund die Torte aufgefressen.
Immer	ich Geburtstag	hatte,	hat Oma von meiner Geburt erzählt.

b Wie oft ist das passiert? Lesen Sie die Sätze in a noch einmal und ordnen Sie zu: *einmal* oder *mehr als einmal*.

Sätze in der Vergangenheit		Sätze in der Gegenwart	
als	Das ist .... passiert.	wenn	Das passiert einmal oder mehr als einmal.
(immer) wenn	Das ist .... passiert.		

6 Schreibspiel

a Arbeiten Sie zu viert. Jede/r schreibt einen Satzanfang auf einen Zettel, ergänzt ihn und gibt ihn nach links weiter.

1 Als ich geboren wurde, ...
2 Immer wenn ich Geburtstag hatte, ...
3 Als ich in die Schule gekommen bin, ...
4 Jedes Mal wenn die Ferien angefangen haben, ...

b Jede/r ergänzt einen weiteren Satz. Das Spiel ist zu Ende, wenn alle in der Gruppe vier Sätze geschrieben haben. Lesen Sie Ihre Zettel in der Gruppe vor.

7 Immer wenn du „und" gesagt hast, ...

Arbeiten Sie zu zweit. → S. 157

◆ die Schulzeit

◆ die Jugend

◆ die / ◆ der Erwachsene

◆ das Alter

8 Ich erinnere mich noch gut an meine Schulzeit. AB 8–9

a Lesen Sie das Forum. Welches Thema passt am besten zu welchem Beitrag? Ordnen Sie das passende Thema zu und vergleichen Sie dann mit Ihrer Partnerin / Ihrem Partner.

1 eine typische Situation im Unterricht 2 eine wichtige Person aus der Schulzeit
3 der erste Schultag 4 das Besondere am Schulhaus
5 der tägliche Schulweg 6 ein kleines Abenteuer mit gutem Ende

www.erinnerungen-blog.com

A ⬡
Nanouk Ich habe viele aufregende Erinnerungen an meine Schulzeit. Besonders gut kann ich mich an die Pausen erinnern. Wenn es geregnet hat, waren wir gern auf dem Korridor vor den Biologie-Sälen – dort gab es nämlich Aquarien mit Fischen. Einmal haben wir ein altes Pausenbrot ins Wasser geworfen. Als unser Bio-Lehrer das gemerkt hat, gab es richtig Ärger. Das vergesse ich nie! Zum Glück haben alle Fische überlebt ;-) Wenn ich mich heute daran erinnere, ist es lustig, aber damals hatte ich echt ein schlechtes Gewissen.

B ⬡
Liam Ich denke auch gern an meine Schulzeit, besonders an meine erste Lehrerin. Als sie am ersten Tag ins Klassenzimmer gekommen ist, hatte sie einen großen grünen Koffer dabei. Das weiß ich noch genau! Der Koffer war voll mit besonderen Sachen: eine kleine Glocke, eine Sanduhr, verschiedene Stempel ... Immer wenn wir mit einer Aufgabe fertig waren, haben wir einen tollen Stempel bekommen. Leider habe ich nach einem Jahr die Schule gewechselt.

b Lesen Sie das Forum in **a** noch einmal und ergänzen Sie dann zu zweit die Sätze im Kasten.

von Erlebnissen erzählen (K)

Ich habe viele ... Erinnerungen an ...	Einmal ... / Als ...
Ich .... gern / nicht so gern an ...	Ich hatte Glück, weil ... / .... Glück ...
Besonders gut kann ich .... an ... erinnern.	Mein Pech war, dass ... / Leider ...
Das weiß ich noch .... !	Wenn ich mich heute .... erinnere, ...
Immer / Jedes Mal wenn ...	Das .... ich nie!

c Welche Erinnerungen haben Sie an Ihre Schulzeit? Schreiben Sie über ein Erlebnis. Die Themen in **a** und die Fragen helfen Ihnen.

- Wann war das? (auf dem Schulweg, im Unterricht, in der Pause, ...)
- Wo war das? (im Klassenzimmer, in der Sporthalle, auf dem Pausenhof, ...)
- Wer war dabei? (Schulfreund*in, Lehrer*in, Hausmeister*in, Direktor*in, ...)
- Wie war die Situation damals? (lustig, peinlich, unangenehm, überraschend, ...)
- Warum erinnern Sie sich heute noch daran?

Extra

Film

d Tauschen Sie die Texte mit Ihrer Partnerin / Ihrem Partner und stellen Sie Fragen.

SCHNELLTEST LEKTION 01 → S. 23

02

Beste Freunde

Jannik und Lukas

1 Was ist los, Jannik? AB 1

1 03 **a** Sehen Sie das Bild an und hören Sie das Gespräch. Ergänzen Sie dann die Sätze.

1 Jannik und Lukas sind vor dem Tattoo-Studio, denn ...
2 Jannik und Lukas sind ..., deshalb möchten sie sich Tattoos stechen lassen.
3 Jannik ist nicht sicher, weil die beiden später mal vielleicht ...

b Wer hat Ihrer Meinung nach recht? Lukas oder Jannik? Sprechen Sie zu zweit.

> Ich finde, dass Lukas seinen Freund Jannik nicht ernst nimmt. Wenn Jannik ...

2 Tattoos AB 2

Bilden Sie ein Kugellager und sprechen Sie über die Fragen.

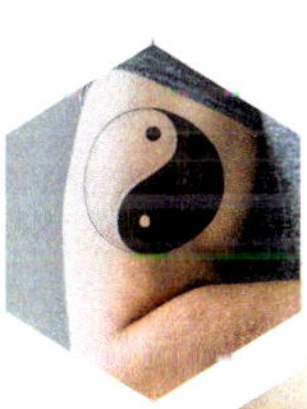

a Wie bewertet man Tattoos in Ihrem oder einem anderen Kulturkreis?
b Haben Sie ein Tattoo? Wenn ja, welches Motiv? Wenn nein, warum nicht?
c Welche Motive für Freundschafts-Tattoos gefallen Ihnen?

> Hier, ich habe ein Tattoo am Arm. Das ist das Geburtsdatum von meiner Oma.

> Ich habe auch eins. Einen Pinguin! Auf dem Fuß! Ich liebe Pinguine.

LERNZIELE

HÖREN: Gespräch vor einer schwierigen Entscheidung KOMMUNIKATION: Zweifel ausdrücken: *Versteh mich nicht falsch, aber ...* • Zuversicht ausdrücken: *Ich bin optimistisch, dass ...* LESEN: Magazintext (online) WÖRTER: Beziehungen GRAMMATIK: Konnektoren *darum, daher, deswegen: Darum kann er sich auch sofort entscheiden.* • Wortbildung: Adjektive als Nomen: *der Bekannte*

3 Versteh mich nicht falsch, aber ... AB 3–4

1 🔊 03 **a** Hören Sie das Gespräch noch einmal. Welche Sätze hören Sie? Markieren Sie.

K

Zweifel ausdrücken	Zuversicht ausdrücken
Versteh mich nicht falsch, aber ...	Ich bin optimistisch, dass ...
Ich hab' da so meine Zweifel, dass ...	Das kann ich mir gut vorstellen. / Ich kann mir gut vorstellen, dass ...
Man darf (auch / dabei) nicht vergessen, dass ...	Ich bin (total) überzeugt, dass das richtig ist.
Ich weiß nicht, ob das gut ist.	
Das müssen wir uns wirklich gut überlegen.	

b Rollenspiel: Ich finde die Wohnung ganz schön, aber ... Arbeiten Sie zu zweit. → S. 158

4 Diese Menschen sind mir wichtig. AB 5–7

a Zeichnen Sie einen Freundschaftsbaum wie im Beispiel und ergänzen Sie die Namen.

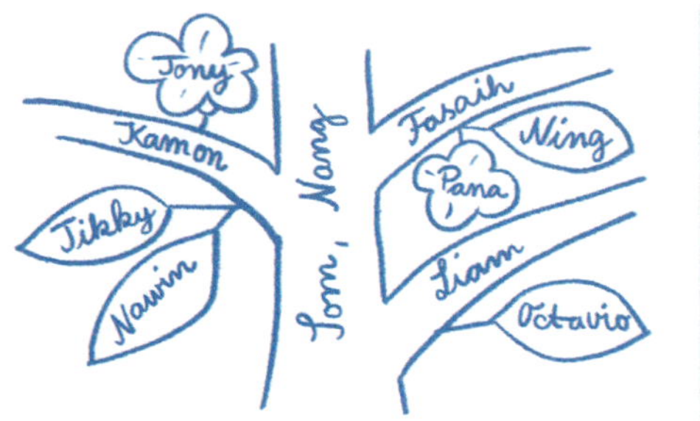

- Dies sind die wichtigsten Menschen für mich.
- Das sind sehr gute Freundinnen / Freunde.
- Das sind gute Bekannte.
- Das sind nette Kolleginnen / Kollegen.

b Wählen Sie drei bis vier Personen aus Ihrem Freundschaftsbaum: Was möchten Sie über diese Personen erzählen? Notieren Sie. Hilfe finden Sie im Bildlexikon.

(schon lange) in meinem Freundeskreis / in meiner Clique sein · (nicht so oft) sehen · sie / ihn bewundern · viel von ihr / ihm lernen · auf meine Wohnung aufpassen · ihr / ihm meine Geheimnisse erzählen · mir gute Bücher / Filme empfehlen · am meisten mit ihr / ihm lachen · eine sehr gute Beziehung zu ... haben · großes Vertrauen zu ... haben · mich manchmal ein bisschen nerven, aber ... · eine tiefe Verbundenheit mit ... haben · ...

1 ... ist der wichtigste Mensch für mich, weil ...
2 ... ist meine beste Freundin / mein bester Freund.
3 ... ist eine gute Bekannte / ein guter Bekannter, die / der ...
4 ... ist eine nette Kollegin / ein netter Kollege.

Octavio = ein guter Bekannter / nervt manchmal / schreibt nie zurück, wenn ich mich bei ihm melde

G

Adjektiv →	Nomen
bekannt →	◆ der Bekannte / ein Bekannter
	◆ die Bekannte / eine Bekannte
	◆ die Bekannten / – Bekannte

c Arbeiten Sie zu zweit. Zeigen Sie Ihren Freundschaftsbaum und erzählen Sie von Ihren Personen. Ihre Partnerin / Ihr Partner fragt nach.

- ○ Also, hier habe ich Octavio. Octavio ist ein guter Bekannter.
- □ Versteht ihr euch gut?
- ○ Ja schon, aber manchmal nervt er mich ein bisschen. Er ...

+ SCHON FERTIG? Sprechen Sie über weitere Personen aus Ihrem Baum.

W

◆ die Freundin / ◆ der Freund

◆ die Bekannte / ◆ der Bekannte

◆ die Clique

◆ der Freundeskreis

◆ die Freundschaft

5 Wir zwei!

a Lesen Sie den Artikel bis Zeile 5. Was ist richtig? Kreuzen Sie an.

○ Jannik und Lukas haben gemeinsam etwas über ihre Freundschaft geschrieben.
○ Jannik und Lukas haben jeder für sich geschrieben, was sie über ihre Freundschaft denken.

www.wir-zwei_magazin.de

WIR ZWEI – Folge 15

„BESTE FREUNDE"

Von Jannik S. (23) und Lukas B. (24) erfahren wir, wo sie sich kennengelernt haben, wie lange sie schon „beste Freunde" sind und was sie über sich und ihre Freundschaft denken. Die Texte hat jeder allein geschrieben, wie immer in „WIR ZWEI".

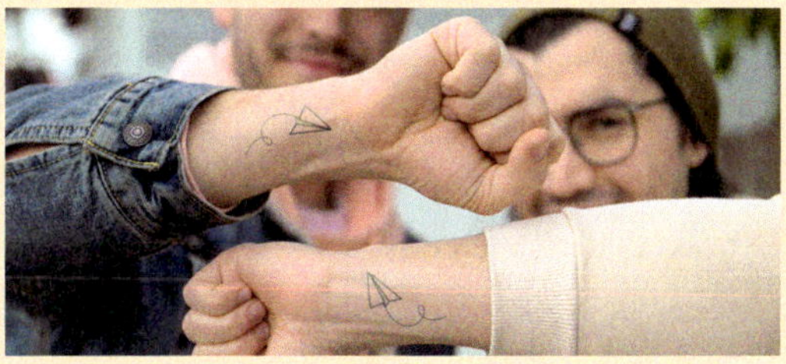

LUKAS und ich sind fast gleich alt. Aber vom Typ her sind wir ziemlich unterschiedlich. Zum Beispiel wenn es um Entscheidungen geht. „Machen wir dies?" „Machen wir das?" „Ja oder nein?" Für Lukas ist das meistens überhaupt kein Problem. Er ist halt ein total spontaner Typ. Darum kann er sich auch sofort entscheiden. Und wenn er sich mal für was entschieden hat, dann macht er das auch. Bei mir ist es ganz anders. Für mich sind Entscheidungen oft sehr schwierig. Ich muss bei allem erst mal nachdenken. Ich kann eben nicht so gut improvisieren wie Lukas, daher dauern Entscheidungen bei mir oft ziemlich lange. Trotzdem haben wir zwei uns immer supergut verstanden. Oder vielleicht gerade deswegen? Wir kennen uns schon seit dem Kindergarten. Seit zwanzig Jahren! Wahnsinn, was? Ich glaube, wir waren vom ersten Tag an „beste Freunde". Heute hat natürlich jeder von uns auch seinen ganz eigenen Freundeskreis, seine eigene Clique. Aber die Freundschaft zwischen Lukas und mir ist wirklich was ganz Besonderes. So eine tiefe Verbundenheit wie zwischen uns beiden, das gibt's wohl nicht so oft, denke ich. Echt schön!

JANNIK und ich waren schon im Kindergarten Freunde. „Beste Freunde" sind wir aber erst später geworden, so mit dreizehn oder vierzehn, denke ich. Wir können immer total ehrlich miteinander sprechen. Und wenn ich ein Problem habe, ist er für mich da. Das kann auch mal mitten in der Nacht sein oder wenn er gerade in der Arbeit ist. Und ich helfe ihm natürlich genauso. Deswegen gibt es so ein großes Vertrauen zwischen uns beiden! Wir sind uns gar nicht ähnlich. Ich bin mehr der Macher und er ist eher ein Denker. Beides hat ja Vor- und Nachteile, darum finde ich es auch cool, dass wir uns da so gut ergänzen. Vor einem Jahr zum Beispiel, bei der Sache mit unseren „Freundschafts-Tattoos". Ich wollte richtig große, auffällige Tattoos haben, am Hals oder auf der Hand. Und Jannik? Erst sagt er „Ja, okay", dann sagt er „Hmmm" und dann sagt er „Lieber nicht". Nach einem intensiven Gespräch im Tattoo-Studio haben wir uns dann kleinere Tattoos innen am Handgelenk machen lassen. Und ganz ehrlich: Heute finde ich das auch viel, viel besser! Daher kann ich nur sagen: Super, wenn man einen besten Freund hat!

b Arbeiten Sie zu zweit. Partner/in A liest den Text von Jannik und Partner/in B den Text von Lukas. Markieren Sie in Ihrem Text in fünf Farben:

1. Seit wann sind Jannik und Lukas beste Freunde?
2. Sind sie sich ähnlich oder sind sie unterschiedlich?
3. Was sagen sie über sich selbst?
4. Was sagen sie über ihren Freund?
5. Was sagen sie über ihre Freundschaft? Sagen sie etwas zu dem Tattoo? Wenn ja, was?

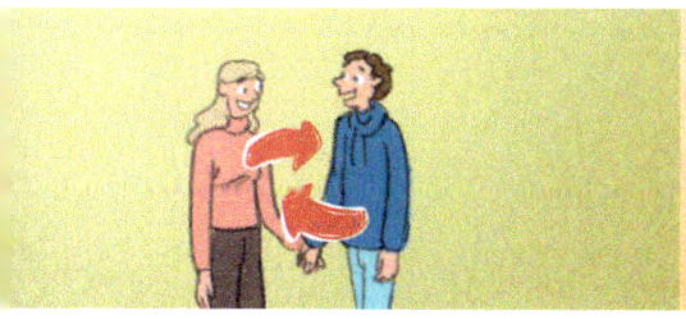

◆ die Beziehung

◆ die Verbundenheit

◆ das Vertrauen

◆ die Liebe

c Notieren Sie Stichpunkte zu den Fragen und erzählen Sie dann Ihrer Partnerin / Ihrem Partner: Was wissen Sie über Jannik oder Lukas? Was sehen die beiden ähnlich? Was sehen sie unterschiedlich?

Jannik
1 seit dem ersten Tag im Kindergarten

Die beiden sind seit dem ersten Tag im Kindergarten beste Freunde.

Komisch. Lukas sagt, dass …

6 Daher kann ich nur sagen … AB 8 – 9

a Suchen Sie die Sätze in den Texten in 5a und ergänzen Sie die Tabelle.

G

		Position 2		Ende
Er ist halt ein total spontaner Typ.	....	kann	er sich auch sofort	entscheiden (Z. 11 – 13)
Ich kann nicht so gut improvisieren,	....	dauern	Entscheidungen bei mir oft ziemlich lange. (Z. 17 – 20)	
Und ich helfe ihm natürlich genauso.	....	gibt	es so ein großes Vertrauen zwischen uns beiden! (Z. 39 – 41)	

b Schreibspiel: Arbeiten Sie zu dritt. WIEDERHOLUNG → S. 159

7 Freundschaft heißt für mich … AB 10

a Arbeiten Sie allein oder zu zweit. ZWISCHENSCHRITT → S. 160

b Schreiben Sie sechs Kärtchen mit den sechs Fragen. Legen Sie die Kärtchen auf sechs Tische. Schreiben Sie pro Tisch eine weitere Frage zum Thema „Freundschaft" auf ein Kärtchen. Legen Sie auf jeden Tisch zusätzlich einen leeren Zettel.

1 Kann man Freundinnen / Freunde haben, die viel älter / jünger sind als man selbst?
2 Kann man mehrere beste Freundinnen / Freunde haben?
3 Kann man mit einem Tier befreundet sein?
4 Kann man mit jemandem befreundet sein, den man nur virtuell kennt?
5 Wie viele Freundinnen / Freunde kann man maximal haben?
6 Kann man ein Leben lang mit jemandem befreundet sein?

7 Darf man Geheimnisse vor den besten Freundinnen / Freunden haben?

c Kursspaziergang: Gehen Sie von Tisch zu Tisch und sprechen Sie in der Gruppe über die Fragen. Machen Sie Notizen zu Ihrem Gespräch. Lesen Sie auch die Notizen der anderen Gruppen.

Frage 3: Kann man mit einem Tier befreundet sein? Hm, ich weiß nicht. Mit einem Tier kann man ja nicht reden.

Ja, aber mein Hund zum Beispiel spürt, wenn ich unglücklich bin. Für mich ist er mein bester Freund.

Frage 3:
Charlotte: nein / Tier kann nicht reden
Murat: Hund = Freund / Beispiel: spürt, wenn unglücklich

SCHNELLTEST LEKTION 02 → S. 23

03

Das ist genau mein Ding!

B

Chen Lu, 28, arbeitet in einer Versicherung

A

Vicky, 39, Buchhalterin

C

Jakob, 38, Krankenpfleger

1 04

1 Was ist genau dein Ding?

a Wie gefällt den Personen ihre Arbeit? Hören Sie und zeichnen Sie ☺ ☹.

Vicky: ○ Chen Lu: ○ Jakob: ○

b Hören Sie noch einmal. Welche Aussagen sind richtig? Kreuzen Sie an.

1 ○ Vicky kann gut mit Zahlen umgehen.
2 ○ Ihre Arbeit ist langweilig und unkreativ.
3 ○ Chen Lu hat Tourismusmanagement studiert.
4 ○ Sie möchte mehr Geld verdienen.
5 ○ Jakob wünscht sich einen Job, der nicht so hart ist.
6 ○ Er arbeitet gern mit Menschen und im Team.

2 Und was ist Ihr Ding?

Welche Aussage passt am besten zu Ihnen? Warum? Sprechen Sie.

a Meine Arbeit ist voll mein Ding.
b Mein Job ist ganz ok.
c Ich möchte mich beruflich verändern.
d Ich weiß noch nicht, was ich beruflich machen will.

> Eigentlich mag ich meine Arbeit im Krankenhaus, aber oft gibt es einen Notfall und dann …

> Das ist genau / voll / total / ganz mein Ding. = Ich kann das gut und mag es sehr gern.

LERNZIELE

HÖREN: Selbsteinschätzungen **LESEN:** Coaching-Website **KOMMUNIKATION:** sich selbst einschätzen: *Das liegt mir (nicht).* **WÖRTER:** Persönliche Stärken **GRAMMATIK:** Adjektivdeklination im Komparativ und Superlativ: *ein wichtiger Schritt – ein wichtigerer Schritt – der wichtigste Schritt* • Wortbildung: Adjektive aus Nomen + *lich*: *freundlich*

3 Ratespiel: Wenn man … AB 1

a Arbeiten Sie zu zweit. Wählen Sie vier Adjektive aus dem Bildlexikon und umschreiben Sie sie.

1 Man kommt nie zu spät!
2 …

b Tauschen Sie die Zettel nun mit einem anderen Paar, lesen Sie die Beschreibungen und raten Sie das Adjektiv.

Wenn man nie zu spät kommt, dann ist man pünktlich. Oder?

Ja, genau! Richtig!

G

Nomen + lich	→	Adjektiv
der Punkt	→	pünktlich
der Freund	→	freundlich

4 So findest du genau dein Ding! AB 2

a Arbeiten Sie zu zweit. Person A liest Text 1 und löst die Aufgaben zu A, Person B liest Text 2 auf Seite 21 und löst die Aufgaben zu B. Fassen Sie dann die Ergebnisse für Ihre Partnerin / Ihren Partner zusammen.

A

Jahra ist Coachin . Ihre Klientinnen und Klienten sind nicht mehr ……………… mit ihrem Job und möchten sich beruflich ………………, haben aber oft ……………… davor. Jahra ……………… ihnen, den richtigen Job zu finden.

B

- Wie findet Chen Lu Jahras Website?
- Wie beschreibt Chen Lu ihren aktuellen Job?
- Wie beschreibt sie sich als Person?

www.dein-jobcoach.net

START | ÜBER MICH | ANGEBOTE | KONTAKT

← COACHING → NEUORIENTIERUNG!

Schritt für Schritt: So findest du genau dein Ding!

1 Hallo, ich bin Jahra, Coachin und Expertin für deine Neuorientierung! Kennst du das auch?
Morgens möchtest du am liebsten im Bett bleiben, und wenn du dann auf der Arbeit bist, fragst du dich, was du da eigentlich tust? Deine Arbeit ist einfach nicht dein Ding, aber eine bessere Alternative hast du auch nicht? Und außerdem ist da die Angst vor Veränderung! Was, wenn du etwas Neues ausprobierst, aber alles schiefgeht? Keine Sorge! Die schwierigsten Situationen können die größten Chancen sein. Denn sie bringen dich zu mutigeren Entscheidungen.
Der erste und wichtigste Schritt auf dem Weg zu deinem Traumjob? Du solltest deine Stärken kennen! Denn nur, wenn du weißt, wer du bist, kannst du eine Arbeit finden, die voll und ganz zu dir passt. Du lernst dich nicht nur besser kennen, sondern bekommst auch ein größeres Selbstvertrauen. Dann gelingt auch der Neustart viel leichter!
Wenn du für diesen Schritt bereit bist, dann buche dir jetzt dein erstes Gespräch zum Kennenlernen.

Ich freue mich auf dich!

JETZT BUCHEN

teamfähig

gut organisiert

kommunikativ

pünktlich

zuverlässig

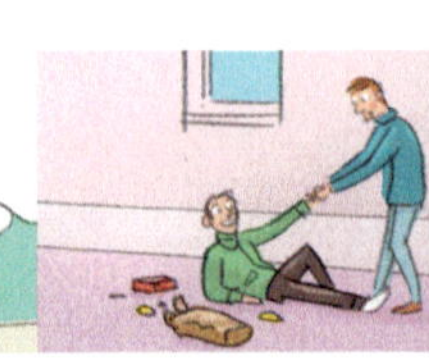
hilfsbereit

2

ChenLu Hallo Jahra,
ich hab deine Website gesehen und war total begeistert. Ehrlich gesagt bin ich froh, dass ich auf dich gestoßen bin. (Im Netz gibt es ja 1000 Coaches 🙂 ...) Ich habe schon nen guten Job. Meine Kolleg:innen sind nett. Ich verstehe mich gut mit ihnen. Aber manchmal frage ich mich: War's das schon? Immer im Hamsterrad ... Immer die gleichen Aufgaben! Das Problem ist aber: Ich weiß eigentlich gar nicht so genau, was ich kann und was nicht. Ich habe eigentlich schon viele Interessen. Ich bin ein aktiver Mensch, offen für neue Dinge, lerne auch gern neue Menschen kennen. Na ja! Da ist das schon eine wichtige Entscheidung. Das muss man sich genau überlegen. Ich bin mir total unsicher. Ich würde gern einen Termin vereinbaren ...
Viele Grüße
Chen Lu

b Würden Sie bei einem Job-Coach Hilfe suchen? Warum (nicht)?

> Ja, warum nicht? Es gibt heute so viele Job-Möglichkeiten. Ein Coach kann mir helfen, den richtigen Job zu finden.

> Ein Job-Coach? Eher nicht. Das kostet bestimmt total viel.

5 Eine bessere Alternative hast du auch nicht? AB 3–7

a Lesen Sie noch einmal Text 1 auf Seite 20 und ergänzen Sie die Tabelle.

G

	(+)	Komparativ (++): -er	Superlativ (+++): -(e)st-
◆	ein wichtiger Schritt	ein wichtiger Schritt	der .... Schritt
◆	ein großes Selbstvertrauen	ein .... Selbstvertrauen	das größte Selbstvertrauen
◆	eine gute Alternative	eine .... Alternative	die beste Alternative
◆	die schwierigen Situationen	die schwierigeren Situationen	die .... Situationen
◆	- mutige Entscheidungen	zu .... Entscheidungen	die mutigsten Entscheidungen

b Bilden Sie Sätze mit den Wortpaaren wie im Beispiel. Sprechen Sie im Kurs.

1 erfrischend – ◆ Getränk
2 spannend – ◆ Film
3 schön – ◆ Jahreszeit
4 toll – ◆ Aktivität
5 cool – ◆ Band
6 gut – ◆ Schauspieler
7 lecker – ◆ Essen
8 groß – ◆ mein Wunsch

> Orangensaft ist ein erfrischendes Getränk.

> Limonade ist ein erfrischenderes Getränk.

> Ich finde, Wasser ist immer noch das erfrischendste Getränk.

c Gedichtewerkstatt. Arbeiten Sie zu viert. WIEDERHOLUNG → S. 161

offen

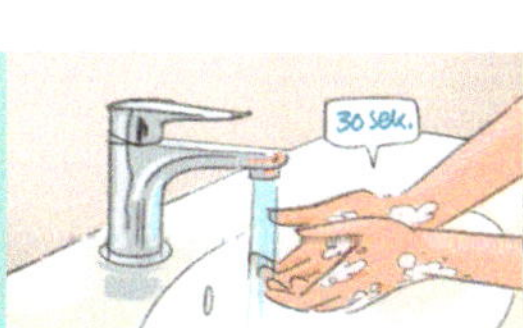

gründlich

fleißig

aufmerksam

geduldig

kreativ

6 Das sagen meine Klient:innen AB 8 – 10

a Lesen Sie Chen Lus Kommentar. Hat ihr das Coaching gefallen? Warum (nicht)? Sprechen Sie.

www.dein-jobcoach.net

Das sagen meine Klient:innen

ChenLu Das Coaching bei Jahra hat mich wirklich weitergebracht! Ich habe so viel über mich selbst erfahren, über meine Stärken, meine Fähigkeiten und Möglichkeiten. Jetzt weiß ich endlich, was ich beruflich machen will!!! Aber auch so bin ich seitdem viel positiver. Jahra ist sehr empathisch, aber auch total strukturiert. Besonders toll fand ich ihre Checkliste am Anfang! Da waren Dinge dabei – über die habe ich noch nie nachgedacht. Vielen Dank für das fantastische Coaching! Ich kann es nur allen empfehlen, die noch nicht wissen, was sie machen wollen.

b Meine SUPERKRÄFTE – Jahras Checkliste → S. 163

c Arbeiten Sie zu dritt. Präsentieren Sie jeweils Ihre drei wichtigsten Stärken. Ihre Notizen aus **b** helfen Ihnen dabei. Die anderen reagieren.

Meine SUPERKRÄFTE
1 Ich kann gut rechnen.
2 Ich bin handwerklich begabt.
3 Ich arbeite gern alleine und liebe die Arbeit am Computer.

- Ich kann gut rechnen. Zahlen und Mathematik sind genau mein Ding.
- Wirklich? Damit kann ich gar nichts anfangen. Das langweilt mich total! Ich war schon in der Schule schlecht in Mathe.
- Ich interessiere mich auch überhaupt nicht für Zahlen.

- Ich bin handwerklich begabt. Und repariere oft die Autos von meinen Freunden.
- Oh! Das kannst du? Toll!
- Das liegt mir nicht. Dann bist du sicher auch sehr hilfsbereit.

- Ich arbeite gern alleine und liebe die Arbeit am Computer.
- Echt? Das ist nichts für mich! Ich muss mich einfach bewegen. Aber ich interessiere mich auch für Computer.
- Das geht mir auch so. Ich vergesse die Zeit, wenn ich am Computer sitze.

K

sich selbst einschätzen

Ich interessiere mich (total / überhaupt nicht) für ...	Das finde ich langweilig. / Das langweilt mich.
Ich kann (richtig) gut ...	Damit kann ich gar nichts anfangen.
Ich kenne mich (auch / nicht) gut aus mit ...	Das ist nichts für mich.
Ich vergesse die Zeit, wenn ...	Das liegt mir (nicht).
... ist / sind genau / voll / total / ganz mein Ding. / Das ist genau / voll / total / ganz mein Ding.	Das interessiert mich (auch / überhaupt nicht).
	... ist / sind gar / überhaupt nicht mein Ding. / Das ist gar / überhaupt nicht mein Ding.

SCHNELLTEST LEKTION 03 → S. 24
Magazin Lektion 01, 02, 03 → S. 140

LEKTION 01

W Zeiten im Leben: Bilden Sie Wörter und ergänzen Sie mit Artikel.

Al burt ~~gan~~ Ge Ge ~~gen~~ gen gend ~~heit~~ Ju kunft ter ~~Ver~~ wart Zu

a Das war früher: die Vergangenheit

b Wenn man ca. 12 – 18 Jahre alt ist: ....

c Das kommt später: ....

d Wenn man geboren wird: ....

e Das ist jetzt: ....

f Wenn man ca. 75 Jahre alt ist: ....

..... / 5 Punkte
3 – 5 Punkte
0 – 2 Punkte

G Erinnerungen. Ergänzen Sie *als* oder *wenn*.

.... (a) morgens mein Wecker klingelt, bleibe ich gern noch ein bisschen im Bett liegen. Das war schon so, ... (b) ich ein Kind war. .... (c) ich in die Grundschule gekommen bin, musste ich sehr früh aufstehen. Im Winter war es sogar oft noch dunkel, ... (d) mich mein Vater morgens geweckt hat. Immer .... (e) er ans Bett gekommen ist und freundlich „Guten Morgen!" gesagt hat, habe ich wütend reagiert. Einmal, ... (f) ich wieder laut „Geh weg!" gerufen habe, hat er einfach die Tür zugemacht. An diesem Tag bin ich natürlich viel zu spät zur Schule gekommen.

..... / 6 Punkte
4 – 6 Punkte
0 – 3 Punkte

K Was bedeuten die kursiven Satzteile? Ordnen Sie zu.

◯ Das geht mir genauso ◯ Das kenne ich von mir nicht ◯ Das vergesse ich nie
◯ Ich denke gern an ◯ zum Beispiel

- *Ich habe viele gute Erinnerungen an* (1) meine Kindheit.
- *Das ist bei mir auch so* (2). Ich träume sogar oft, dass ich wieder an Orten von früher bin, *wie* (3) in der Schule, im Haus von meiner Oma oder in meinem Kinderzimmer.
- Echt? *Das geht mir eher nicht so* (4). Ich erinnere mich mehr an Dinge, an Spielzeug und so. Besonders gut kann ich mich an mein erstes Fahrrad erinnern. Als ich das erste Mal damit gefahren bin, hatte ich leider gleich einen Unfall. *Das weiß ich noch genau* (5)!

..... / 5 Punkte
3 – 5 Punkte
0 – 2 Punkte

LEKTION 02

W Was passt? Notieren Sie die Wörter und den Artikel.

~~queCli~~ denbunVerheit kannBete/r kreisdesFreun beLie trauVeren rndeuF

Beziehungen: die Clique ....

Gefühle: ....

..... / 6 Punkte
4 – 6 Punkte
0 – 3 Punkte

LÖSUNGEN → S. 221

G Bekannte.

Ergänzen Sie die Endungen und schreiben Sie je einen Satz mit *daher*, *darum* und *deswegen*.

a Ich sehe meinen Bekannt........ Oliver nicht so oft, weil er weit weg wohnt.
b Meine Bekannt........ Sandra und ich verstehen uns prima, weil wir viele Gemeinsamkeiten haben.
c Unsere Bekannt........ nerven manchmal ein bisschen, weil sie uns oft spontan besuchen.

a Mein Bekannter Oliver wohnt ..., daher ...
b ..., darum ...
c ...

.... / 6 Punkte
☺ 4 – 6 Punkte
☹ 0 – 3 Punkte

K Welche Antwort passt? Kreuzen Sie an. ☺ = Zuversicht ☹ = Zweifel

1 ○ Ich hoffe, das Tattoo gefällt mir auch in fünf Jahren noch. ☺
a □ Das kann ich mir gut vorstellen. ○ b □ Das musst du dir wirklich gut überlegen. ○

2 ○ Levin will mit mir zusammenziehen. Ist das eine gute Idee? ☹
a □ Ich bin optimistisch, dass das klappen könnte. ○ b □ Ich weiß nicht, ob das gut ist. ○

3 ○ Kann ich Anna alle meine Geheimnisse erzählen? Was meinst du? ☺
a □ Versteh mich nicht falsch, aber ... ○
b □ Ich bin überzeugt, dass du ihr vertrauen kannst. ○

.... / 3 Punkte
☺ 2 – 3 Punkte
☹ 0 – 1 Punkte

LEKTION 03

W Ein Mensch, der .... Ergänzen Sie die Adjektive.

a Ein Mensch, der viele Ideen hat, ist k r e a t i v.
b Ein Mensch, der hart und viel arbeitet, ist ....
c Ein Mensch, der gut mit anderen zusammenarbeiten kann, ist ....
d Ein Mensch, der nie zu spät oder zu früh kommt, ist ....
e Ein Mensch, der alles ganz genau macht, ist sehr ....

.... / 4 Punkte
☺ 3 – 4 Punkte
☹ 0 – 2 Punkte

G Komparativ und Superlativ: Ergänzen Sie die Adjektive in der richtigen Form.

a Der .... (wichtig) Schritt bei der beruflichen Neuorientierung ist ein Coaching.
b Kreative Menschen finden auch in .... (schwierig) Situationen eine Lösung.
c Mein eigenes Café zu eröffnen, das war die .... (mutig) Entscheidung in meinem Leben.
d Das Coaching hat mir echt geholfen. Ich habe ein .... (groß) Selbstvertrauen als vorher, weil ich meine Stärken kenne.

.... / 4 Punkte
☺ 3 – 4 Punkte
☹ 0 – 2 Punkte

K Verbinden Sie.

1	Das ist	a	gar nichts anfangen.
2	Ich kenne mich gut	b	langweilig.
3	Damit kann ich	c	überhaupt nicht mein Ding.
4	Das finde ich	d	die Zeit, wenn ich Dinge repariere.
5	Ich interessiere mich	e	aus mit Computern.
6	Ich vergesse	f	total für Kunst.

.... / 5 Punkte
☺ 3 – 5 Punkte
☹ 0 – 2 Punkte

LÖSUNGEN → S. 221

Adjektive

Adjektivdeklination im Komparativ und Superlativ L03

	(+)	Komparativ (++): -er	Superlativ (+++): -(e)st-
◆	ein wichtiger Schritt	ein wichtigerer Schritt	der wichtigste Schritt
◆	ein großes Selbstvertrauen	ein größeres Selbstvertrauen	das größte Selbstvertrauen
◆	eine gute Alternative	eine bessere Alternative	die beste Alternative
◆	die schwierigen Situationen	die schwierigeren Situationen	die schwierigsten Situationen
◆	- mutige Entscheidungen	zu mutigeren Entscheidungen	die mutigsten Entscheidungen

Sätze und Satzverbindungen

Konnektor *als* L01

Nebensatz		Hauptsatz
	Ende	
Als ich mich	hingesetzt habe,	hat der junge Mann „Hallo" gesagt.
Wenn ich als Erster wach	war,	bin ich zur Bäckerei gelaufen.
Als ich zwei	geworden bin,	hat unser Hund die Torte aufgefressen.
Immer wenn ich Geburtstag	hatte,	hat Oma von meiner Geburt erzählt.

Sätze in der Vergangenheit		Sätze in der Gegenwart	
als	Das ist einmal passiert.	wenn	Das passiert einmal oder mehr als einmal.
(immer) wenn	Das ist mehr als einmal passiert.		

Konnektoren *darum, daher, deswegen* L02

Hauptsatz	Hauptsatz			
		Position 2		Ende
Er ist halt ein total spontaner Typ.	Darum	kann	er sich auch sofort	entscheiden.
Ich kann nicht so gut improvisieren,	daher	dauern	Entscheidungen bei mir oft ziemlich lange.	
Und ich helfe ihm natürlich genauso.	Deswegen	gibt	es so ein großes Vertrauen zwischen uns beiden!	

Wortbildung

Adjektive als Nomen L02

Adjektiv →	Nomen
	◆ der Bekannte / ein Bekannter
bekannt →	◆ die Bekannte / eine Bekannte
	◆ die Bekannten / – Bekannte

Adjektive aus Nomen + *lich* L03

Nomen + lich →	Adjektiv
der Punkt →	pünktlich
der Freund →	freundlich

etwas mit der eigenen Erfahrung vergleichen LO1

✓	✗
Genau. / (Das) Stimmt.	Ich weiß nicht, ob das stimmt.
Das ist bei mir auch so.	Ich glaube, das ist bei mir anders.
Das kenne ich auch.	Das kenne ich von mir nicht.
Das geht mir genauso.	Echt? Das geht mir eher nicht so.
Das kann ich bestätigen.	Das kann ich nicht bestätigen.

Beispiele geben LO1

... zum Beispiel ...
... wie ...

von Erlebnissen erzählen LO1

Ich habe viele ... Erinnerungen an ...
Ich denke gern / nicht so gern an ...
Besonders gut kann ich mich an ... erinnern.
Das weiß ich noch genau!
Immer / Jedes Mal wenn ...

Einmal ... / Als ...
Ich hatte Glück, weil ... / Zum Glück ...
Mein Pech war, dass ... / Leider ...
Wenn ich mich heute daran erinnere, ...
Das vergesse ich nie!

Zweifel ausdrücken LO2

Versteh mich nicht falsch, aber ...
Ich hab' da so meine Zweifel, dass ...
Man darf (auch / dabei) nicht vergessen, dass ...
Ich weiß nicht, ob das gut ist.
Das müssen wir uns wirklich gut überlegen.

Zuversicht ausdrücken LO2

Ich bin optimistisch, dass ...
Ich bin (total) überzeugt, dass das richtig ist.
Das kann ich mir gut vorstellen. / Ich kann mir gut vorstellen, dass ...

sich selbst einschätzen LO3

Ich interessiere mich (total / überhaupt nicht) für ...
Ich kann (richtig) gut ...
Ich kenne mich (auch / nicht) gut aus mit ...
Ich vergesse die Zeit, wenn ...
... ist / sind genau / voll / total / ganz mein Ding. /
Das ist genau / voll / total / ganz mein Ding.

Das finde ich langweilig. / Das langweilt mich.
Damit kann ich gar nichts anfangen.
Das ist nichts für mich.
Das liegt mir (nicht).
Das interessiert mich (auch / überhaupt nicht).
... ist / sind gar / überhaupt nicht mein Ding. /
Das ist gar / überhaupt nicht mein Ding.

Morgen, morgen ...!

04

1 05

1 Aber morgen ...

Was denkt die Frau? Hören Sie. Was ist richtig? Kreuzen Sie an.

Die Frau möchte heute mit dem ○ Auto ☒ Fahrrad zur Arbeit fahren, weil sie etwas für die Umwelt tun möchte. Ihr Kollege Holger kommt auch ○ manchmal ○ immer mit dem Fahrrad zur Arbeit. Sie schaut auf die Wetter-App: Ab Mittag regnet es ○ ganz sicher ○ vielleicht ! ○ Deshalb ○ Trotzdem nimmt sie heute nicht das ○ Auto ○ Fahrrad . Aber morgen ...

2 Unsere Vorsätze! AB 1

a Welche Vorsätze haben Sie für das nächste halbe Jahr? Sammeln Sie im Kurs.

jeden Morgen kalt duschen
weniger Süßigkeiten essen
nur regionales Gemüse kaufen
viel Sport machen
früh aufstehen

b Was meinen Sie: Welche beiden Vorsätze gibt es im Kurs am häufigsten ✓? Und welche beiden am seltensten ✗? Notieren Sie. Machen Sie gemeinsam eine Kursstatistik. Vergleichen Sie dann mit Ihren Notizen.

✓ viel Sport machen,
weniger Süßigkeiten essen
✗ kein Eis essen, ...

LERNZIELE

HÖREN: innerer Monolog **LESEN:** populärwissenschaftlicher Text / Projektbeschreibung
KOMMUNIKATION: eine Präsentation einleiten / halten / abschließen: *Ich erzähle euch jetzt etwas über ... / Wir kommen zum Schluss.* • Fragen stellen / auf Fragen reagieren: *Ich habe noch folgende Frage. ... / Also das ist so: ...* **WÖRTER:** Veränderungen **GRAMMATIK:** Konnektoren *damit / um ... zu: Menschen brauchen tatsächlich lange, damit sie auf eine alte Gewohnheit verzichten. / um auf eine alte Gewohnheit zu verzichten.*

3 Heute fahre ich mit dem Rad zur Arbeit, damit … AB 2–3

1 05 **a** Wozu macht die Frau das? Hören Sie noch einmal und ordnen Sie in der richtigen Form zu.

jetzt keinen Fehler machen | auch mal was für die Umwelt tun

			Ende
Heute fahre ich mit dem Rad zur Arbeit,	damit	…………	………… .

		Ende	
Damit	…………	………… ,	kann ich ja schnell mal auf die Wetter-App gucken.

b Was machen Sie, damit …? Arbeiten Sie in Gruppen. → S. 164

4 Gar nicht so einfach!

a Sehen Sie das Bildlexikon zwei Minuten an. Schließen Sie dann Ihr Buch. Wie viele Wörter wissen Sie noch? Notieren Sie. Sammeln Sie dann alle Wörter im Kurs.

sich anstrengen, …

b Überfliegen Sie den Artikel. Was ist richtig? Kreuzen Sie an.

1 ◯ Das eigene Verhalten ändern? Das ist gar nicht so einfach. Es dauert lang und man braucht viele Wiederholungen.

2 ◯ Man muss nicht auf alte Gewohnheiten verzichten, wenn man sein Verhalten ändern möchte. Denn das ist zu anstrengend für unser Gehirn.

www.psychologie/umlernen.de

Umlernen? … Gar nicht so einfach!

1 Viele Umfragen zeigen: Mehr als 60 Prozent aller Menschen in Deutschland würden gern klimafreundlicher leben. Das klingt super. Aber leider genügt es nicht, wenn man nur einen guten Vorsatz hat. Ein Wunsch allein führt noch nicht zu tatsächlichen Verhaltensänderungen.

2 Um unser Verhalten zu ändern, müssen wir unser Denken „umprogrammieren". Leider geht das nicht so schnell und problemlos wie bei einem Software-Update. Warum? Ganz einfach: Unser Gehirn möchte sich nicht gern bewegen. Es liebt alte Gewohnheiten, weil es sich für die nicht anstrengen muss. Und es hasst Veränderungen, weil neues Verhalten sehr viel mehr Energie kostet und oft wiederholt werden muss, bis es endlich auch zur Gewohnheit wird.

einen Vorsatz haben

eine Gewohnheit haben

sich an etwas gewöhnen

etwas wiederholen

3 Aus der psychologischen Forschung wissen wir: Menschen brauchen tatsächlich lange, um auf eine alte Gewohnheit zu verzichten. Um ein neues Verhalten einzuüben, sind im Durchschnitt 60 bis 70 Wiederholungen nötig! Ein Beispiel: Um Vegetarier zu werden, genügt es nicht, wenn man nur einen Tag lang kein Fleisch isst. Erst nach zwei Monaten ist der Verzicht auf Fleisch gar nicht mehr so schwer für uns.

4 Fazit: Wir müssen viel Ausdauer haben, um uns an neue Standards zu gewöhnen. Nach dem Umlernen ist unser Gehirn dann aber schnell wieder zufrieden. Die neue Gewohnheit funktioniert jetzt nämlich genauso automatisch und energiesparend wie die alte zuvor.

c Notieren Sie zu jedem Abschnitt in b mindestens eine Frage. Ihre Partnerin / Ihr Partner antwortet.

1 *Wie viel Prozent der Menschen in Deutschland würden gern klimafreundlicher leben?*

Wie viel Prozent ...?

Das sind ...

5 Um auf eine alte Gewohnheit zu verzichten, ... AB 4–7

a Wie kann man diese Sätze noch sagen? Markieren Sie die Sätze im Text in 4b. Hilfe finden Sie im Kasten.

1 Damit wir unser Verhalten ändern, müssen wir unser Denken „umprogrammieren".
2 Menschen brauchen sehr lange, damit sie auf eine alte Gewohnheit verzichten.
3 Wir müssen viel Ausdauer haben, damit wir uns an neue Standards gewöhnen.

G

				Ende
Menschen brauchen tatsächlich lange,	damit	sie	auf eine alte Gewohnheit	verzichten.
= Menschen brauchen tatsächlich lange,	um		auf eine alte Gewohnheit	zu verzichten.

b Würfelspiel: *damit* oder *um ... zu*? Arbeiten Sie in Gruppen. → S. 165

6 Das möchte ich unbedingt ändern!

a Notieren Sie drei Dinge, die Sie in den nächsten drei Monaten unbedingt ändern möchten. Markieren Sie dann: Was ist für Sie am wichtigsten?

Handy weniger nutzen
kein Fleisch mehr essen
mehr Zeit für meine Eltern haben

b Arbeiten Sie zu zweit: Tauschen Sie Ihre Zettel aus a. Überlegen Sie: Was könnte Ihre Partnerin / Ihr Partner tun, um das zu ändern? Geben Sie Tipps.

Du könntest jeden Tag ein neues vegetarisches Rezept ausprobieren. Und ich würde ...

c Schreiben Sie einer Freundin / einem Freund eine Textnachricht und erzählen Sie von Ihrem Plan und den Tipps von Ihrer Partnerin / Ihrem Partner.

etwas / das Verhalten ändern

sich bewegen

sich anstrengen

Ausdauer haben

7 Mit dem Fahrrad zur Arbeit AB 8–9

a Lesen Sie den Text und notieren Sie Informationen zu den Zahlen: **1–7** **15** **85** **400**

www.primaklima.net

Na also! Geht doch!

Mehr als die Hälfte aller Autofahrer:innen sagen, dass sie lieber mit dem Rad zum Arbeitsplatz fahren würden. Um diese Aussage in der Realität zu testen, wurde in Süddeutschland eine praktische Studie mit 400 Teilnehmer:innen in 15 Projektgruppen gemacht. Sie fuhren ein bis sieben Monate lang mit E-Bikes in die Arbeit und wieder nach Hause. Damit der Umstieg vom Auto aufs Fahrrad für sie einfach und leicht wurde, haben alle ein kostenloses Leih-E-Bike mit Fahrradschloss, Radtaschen und Regenkleidung bekommen. Und man hat ihnen sogar den besten und schnellsten Weg für die Fahrt vom Wohnort zum Arbeitsplatz erklärt und gezeigt. Das Ergebnis: 85 Prozent von ihnen sagten am Ende der Studie, dass sie auch in Zukunft freiwillig weiter mit dem Rad zur Arbeit fahren wollen!

b Eine Präsentation hören. Arbeiten Sie allein. ZWISCHENSCHRITT → S. 166

1 06

400 Teilnehmer:innen an einer Studie

8 Eine Präsentation halten AB 10–11

a Arbeiten Sie zu zweit. Machen Sie eine kleine Präsentation zum Thema: „Fahrradfreundliche Projekte“. → S. 167

b Halten Sie Ihre Präsentation vor dem Kurs. Verwenden Sie die Sätze aus dem Kasten. Die anderen notieren Fragen.

K

eine Präsentation einleiten / halten	eine Präsentation abschließen
Ich spreche über ... Ich erzähle euch jetzt etwas über ... Zuerst möchte ich über ... reden, dann über ... Es geht um (das Thema) ...	Wir kommen zum Schluss. Wir wollten noch sagen ... Vielen Dank für eure Aufmerksamkeit. Gibt es / Habt ihr noch Fragen oder Anmerkungen?

c Beantworten Sie die Fragen der anderen.

K

Fragen stellen	auf Fragen reagieren
Ich habe noch folgende Frage: ... Und wie ist das mit ...? Ich würde gern noch wissen, wie / ob ...	Danke! Das ist eine sehr interessante Frage. Also, das ist so: ... Dazu kann ich sagen, dass ... Dazu habe ich leider keine Informationen.

Ihr habt ein echt interessantes Projekt vorgestellt. Vielen Dank! Ich habe noch folgende Frage: ...

Danke! Das ist eine sehr interessante Frage. Also, das ist so: ...

SCHNELLTEST LEKTION 04 → S. 39

Wär' das etwas für dich?

05

www.alternativleben.org/projekte

– UCKERDORF –

BEWOHNER*INNEN
83 (65 Erwachsene, 18 Kinder)

GRÜNDUNGSJAHR
2012

EINRICHTUNGEN
Landwirtschaft (Gemüsegarten, Hühner, Schafe), Gemeinschaftsküche, Kantine / Café, Bibliothek, Seminarhaus, Schlafsaal / Zeltplatz, Dorfladen, Versammlungsraum, Werkstatt, Waldkindergarten

1 Was gibt's Neues? AB 1

1 07 **a** Sehen Sie das Bild an und lesen Sie den Steckbrief. Was meinen Sie: Was ist das Uckerdorf? Hören Sie dann den Anfang des Gesprächs und vergleichen Sie.

ein Fortbildungszentrum in Berlin   ein Feriendorf in Norddeutschland

ein Projekt für alternatives Leben

1 08 **b** Hören Sie weiter und markieren Sie im Steckbrief: Über welche Einrichtungen spricht Nils?

c Lesen Sie die Sätze. Zu wem passt das? Verbinden Sie.

Nils

1 ... geht endlich mal wieder weg.
2 ... zieht mit der Familie ins Uckerdorf.
3 ... stellt viele Fragen zum Projekt.
4 ... möchte im Kindergarten helfen und die Doktorarbeit schreiben.
5 ... hat Zweifel, ob das Leben im Uckerdorf so toll ist.

Esther

d Ich würde gern ... Arbeiten Sie zu zweit.

WIEDERHOLUNG PARTNER/IN A → S. 168 PARTNER/IN B → S. 211

LERNZIELE

HÖREN: Gespräch über alternative Wohnformen **LESEN:** Steckbrief **KOMMUNIKATION:** etwas beurteilen: *Warum nicht? Ich finde das super! / Das geht gar nicht!* **LESEN:** Porträts (online) **KOMMUNIKATION:** ein Gespräch zusammenfassen: *Insgesamt kann man sagen, dass ...* **WÖRTER:** Gebäude und Einrichtungen **GRAMMATIK:** Konjunktiv II der Gegenwart mit *wenn*-Satz: *Wenn ich keine Kinder hätte, wäre ich wieder in Berlin.* • Wortbildung: Nomen + *n* + Nomen / Nomen + *s* + Nomen: *Toilettenpapier / Geburtstagskuchen*

1 🔊) 09

2 Was ist das Besondere?

Was ist richtig? Hören Sie noch einmal einen Ausschnitt des Gesprächs und kreuzen Sie an.

a ○ Im Uckerdorf leben mehrere Generationen.
b ○ Die Bewohnerinnen und Bewohner teilen sich alle Räume.
c ○ Man muss nicht selbst kochen.
d ○ Alle arbeiten 20 Stunden pro Woche für die Gemeinschaft.
e ○ Die Bewohnerinnen und Bewohner ernähren sich nur von der eigenen Landwirtschaft.
f ○ Nils gefällt die Idee, dass er mehr Zeit mit seinen Kindern verbringt.
g ○ Esther macht sich Sorgen, dass für Nils alles zu viel wird.

3 Einrichtungen im Uckerdorf AB 2–3

Lesen Sie die Situationen und sehen Sie das Bildlexikon an. Welche Einrichtungen der Gemeinschaft kann Nils nutzen? Können Sie sich das für sich selbst vorstellen? Sprechen Sie mit Ihrer Partnerin / mit Ihrem Partner.

A Er hat mehrere Freunde zu Besuch.

B Er muss Babywäsche waschen.

C Er muss sein Fahrrad reparieren.

D Er braucht Toilettenpapier.

E Er will mal wieder einen Roman lesen.

G

Nomen + n + Nomen	Nomen + s + Nomen
◆ die Toilette +	◆ der Geburtstag +
◆ das Papier	◆ der Kuchen
= ◆ das Toilettenpapier	= ◆ der Geburtstagskuchen

F Er möchte mit seinen Kindern Natur erleben.

G Er möchte einen Vortrag organisieren.

H Er will einen Geburtstagskuchen backen.

- ○ Wenn Nils mehrere Freunde zu Besuch hat, kann er den Schlafsaal nutzen. Oder den Zeltplatz.
- □ Warum nicht? Ich finde das super!
- ○ Für meine Freunde wäre das nichts. Das ist doch total unbequem!

K

etwas beurteilen

🙂	🙁
Warum nicht? Ich finde das super! Das wäre genau das Richtige für mich / ...	Das geht gar nicht! Für mich / ... wäre das nichts.

W

◆ die Bibliothek

◆ der Dorfladen

◆ die Gemeinschaftsküche

◆ die Kantine

◆ die Landwirtschaft

4 Für uns als Familie ist das Projekt ideal. AB 4

a Arbeiten Sie in Gruppen und lesen Sie die Beiträge. Jede Gruppe beantwortet eine Frage (1 oder 2) und macht eine Liste.

1 Was finden die Personen positiv?
2 Wo sehen die Personen Probleme?

Gruppe 1: Kinder wachsen in der Natur auf

Gruppe 2: Gemeinschaft braucht viel Zeit …

www.alternativleben.org/projekte/stimmen

– STIMMEN AUS DEM UCKERDORF –

1

Nils, 34, Vater von zwei Kindern (3 und 5 Jahre), lebt seit zwei Monaten im Projekt

Für uns als Familie ist das Projekt gerade ideal: Die Kinder wachsen in der Natur auf, im Dorf gibt es keine Autos, dafür viel Platz zum Spielen. Und für mich ist natürlich praktisch, dass ich hier immer nette Babysitter finde. Auf der anderen Seite „kostet“ die Gemeinschaft auch Zeit: für Mitarbeit, Versammlungen, Diskussionen. Das sind Stunden, die ich dann nicht mehr für meine Doktorarbeit habe. Wenn ich keine Kinder hätte, wäre ich jetzt wahrscheinlich wieder in Berlin.

2

Maruta, 28, lebt seit 3 Jahren im Projekt

Ich bin Architektin und mache gerade den Master „Klimagerechtes Bauen“. Für mich ist das Uckerdorf ein großes Experiment. Hier kann man viel ausprobieren: Was ist für die Menschen und für die Umwelt gut? Finanziell ist es leider immer schwierig. Am Ende machen wir viel selber – wir Bewohner:innen und natürlich viele freiwillige Helfer:innen. Wenn wir mehr Geld hätten, dann könnten wir mehr Handwerker:innen bezahlen. Dann würde alles ganz perfekt aussehen. Aber: Es würde nicht so viel Spaß machen!

3

Britta, 67, Mitgründerin und von Anfang an dabei

Hier leben Singles und Familien, Menschen mit unterschiedlicher Herkunft und Lebenserfahrung, Kinder und Erwachsene – das ist wunderbar lebendig! Aber es gibt natürlich auch immer wieder Missverständnisse und Konflikte. Was brauchen die verschiedenen Menschen? Was bedeutet „Rücksicht nehmen“? Wie geht das: eine gute, friedliche Kommunikation? Wenn ich noch einmal 40 wäre, würde ich nur noch halbtags arbeiten und den Rest meiner Zeit für solche Fragen verwenden. Hier kann man jeden Tag etwas dazulernen.

b Arbeiten Sie mit einer Person aus der jeweils anderen Gruppe zusammen und tauschen Sie Ihre Ergebnisse aus a aus. Fallen Ihnen weitere positive oder negative Punkte ein? Sprechen Sie.

◆ der Schlafsaal

◆ der Versammlungsraum

◆ der Waldkindergarten

◆ die Waschküche

◆ die Werkstatt

◆ der Zeltplatz

5 Wenn wir mehr Geld hätten, ... AB 5–10

a Sehen Sie noch einmal die Beiträge in 4a an und ergänzen Sie die Tabelle.

G

reale Situation	irreale Bedingung / Vorstellung
Nils hat Kinder.	Wenn ich keine Kinder hätte, wäre ich wieder in Berlin.
Die Gemeinschaft hat nicht so viel Geld.	Wenn wir mehr Geld ..., ... wir mehr Handwerker:innen bezahlen.
Britta ist 67 Jahre alt.	Wenn ich noch einmal 40 ..., ... ich nur noch halbtags arbeiten.

b Rätsel: Wenn ich ein „Dingsda" wäre, ... Arbeiten Sie in Gruppen. → S. 170

6 Ich würde vielleicht ins Uckerdorf ziehen, wenn ... AB 11

a Würden Sie selbst gern ins Uckerdorf ziehen? Lesen Sie die Aussagen 1–3. Welche Aussage passt zu Ihnen? Machen Sie ein Plakat. Sprechen Sie dann über die Fragen und notieren Sie.

1 Ja, das könnte ich mir sehr gut vorstellen!
→ Wie würden Ihre Bekannten, Freundinnen, Freunde und Familie reagieren?

2 Ich bin mir nicht sicher. Vielleicht, wenn ...
→ In welchem Fall würden Sie sich positiv entscheiden?

3 Nein, das kann ich mir überhaupt nicht vorstellen!
→ Warum? Was wäre schrecklich, wenn Sie dort leben würden?

b Berichten Sie im Kurs: Worüber haben Sie in der Gruppe gesprochen?

K

ein Gespräch zusammenfassen

Bei uns war die Frage, wie / in welchem Fall / warum ...
Wir haben lange darüber gesprochen, ...
Ziemlich einig waren wir uns in dem Punkt, dass ...
Fast alle / Mehrere / Einige haben gesagt, dass ...
Nur eine Person, nämlich ... / Niemand meint / findet, dass ...
Insgesamt kann man sagen, dass ...

Extra

Film

SCHNELLTEST LEKTION 05 → S. 39

06

Ich war ja vorher so aufgeregt!

Rafa und Lotti

1 Geschafft!

a Sehen Sie das Bild an. Was meinen Sie? Wer sind die Personen, was machen sie und warum freuen sie sich? Sprechen Sie.

> Vielleicht sind das Mutter und Sohn.

> Das glaube ich nicht. Ich vermute, ...

1 10 **b** Hören Sie nun das Gespräch. Was ist richtig? Kreuzen Sie an.

1 ○ Lotti hat das erste Mal ein Live-Video gemacht.
2 ○ Rafa hat schon viele Live-Videos mit anderen Personen gemacht.
3 ○ Bei dem Live-Video haben nur wenige Menschen zugeschaut.
4 ○ Rafa hat Lotti zu dem Live-Video überredet.

2 Ich war so aufgeregt!

Haben Sie schon einmal etwas Neues gemacht und waren davor total aufgeregt? Erzählen Sie im Kurs.

> Ich wollte unbedingt einmal Bungee-Jumping machen, hatte aber lange nicht den Mut dazu. Vor drei Jahren habe ich es dann doch gemacht und war davor schrecklich nervös.

LERNZIELE

HÖREN: Gespräch nach einem Live-Video / im Chat mit Followern **LESEN:** Forumsbeiträge zum Thema Freiberuflichkeit **KOMMUNIKATION:** etwas kritisch bewerten: *Also, ich bezweifle, dass ...* • Mut machen: *Da bin ich sehr zuversichtlich!* **SCHREIBEN:** Kommentar **WÖRTER:** Berufliche Neuorientierung **GRAMMATIK:** Konnektor *obwohl: Vor vier Jahren bin ich nach Deutschland gekommen, obwohl ich kein Wort Deutsch konnte.*

3 Worträtsel

Arbeiten Sie zu zweit. Sehen Sie das Bildlexikon an und schreiben Sie fünf Sätze mit Lücken wie im Beispiel. Tauschen Sie dann Ihre Sätze mit einem anderen Paar und ergänzen Sie die neuen Sätze.

Ich mache im nächsten Monat ein Praktikum, um ganz viele Erfahrungen zu sammeln.

4 Von gestern für morgen AB 1

1 ◀)) 11 **a** Hören Sie den ersten Ausschnitt aus dem Live-Video und ergänzen Sie die Steckbriefe. Welche Gemeinsamkeiten haben Rafa und Lotti? Sprechen Sie.

Rafa

Alter: ....

Herkunft: ....

Studium: ....wissenschaften

Aktivität im Netz: ....: mitdernaturleben zum Thema *Umwelt*

Wohnort: ....

Lotti

Alter: ....

Herkunft: ....

Beruf (früher): freiberuflich als ....

Aktivität im Netz: ....: alteswissen_neugenutzt zum Thema *Umwelt*

Wohnort: *Lüneburg*

1 ◀)) 12 **b** Hören Sie nun den zweiten Ausschnitt aus dem Live-Video. Welche Fragen stellen die Followers von Lotti und Rafa im Chat? Kreuzen Sie an.

1 ○ zerowaste_lena: Lotti, seit wann hast du deinen Blog?
2 ○ sina_1998: Rafa, was machst du eigentlich genau?
3 ○ naturliebe23: Warum habt ihr einen gemeinsamen Kanal?
4 ○ keinplanetbthorsten: Was plant ihr auf eurem Kanal für die Zukunft?
5 ○ nachhaltiginköln: Spielt der Altersunterschied eine große Rolle?
6 ○ unverpackt.salzgitter: Habt ihr auch eine gemeinsame Website?
7 ○ minimalistin: Was habt ihr voneinander gelernt?

1 ◀)) 12 **c** Hören Sie noch einmal den zweiten Ausschnitt. Was passt zu wem? Ergänzen Sie: Lotti = L, Rafa = R.

1 (R) ○ Spricht im Netz über Projekte von Kakao-Bauern.
2 ○ ○ Findet, dass man viel von dem Volk Arhuaco lernen kann.
3 ○ ○ Gibt Tipps: Das kann man im Alltag für die Umwelt tun.
4 ○ ○ Hatte die Idee von einem gemeinsamen Kanal.
5 ○ ○ Hat sich gefragt: Soll ich etwas Neues wagen?
6 ○ ○ Kennt sich super mit sozialen Medien aus.
7 ○ ○ Kennt viele Leute und hat ein großes Netzwerk.
8 ○ ○ Hat nicht so viel Lebenserfahrung.
9 ○ ○ Findet den Altersunterschied nicht wichtig. Denn man lernt viel voneinander.

freiberuflich arbeiten

fest angestellt sein

ein Risiko eingehen

etwas Neues wagen

d Wie gefällt Ihnen die Idee von Lottis und Rafas Videoblog?

> Ich finde es super, dass die beiden zusammenarbeiten. Das Alter ist echt unwichtig …

> Umwelt ist ein wichtiges Thema. Die beiden können viel voneinander lernen.

5 Obwohl ich kein Wort Deutsch konnte, … AB 2

1 13 **a** Lesen Sie die Sätze und verbinden Sie. Hören Sie dann und vergleichen Sie.

1 Vor vier Jahren bin ich nach Deutschland gekommen,
2 Immerhin bin ich schon 73,
3 Rafa ist einfach der Experte,
4 Du nimmst mich immer in allem ernst,

a obwohl ich mich durch meinen Blog im Internet schon ganz gut auskenne.
b obwohl ich kein Wort Deutsch konnte.
c obwohl ich viel weniger Lebenserfahrung habe.
d obwohl ich mich gar nicht so fühle.

b Lesen Sie noch einmal die Aussagen in a und ergänzen Sie die Tabelle.

G

			Ende
1 Vor vier Jahren bin ich nach Deutschland gekommen,	obwohl	....	....
2 Immerhin bin ich schon 73,	obwohl	....	....

6 *obwohl* oder *trotzdem*? AB 3–5

Arbeiten Sie zu zweit. WIEDERHOLUNG → S. 171

7 Ich mache das, obwohl …

a Welche drei Dinge wollen Sie unbedingt einmal machen? Warum haben Sie sie noch nicht gemacht? Machen Sie Notizen.

1 nähen lernen – nicht begabt sein
2 einer berühmten Person begegnen – schüchtern sein
3 alle Hauptstädte der Welt besuchen – nicht gern fliegen

b Arbeiten Sie in Gruppen. Nennen Sie Ihre Wünsche und Gründe dagegen. Die anderen geben Ihnen Tipps.

> Ich will unbedingt nähen lernen, obwohl ich nicht begabt bin.

> Im Internet gibt es doch tolle Tutorials. Da findest du bestimmt etwas!

+ SCHON FERTIG?
Haben Sie noch mehr Wünsche? Spielen Sie weitere Dialoge.

Erfahrungen sammeln

eine Idee umsetzen

einen Traum verwirklichen

ein Projekt planen

einen Auftrag bekommen

8 Ich möchte meinen Traum verwirklichen! AB 6–7

a Lesen Sie Leons Beitrag und die Antworten. Markieren Sie in zwei Farben: Vorteile und Nachteile von Freiberuflichkeit.

www.alternativleben.org/projekte/stimmen

Leon96 Ich hab' mal eine Frage: Arbeitet von euch jemand freiberuflich? Ich würde gern meinen Traum verwirklichen und meinen Job als Angestellter aufgeben. Ich könnte mir vorstellen, als Blogger zu arbeiten und meinen eigenen Reiseblog zu starten: Wie reist man umweltbewusst? Bin mir aber total unsicher, ob ich das wagen soll. Was meint ihr?

1 

Franziska Also, ich bin mir nicht sicher, ob das klappt, denn es gibt ja schon so viele Reiseblogs. Na ja, auf jeden Fall bist du unabhängig! Kannst deine Zeit frei einteilen. Aber da kommt natürlich auch eine Menge Papierkram auf dich zu. Krankenversicherung, Steuern und so ... Du musst dich um alles selbst kümmern und kannst nicht einfach sagen: „Nö, dafür bin ich nicht zuständig!" Außerdem bekommst du keinen Urlaub bezahlt usw. Und immer die Frage: Hab' ich nächsten Monat genug Aufträge? Tja ... Das alles musst du bedenken. Ich persönlich finde den Gedanken, keine Sicherheit zu haben, unerträglich!

2 

Milena Ich bin davon überzeugt, dass das alles gut gehen wird! Ich bin das Risiko eingegangen und kann nur sagen: Heute bin ich glücklich. Ich bin meine eigene Chefin, kann machen, was ich will, und niemand macht mir Vorschriften. Aber klar, man braucht auch viel Disziplin und Ausdauer. Der Anfang war nicht leicht. Ich glaube trotzdem, dass man das machen soll, was einen glücklich macht. Denn jetzt geht es mir gut und ich verdiene auch ganz gut.

3 

Jerin Hm ... Ich stelle mir die Freiberuflichkeit ziemlich einsam vor. Keine Kolleg:innen, nicht viel Austausch, keine Unterstützung, wenn man sie mal braucht. Man muss auch sehen, dass das sicher nicht einfach ist. Für mich wäre das nichts! Also, ich bezweifle, dass mir das wirklich gefallen würde.

4 

Yolanda Als Freiberuflerin genieße ich die flexiblen Arbeitszeiten und dass ich mir aussuchen kann, für wen und was ich arbeite. Ich habe mich als Angestellte immer wie im „Gefängnis" gefühlt – diese 9-to-5-Jobs mit festen Vorgaben, Abläufen ... das war nix für mich. Jetzt arbeite ich viel mehr, aber es macht mir nichts aus. Selbst den Montagmorgen finde ich schön. 🙂 Das wird schon gut gehen! Du musst es nur wollen!

KOMMENTIEREN

b Lesen Sie noch einmal die Antworten auf Leons Frage in a und ergänzen Sie die Tabelle.

Na ja, ... | Tja ... | Hm ... | Ähm / Äh ...

etwas kritisch bewerten	Mut machen
Also, ich bin mir nicht sicher, ob das klappt, denn ...	Ich bin (absolut) sicher, dass es gelingen wird, denn ...
Man muss ...., dass ...	Ich kann gut verstehen, dass ... aber ...
	..............., dass das alles gut gehen wird!
Ich denke, dass das kaum möglich ist, denn ...	Das ....!
Also, ich ...., dass ...	Da bin ich sehr zuversichtlich!

9 Man muss auch sehen, dass ...

Schreibkarussell. Arbeiten Sie zu dritt. → S. 172

SCHNELLTEST LEKTION 06 → S. 40 Magazin Lektion 04, 05, 06 → S. 142

LEKTION 04

W Gute Vorsätze: Ergänzen Sie.

1 ○ Ich habe einen V o r s a t z (a): Ich möchte jeden Tag eine Stunde joggen! Hoffentlich kann ich mich daran ge…ö……en (b)!
□ Du musst das in nächster Zeit nur oft genug wie………len (c), dann ……der……(d) du dein Verhalten ganz sicher!

2 ○ Du joggst 25 Kilometer ohne Pause? Du hast ja echt viel Aus………(a)! Toll!
□ Das schaffst du auch, wenn du dich ein bisschen an………ng……(b) Trainieren wir heute Abend?
○ Nein, ich möchte mich heute nicht mehr b………gen (c).

…… / 6 Punkte
☺ 4 – 6 Punkte
😐 0 – 3 Punkte

G Gesunde Ernährung:

Schreiben Sie Sätze mit *damit* oder, wenn möglich, mit *um … zu*.

a Ich nehme heute Nachmittag frei. – *ein Webinar machen*
b Meine Kollegin übernimmt meine Arbeit. – *ich / das Webinar machen können*
c Ich mache ein Webinar über gesunde Ernährung. – *mein Mann und ich / sich besser ernähren*
d *etwas für die Umwelt tun* – Wir kaufen nur noch regionale Lebensmittel.

a Ich nehme heute Nachmittag frei, …

…… / 4 Punkte
☺ 3 – 4 Punkte
😐 0 – 2 Punkte

K In einer Präsentation: Welche Antwort passt? Kreuzen Sie an.

1 ○ Und wie ist das mit dem Umweltschutz?
a □ Also das ist so: … ○
b □ Es geht um den Umweltschutz. ○

2 ○ Wir würden gern noch wissen, woher ihr diese Informationen habt.
a □ Wir kommen zum Schluss. ○
b □ Dazu können wir sagen, dass wir bei … recherchiert haben. ○

3 □ Habt ihr noch Fragen?
a ○ Dazu habe ich leider keine Informationen. ○
b ○ Ja, danke. Ich habe noch folgende Frage: … ○

4 ○ Ich würde gern noch wissen, ob das ein europäisches Projekt ist.
a □ Danke! Das ist eine sehr interessante Frage. ○
b □ Vielen Dank für eure Aufmerksamkeit. ○

…… / 4 Punkte
☺ 3 – 4 Punkte
😐 0 – 2 Punkte

LEKTION 05

W Im Gemeinschaftsprojekt: Verbinden Sie.

a	Da schauen wir gemeinsam Filme an: Im …	1	Land	A	küche.
b	Da repariere ich mein Fahrrad: In der …	2	Versammlungs	B	laden.
c	Da kann man z.B. Gemüse kaufen: Im …	3	Schlaf	C	statt.
d	Da kochen wir zusammen: In der …	4	Werk	D	wirtschaft.
e	Da übernachten Besucher: Im …	5	Gemeinschafts	E	saal.
f	Da gibt es Schafe und Hühner: In der …	6	Dorf	F	raum.

…… / 5 Punkte
☺ 3 – 5 Punkte
😐 0 – 2 Punkte

LÖSUNGEN → S. 221

G Wenn ich keine Familie hätte ... Irreale Bedingungen: Ergänzen Sie die Verben.

a Wenn ich keine Familie *hätte*, ………… ich mich für ein Gemeinschaftsprojekt ………… . (haben / sich interessieren)

b Wenn wir von überall arbeiten …………, ………… wir aufs Land ………… . (können / ziehen)

c Wenn Martin Rentner …………, dann ………… er mehr Zeit für seine Hobbys. (sein / haben)

…… / 5 Punkte
3 – 5 Punkte
0 – 2 Punkte

K Ein Gespräch zusammenfassen. Ergänzen Sie.

Bei uns war die F………… (a), ob wir im Urlaub zelten gehen. Wir haben lange darüber g………… (b), wie wichtig das Wetter ist. Ziemlich e………… (c) waren wir uns in dem Punkt, dass Camping bei Regen wirklich schrecklich ist. M………… (d) haben gesagt, dass sie im Zelt nicht so gut schlafen. Nur eine Person, n………… (e) Sarah, würde am liebsten immer draußen übernachten. I………… (f) kann man sagen, dass unsere Gruppe im Urlaub lieber im Hotel oder in einem Ferienhaus wohnt.

…… / 6 Punkte
4 – 6 Punkte
0 – 3 Punkte

LEKTION 06

W Was passt? Ordnen Sie zu.

sammeln ~~planen~~ umsetzen verwirklichen eingehen wagen

a ein Projekt *planen*
b etwas Neues …………
c eine Idee …………
d Erfahrungen …………
e einen Traum …………
f ein Risiko …………

…… / 5 Punkte
3 – 5 Punkte
0 – 2 Punkte

G Das ist doch egal! Schreiben Sie Sätze mit *obwohl*.

Ansgar reist durch die Welt, ...

a Er hat nicht viel Geld.
b Er kann nicht so gut Englisch sprechen.
c Er hatte am Anfang große Angst.
d Seine Familie hat sich ziemlich über seine Pläne aufgeregt.

a ..., obwohl er ...

…… / 4 Punkte
3 – 4 Punkte
0 – 2 Punkte

K Das wird schon gut gehen! Ordnen Sie zu.

⬡ bin ich sehr zuversichtlich ⬡ dass es gelingen wird ⬡ bin mir nicht sicher ⬡ kann gut verstehen ⬡ bezweifle

- Eine Weltreise ohne Geld? Also, ich (1), ob das klappt, denn ohne Geld bekommt man keine Unterkunft.
- Das wird schon gut gehen! Da (2)!
- Also, ich (3), dass man ohne Geld weit kommt.
- Oft trifft man unterwegs hilfsbereite Leute. Ich bin sicher, (4).
- Ich (5), dass manche Menschen so ein Abenteuer aufregend finden, aber für mich wäre das nichts!

…… / 5 Punkte
3 – 5 Punkte
0 – 2 Punkte

LÖSUNGEN → S. 221

Sätze und Satzverbindungen

Konnektoren *damit* und *um ... zu* L04

Hauptsatz	Nebensatz			
				Ende
Menschen brauchen tatsächlich lange,	damit	sie	auf eine alte Gewohnheit	verzichten.
= Menschen brauchen tatsächlich lange,	um		auf eine alte Gewohnheit	zu verzichten.
Ich hole meine Tochter jeden Tag von der Schule ab,	damit ~~um zu~~	sie	nicht allein	nach Hause gehen muss.

Konjunktiv II der Gegenwart mit *wenn*-Satz L05

reale Situation	irreale Bedingung / Vorstellung
Nils hat Kinder.	Wenn ich keine Kinder hätte, wäre ich wieder in Berlin.
Die Gemeinschaft hat nicht so viel Geld.	Wenn wir mehr Geld hätten, könnten wir mehr Handwerker:innen bezahlen.
Britta ist 67 Jahre alt.	Wenn ich noch einmal 40 wäre, würde ich nur noch halbtags arbeiten.

Konnektor *obwohl* L06

Hauptsatz	Nebensatz		
			Ende
Vor vier Jahren bin ich nach Deutschland gekommen,	obwohl	ich kein Wort Deutsch	konnte.
Immerhin bin ich schon 73,	obwohl	ich mich gar nicht so	fühle.

Wortbildung

Nomen + *n* + Nomen / Nomen + *s* + Nomen L05

Nomen + n + Nomen	Nomen + s + Nomen
◆ die Toilette + ◆ das Papier = ◆ das Toilettenpapier	◆ der Geburtstag + ◆ der Kuchen = ◆ der Geburtstagskuchen

eine Präsentation einleiten / halten L04

Ich spreche über ...
Ich erzähle euch jetzt etwas über ...
Zuerst möchte ich über ... reden, dann über ...
Es geht um (das Thema) ...

eine Präsentation abschließen L04

Wir kommen zum Schluss. Wir wollten noch sagen ...
Vielen Dank für eure Aufmerksamkeit.
Gibt es / Habt ihr noch Fragen oder Anmerkungen?

Fragen stellen L04

Ich habe noch folgende Frage: ...
Und wie ist das mit ...?
Ich würde gern noch wissen, wie / ob / ...

auf Fragen reagieren L04

Danke! Das ist eine sehr interessante Frage.
Also, das ist so: ...
Dazu kann ich sagen, dass ...
Dazu habe ich leider keine Informationen.

etwas beurteilen L05

🙂	☹️
Warum nicht? Ich finde das super!	Das geht gar nicht!
Das wäre genau das Richtige für mich / ...	Für mich / ... wäre das nichts.

ein Gespräch zusammenfassen L05

Bei uns war die Frage, wie / in welchem Fall / warum ...
Wir haben lange darüber gesprochen, ...
Ziemlich einig waren wir uns in dem Punkt, dass ...
Fast alle / Mehrere / Einige haben gesagt, dass ...
Nur eine Person, nämlich ... / Niemand meint / findet, dass ...
Insgesamt kann man sagen, dass ...

etwas kritisch bewerten L06

Also, ich bin mir nicht sicher, ob das klappt, denn ...
Man muss auch sehen, dass ...
Ich denke, dass das kaum möglich ist, denn ...
Also, ich bezweifle, dass ...

Mut machen L06

Ich bin (absolut) sicher, dass es gelingen wird, denn ...
Ich kann gut verstehen, dass ..., aber ...
Ich bin davon überzeugt, dass das alles gut gehen wird!
Das wird schon gut gehen!
Da bin ich sehr zuversichtlich!

07

Allein unterwegs

2 01
1 Ich brauche doch nur ein bisschen Erholung.

a Sehen Sie das Bild und die Profilbilder von Sven und Verena an. Was meinen Sie: Wem von den beiden gehört das Fahrrad? Hören Sie dann die Sprachnachrichten 1 und 2 und vergleichen Sie.

b Hören Sie noch einmal. Was ist richtig? Kreuzen Sie an.

Sven ist beunruhigt, weil seine Mutter ...

1 ☒ allein einen Fahrradurlaub machen will.
2 ○ auf einen anderen Kontinent reisen möchte.
3 ○ dort nicht nur auf Radwegen fahren kann.
4 ○ vielleicht im Zelt übernachten möchte.
5 ○ alles nicht locker genug sieht.

Verena sieht das anders.

1 ○ Sie braucht ein bisschen Erholung vom Alltag.
2 ○ Sie will mal allein verreisen und kein Abenteuer erleben.
3 ○ Sie möchte ohne Reiseführer fahren, das ist mal etwas Neues.
4 ○ Sven soll sich keine Sorgen machen.

c Machen Sie einen Kursspaziergang und sprechen Sie über die Fragen.

- Wie finden Sie Verenas Plan?
- Was halten Sie von Svens Reaktion?

> Ich weiß nicht, ob es gefährlich ist, allein durch die Toskana zu reisen. Wo ich herkomme, kann man auch als Frau gut allein reisen. Und es gibt tolle Radwege!

LERNZIELE

HÖREN: Sprachnachrichten, Radiointerview **LESEN:** Ankündigung Radiosendung, Reiseforum **KOMMUNIKATION:** über Erfahrungen berichten: *Ich habe viele Erfahrungen mit ... gemacht.* **LESEN / SCHREIBEN:** Kleinanzeigen **WÖRTER:** Rund ums Reisen **GRAMMATIK:** Adjektivdeklination mit Nullartikel: *beste Tipps* • Wortbildung: Nomen + *chen: das Häuschen*

2 Unterwegs AB 1

a Fragespiel: Sehen Sie das Bildlexikon an und spielen Sie dann zu dritt. → S. 173

b Berichten Sie im Kurs über interessante Antworten.

> Miguel hat auf der Zugfahrt in seine Heimatstadt seine Frau kennengelernt.

3 Interview „Allein reisen"

a Lesen Sie die Ankündigung zur Radiosendung und sprechen Sie im Kurs: Wer ist schon einmal allein verreist oder würde das gern mal machen?

www.reisemagazin.net

PROGRAMM MUSIK NACHRICHTEN MEDIATHEK EVENTS

14:30 „DAS REISEMAGAZIN"

Mit Volker Lahrmann

Ein Thema heute: „Allein reisen".
Wussten Sie, dass 80 Prozent aller erwachsenen Deutschen schon mindestens einmal in ihrem Leben ganz allein verreist sind?

2 02 **b** Hören Sie das Interview mit Verena. Über welche Themen spricht sie? Kreuzen Sie an.

1 ☒ Menschen, die sie kennengelernt hat 2 ○ wie ihr die Strände gefallen haben
3 ○ wo sie übernachtet hat 4 ○ Hilfe, die sie bekommen hat
5 ○ ob sie Probleme mit dem Alleinsein hatte 6 ○ was sie gegen Traurigkeit gemacht hat
7 ○ wie sie ihre Unterkünfte bewertet

2 02 **c** Arbeiten Sie zu zweit. Hören Sie noch einmal und notieren Sie Beispiele und Informationen zu den Themen aus **b**. Vergleichen Sie Ihre Ergebnisse im Kurs.

> 1 Menschen, die sie kennengelernt hat:
> – Künstlerin aus … / Strand …
> – …

d Was machen Sie gern allein, zu zweit …? Arbeiten Sie zu zweit. → S. 174

4 Reiseforum „HIGHLIGHTS"

Lesen Sie Verenas Beitrag im Reiseforum auf S. 45. Markieren Sie in zwei Farben: Was sind Fakten, was sind Verenas Bewertungen / Erfahrungen? Vergleichen Sie dann im Kurs.

Fakten	Bewertungen/Erfahrungen
Hafen: viele Cafés und Restaurants	Cafés und Restaurants = sehr angenehm

◆ die Sehenswürdigkeit

◆ die Übernachtung

◆ die Unterkunft

◆ der Reiseführer

www.reiseforum highlights.de

UNSER REISEFORUM „HIGHLIGHTS“

Von Reisenden für Reisende

BERICHTE TIPPS DISKUSSIONEN

Welcher Ort ist DEIN Highlight?

Porto Santo Stefano

Verena_B, 31. November

Wenn ich an Porto Santo Stefano denke, dann fällt mir sofort der alte Hafen ein. Dort gibt es viele Cafés und Restaurants. Das fand ich sehr angenehm. Weniger schön fand ich die großen Luxusjachten. Die passen einfach nicht zu dem einfachen, normalen Leben in dieser Stadt. Insgesamt fühlte ich mich in Porto Santo Stefano aber sehr wohl.

Die kleine Stadt liegt ungefähr 40 Kilometer südlich von Grosseto auf der Halbinsel Monte Argentario. Von hier aus kann man mit einer Fähre auf die wunderschöne Insel Giglio fahren.

Besonders gefallen haben mir auch die vielen herrlichen Sandstrände in der Nähe von Porto Santo Stefano. Im Oktober ist man dort fast ganz allein! Um diese Jahreszeit in der südlichen Toskana: Ein Urlaub könnte nicht schöner sein!

Blick über den alten Hafen von Porto St. Stefano, Italien

5 Mein Forumsbeitrag AB 2–5

Extra Film

a Einen Forumsbeitrag vorbereiten. Arbeiten Sie zu zweit. → S. 175

b Schreiben Sie nun für das Reiseforum „HIGHLIGHTS“ einen Beitrag über „Ihre“ Stadt. Verwenden Sie Ihre Notizen aus a und die Sätze aus dem Kasten. Hängen Sie Ihren Text im Kursraum auf.

K

- Ich habe viele Erfahrungen mit ... gemacht.
- Ich habe (zum Beispiel) bemerkt, dass ...
- Wenn ich an ... denke, dann fällt mir ... ein.
- Das fand ich sehr angenehm / etwas enttäuschend.
- Das war sehr schön für mich, weil ...
- Weniger schön / gut fand ich ...
- Insgesamt fühlte ich mich in ... sehr wohl / nicht so wohl.
- Insgesamt ging es mir ...
- Besonders gefallen hat / haben mir ...
- ... könnte nicht besser / schöner sein!
- Das hat (fast) immer gut geklappt.

Ich war vor drei Wochen zum ersten Mal in Lüneburg. Lüneburg ist eine sehr hübsche Stadt, die ca. 50 Kilometer von Hamburg entfernt liegt. Besonders gefallen hat mir die Altstadt, dort ... Und die Universität könnte nicht schöner sein! Das Zentralgebäude hat ... Weniger gut fand ich ... Insgesamt ging es mir aber in Lüneburg einfach nur gut!

Ana, 20. Juli

c Machen Sie einen Kursspaziergang. Wohin würden Sie gern reisen? Lesen Sie die Beiträge und stellen Sie Fragen. Sagen Sie auch, ob und warum Sie die Stadt gern besuchen würden.

> Ana, du schreibst, dass du die Uni schön findest. Warum gefällt sie dir?

◆ das Souvenir

◆ die Touristin / ◆ der Tourist

◆ die Erholung

◆ das Abenteuer

◆ die Reisebegleitung

6 Kleinanzeigen AB 6–11

a Überfliegen Sie die Anzeigen. Bei welcher Anzeige würden Sie auf „mehr“ klicken?

> Ich würde auf die Anzeige mit dem Koffer klicken. Ich liebe Reisekoffer, die alt sind!

> Und ich interessiere mich für das Online-Reisemagazin. Ich lese sehr gern Reisereportagen.

www.reisemarkt.org

POSTFACH · SUCHEN · MEHR

Reisemarkt

Suche erfahrene Reisebegleitung mit guten Englischkenntnissen. mehr
Nachricht Anrufen

Kleines Ferienhäuschen in toller Lage in Nord-Schweden zu vermieten. mehr

Nachricht Anrufen

Bekannter Reiseverlag sucht innovative Autorinnen und Autoren. mehr
Nachricht Anrufen

Verschenke alten Reisekoffer aus braunem Leder. mehr

Nachricht Anrufen

Beste Tipps für Ihren Urlaub! UNTERWEGS! Ihr Online-Reisemagazin! mehr
Nachricht Anrufen

Suche gebrauchten Campingbus, gern mit kleiner Küche! mehr
Nachricht Anrufen

G

Nomen + chen		
	 das Haus →	 das Häuschen
	 der Koffer →	 das Köfferchen

b Lesen Sie die Anzeigen noch einmal und ergänzen Sie die Tabelle.

G

	◆ maskulin	◆ neutral	◆ feminin	◆ Plural
Nominativ	bekannt*er* Verlag	klein ... Häuschen	nette Frau	best ... Tipps
Akkusativ	alt ... Koffer	kleines Auto	erfahren ... Begleitung	innovativ ... Autoren
Dativ aus / in / mit / ...	großem Hund	braun ... Leder	toll ... Lage	gut ... Kenntnissen

c Arbeiten Sie zu zweit. Wählen Sie zwei Rubriken und schreiben Sie zwei Anzeigen mit vielen Adjektiven.

Reise · Stellenmarkt · Tiermarkt · Immobilien · Computer · Sport · Handy · Musik · ... · Bekleidung

Suche coole und billige Wohnung in ...

d Arbeiten Sie mit einem anderen Paar und tauschen Sie die Anzeigen. Die anderen entscheiden: In welche Rubrik gehört Ihre Anzeige?

SCHNELLTEST LEKTION 07 → S. 55

08

„Soziales Pflichtjahr", ja oder nein?

1 Ich bin absolut überzeugt, dass …

a Sehen Sie das Bild an und lesen Sie die Ankündigung zur Radiosendung. Was meinen Sie: Was ist ein Soziales Pflichtjahr? Sprechen Sie zu zweit.

> Hmm, was bedeutet denn „Pflicht"?

> Dass man etwas machen muss.

2 03 **b** Hören Sie dann die Radiosendung. Was ist richtig? Kreuzen Sie an.

1 ◯ Hannah Dravić ist dafür, dass die Menschen mehr gemeinschaftlich denken und handeln.

2 ◯ Sie ist der absoluten Überzeugung, dass sich die Menschen ohne ein Gesetz nicht freiwillig engagieren.

3 ◯ Sie ist für ein Pflichtjahr in der Schulzeit.

2 03 **c** Hören Sie noch einmal. Welche Beispiele für soziales Engagement nennt Hannah Dravić? Kreuzen Sie an.

1 ◯ Umweltschutz 2 ◯ Arbeit in der Schule 3 ◯ Kinderbetreuung 4 ◯ Altenpflege

d Kennen Sie ein Freiwilliges Soziales Jahr oder ein Soziales Pflichtjahr? Sprechen Sie zu zweit.

> In Deutschland gibt es doch das FSJ, das Freiwillige Soziale Jahr. Man arbeitet zum Beispiel in einem Kindergarten oder …

LERNZIELE

HÖREN: Radiointerview **KOMMUNIKATION:** die Meinung sagen: *Ich bin ziemlich sicher, dass …*
LESEN: Forumsbeiträge **KOMMUNIKATION:** zustimmen: *Das sehe ich auch so.* • widersprechen: *Das sehe ich völlig anders.* • um das Wort bitten: *Darf ich direkt etwas dazu sagen?* • sich nicht unterbrechen lassen: *Lass mich bitte kurz ausreden.* **WÖRTER:** Politik und Gesellschaft **GRAMMATIK:** Infinitiv mit *zu*: *Ich versuche, die Umwelt zu schützen.*

2 Meiner Meinung nach ... AB 1

a Was passt? Ordnen Sie zu.

~~Ich bin ziemlich sicher, dass ...~~ Meiner Meinung / Ansicht nach ...
Ich bin absolut der Überzeugung, dass ... Ich bin der Meinung / Ansicht, dass ...

+	++	+++
	Ich bin ziemlich sicher, dass ...	

b Arbeiten Sie in Gruppen. Wovon sind Sie überzeugt? Notieren Sie ein bis zwei Themen und ein bis zwei Argumente. Halten Sie dann eine „Sekundenrede" in der Gruppe. Sie haben 40 Sekunden Zeit. Verwenden Sie die Ausdrücke aus a.

ES GIBT UFOS  !

Grammatik ist doof!

Frauen sind klüger als Männer!

Man darf keine Fliegen töten!

Bald werden alle auf dem Mond Urlaub machen!

Chips zum Frühstück sind gesund und lecker!

...

Es gibt UFOs!
– schon eins gesehen
– komische Wolken

Ich bin absolut der Überzeugung, dass es UFOs gibt. Erst letzte Woche habe ich eins gesehen. Ich ...

3 So haben unsere Hörerinnen und Hörer reagiert. AB 2

a Überfliegen Sie die Beiträge. Wer ist für (+) und wer ist gegen (–) ein Soziales Pflichtjahr? Ergänzen Sie + oder –. Hilfe finden Sie auch im Bildlexikon.

www.radiom2.com

„Soziales Pflichtjahr, ja oder nein?" Diese Frage stellte Frank Möller heute in unserer Sendung „KURZ GESAGT" der bekannten Sozialpolitikerin Hannah Dravić. Und so haben unsere Hörerinnen und Hörer darauf reagiert:

RADIO M2

1

○ **Charlotte L.**

Ein Soziales Pflichtjahr finde ich gar nicht so schlecht. Ich habe mich nach der Schule für ein Freiwilliges Soziales Jahr in einem Kindergarten entschieden. Dabei habe ich sehr viel gelernt. Zum Beispiel, wie soziale Einrichtungen funktionieren, wie man in einem Team arbeitet, wie man Konflikte löst und so weiter. Man muss wirklich keine Angst haben, so etwas zu machen. Ich habe immer Spaß dabei, etwas Neues zu lernen!

2

○ **Julius K.**

Es soll eine Pflicht für junge Leute werden, nach der Schule soziale Arbeit zu machen? Echt jetzt? Mal eine Frage: Haben die älteren Leute denn selbst sozial gearbeitet in den letzten Jahrzehnten? Nöö, im Gegenteil: Mit ihrer Ego-Politik haben sie die Welt kaputt gemacht! Ich bin Klimaaktivist und versuche, die Umwelt zu schützen. Und dazu soll ich jetzt auch noch einen Sozialen Pflichtdienst machen? Hmm! Es ist echt nicht leicht für mich, das zu verstehen.

W

◆ die Bürgerin /
◆ der Bürger

◆ das Gesetz

◆ die Politik

◆ der Staat

◆ die Gesellschaft

3

Artemis B.

So wie es jetzt ist, finde ich das Freiwillige Soziale Jahr nicht gut genug. Ich würde raten, es für die jungen Leute attraktiver zu machen. Man könnte damit anfangen, ein Bonus-System anzubieten: Wer ein Freiwilliges Soziales Jahr macht, bekommt danach schneller einen passenden Ausbildungs- oder Studienplatz. Und ich würde auch empfehlen, das Soziale Jahr besser zu bezahlen. Wenn wir das so organisieren, brauchen wir kein Soziales Pflichtjahr!

4

Hubertus S.

Ein Soziales Pflichtjahr für junge Leute? Oh ja, das finde ich super, wenn die jungen Bürgerinnen und Bürger endlich auch mal was tun müssen! Aber man hört ja jetzt schon, dass viele von ihnen überhaupt keine Lust haben, Gemeinschaftsarbeit für den Staat zu machen. Dabei wäre das wirklich eine gute Vorbereitung für das Berufsleben!

b Arbeiten Sie in zwei Gruppen. Lesen Sie die Beiträge noch einmal und suchen Sie die Argumente im Text. Gruppe 1 notiert alle Argumente für und Gruppe 2 alle Argumente gegen ein Soziales Pflichtjahr.

1 pro: Soziales Pflichtjahr
– Man lernt sehr viel. Beispiele: ...

2 kontra: Soziales Pflichtjahr
– Warum junge Leute? Die älteren Leute ...

c Suchen Sie eine Partnerin / einen Partner aus der anderen Gruppe. Sprechen Sie über die Argumente und diskutieren Sie: Welche Argumente finden Sie richtig, welche nicht?

- ○ In einem Sozialen Pflichtjahr lernt man sehr viel. Zum Beispiel ... Das Argument finde ich gut.
- □ Hm, ich bin nicht so sicher. Ich habe auch eine Freundin, die im Sozialen Jahr nur gearbeitet und nichts gelernt hat.

4 Man muss wirklich keine Angst haben, so etwas zu machen. AB 3–5

a Lesen Sie die Beiträge in 3a noch einmal und markieren Sie alle Wörter, die einen Satz mit einem Infinitiv mit *zu* einleiten. Ergänzen Sie dann die Tabelle.

G

Infinitiv mit *zu*	
nach bestimmten Verben (*versuchen*, ...)	Ich ……, die Umwelt zu schützen. (Z. 10 – 11) versuchen,
abstrakte Nomen + *haben*	Man muss wirklich ……, so etwas zu machen. (Z. 5 – 6) (keine) Angst haben,
Konstruktionen mit *es*	…… für junge Leute ……, nach der Schule soziale Arbeit zu machen? (Z. 7 – 8) es soll eine Pflicht werden,

b Satzkarussell. Arbeiten Sie zu viert. → S. 176

◆ die Aktivistin / ◆ der Aktivist

◆ die Pflicht

freiwillig

sozial

ökologisch

5 Ich bin ganz deiner Meinung. AB 6–7

Lesen Sie die Sätze. Leider stimmt die Zuordnung manchmal nicht.
Ordnen Sie neu und schreiben Sie die Sätze in die richtige Spalte.

K

zustimmen	widersprechen
Das sehe ich auch so.	Da bin ich mir aber nicht so sicher.
Da hast du recht.	Ich bin ganz deiner Meinung.
~~Das sehe ich völlig anders.~~	Da muss ich widersprechen.
Das kann ich mir gut vorstellen.	Das sehe ich völlig anders.
Da bin ich ganz anderer Meinung.	
Versteh mich nicht falsch, aber …	
um das Wort bitten	**sich nicht unterbrechen lassen**
Darf ich direkt etwas dazu sagen?	Entschuldigung, wenn ich unterbreche, aber …
Lass mich bitte kurz ausreden.	Einen Moment bitte, ich möchte nur noch kurz sagen …
Ich möchte dazu etwas ergänzen.	

6 Diskussionsrunde: Pro und kontra Soziales Pflichtjahr

a Lesen Sie die Rollenkarten und wählen Sie eine Rolle. Suchen Sie dann andere Personen mit der gleichen Rolle und bilden Sie eine Gruppe.

1
Sie haben letztes Jahr ein Freiwilliges Ökologisches Jahr in einer Umweltorganisation gemacht. Sie finden, dass das keine gute Erfahrung war und hätten lieber eine lange Reise gemacht. Deshalb sind Sie gegen ein Soziales oder Ökologisches Pflichtjahr.

2
Sie haben gerade Ihr Abitur gemacht und möchten Architektur studieren. Sie sind für ein Soziales Pflichtjahr. Sie selbst möchten auch nicht gleich studieren, sondern erst einmal etwas ganz anderes machen.

3
Sie leiten einen Kindergarten. Sie brauchen dringend junge Leute, die Sie bei der Arbeit mit den Kindern unterstützen. Aber es ist nicht so leicht, Freiwillige zu finden, deshalb sind Sie für ein Soziales Pflichtjahr.

4
Sie sind Bürgermeisterin in einer kleinen Stadt. Sie finden es toll, wenn junge Leute sich engagieren, aber Sie sind der Ansicht, dass soziales Engagement auch weiterhin freiwillig sein sollte.

b Diskussionsrunde: Arbeiten Sie in Gruppen. → S. 177

SCHNELLTEST LEKTION 08 → S. 55

09

Trotzdem eine super Erfahrung!

2 ◄)) 04

1 Weihnachten ohne Plätzchen – geht gar nicht!

a Sehen Sie den Bildschirm an und sammeln Sie Fragen im Kurs. Hören Sie dann das Gespräch. Welche Antworten auf Ihre Fragen gibt es im Hörtext?

> – *Wo ist Michi?*
> – ...

b Lesen Sie die Zusammenfassung und korrigieren Sie die markierten Informationen im Text. Hören Sie dann noch einmal und vergleichen Sie. Was ist falsch?

> Michi ist gerade zum Studium in ~~China~~ *Chile*, deswegen backt er mit seinen Freundinnen dieses Jahr online Plätzchen. Die Plätzchenformen hat er von seiner Schwester zum Geburtstag bekommen. Auf Glühwein hat Michi gerade keine Lust, weil es zu früh ist. Die Freundinnen können sich gar nicht vorstellen, dass bei ihm an Weihnachten Frühling ist. Aber Michi ist die Jahreszeit egal. Am Ende fragt er, ob die Freundinnen seinen Bericht über das Auslandssemester schreiben können.

c Haben Sie schon einmal eine gemeinsame Aktivität online gemacht? Mit wem? Warum? Erzählen Sie in der Gruppe.

> Meinen letzten Geburtstag habe ich online gefeiert. Ich war hier in Salzburg und mein Bruder in Seattle ...

LERNZIELE

HÖREN: Video-Telefonat **LESEN:** Abschlussbericht mit Kommentaren **KOMMUNIKATION / SCHREIBEN:** eine (halb-)formelle E-Mail schreiben: *Sehr geehrte Frau ...* • sich höflich entschuldigen: *Es tut mir leid, aber ...* • etwas begründen: *Wegen ...* • Alternativen vorschlagen: *Wäre das für Sie in Ordnung?* • weitere Fragen stellen: *Außerdem wollte ich Sie fragen, ...* • sich bedanken: *Vielen Dank für ...* **WÖRTER:** Rund ums Studium **GRAMMATIK:** Präpositionen *wegen / trotz* + Adjektivdeklination im Genitiv: *wegen / trotz der netten Mitbewohner*

2 Vielen Dank, dass du meinen Text durchliest!

a Überfliegen Sie den Abschlussbericht und die Kommentare in **b**.
Was ist richtig? Kreuzen Sie an.

Michi hat ◯ erst einen Teil des Berichts ◯ schon den ganzen Bericht geschrieben.
Er hat den Text ◯ vielen Freunden ◯ nur Noemi zum Lesen gegeben.

b Lesen Sie den Punkt 2.1 „Sprachliche Voraussetzungen". Was ist richtig?
Kreuzen Sie an. Hilfe finden Sie im Bildlexikon.

1 ◯ In Chile wollte Michi auch sprachliche Fortschritte machen.
2 ◯ Er hat Veranstaltungen auf Spanisch und Englisch besucht.
3 ◯ Seine Sprachkenntnisse aus Deutschland haben ausgereicht.
4 ◯ Michi findet, dass er viel gelernt hat.
5 ◯ Man sollte sich schon vor der Reise sprachlich vorbereiten.

●●● **F** *K* U

Abschlussbericht:
Auslandssemester im Fach Architektur an der *Universidad de Chile* (Santiago de Chile)

1. Organisation / Vorbereitung
1.1 Kommunikation mit den Unis
1.2 Visum / Aufenthalt
1.3 Unterkunft

2. Studium
2.1 Sprachliche Voraussetzungen
Ein Ziel des Auslandsaufenthalts war für mich, meine Spanisch-Sprachkenntnisse zu verbessern. Als ich in Santiago angekommen bin, hatte ich das Zertifikat B1 (dieses Niveau wird vom International Office meiner Heimatuniversität empfohlen). Um die Sprache möglichst viel zu hören, habe ich mich nur für Vorlesungen und Seminare auf Spanisch angemeldet. Am Anfang hatte ich wegen de? ungewohnten Dialekt? Schwierigkeiten, die Dozent:innen zu verstehen. Ich musste mich auf die Vorlesungen und Prüfungen auch sprachlich intensiv vorbereiten, hatte dann aber einen doppelten Lernerfolg: im Fach und in der Sprache. Studierenden, die Veranstaltungen auf Spanisch besuchen möchten, würde ich empfehlen, sich bereits in Deutschland eine:n Tandempartner:in aus Chile zu suchen.
2.2 Studienorganisation / Unterrichtsstil
2.3 politische Aktivitäten der Studis / Thema Studiengebühren

3. Leben
3.1 Begrüßungsritual
3.2 Umgang mit Zeit
3.3 Busfahren

4. Freizeit und Reisen

5. Zusammenfassung

1 **Michi:** Liebe Noemi! Noch mal vielen Dank, dass du meinen Text durchliest. Kennst mich ja: Sprache ist nicht so mein Ding 😉

2 **Noemi:** Kannst mir gern die weiteren Punkte schicken, wenn du sie fertig hast! 😘

3 **Michi:** „wegen dem chilenischen Dialekt" oder „wegen des chilenischen Dialekts"? 🤔

4 **Noemi:** Beides geht. Aber Dativ ist mündlicher. Hier besser mit dem Genitiv, das ist ja ein schriftlicher Bericht. Bei „trotz" ist es übrigens genauso.

5 **Michi:** Mensch, war das schrecklich! Ich voll stolz auf mein tolles Spanisch, setz mich in spanische Vorlesungen. Hab kein Wort verstanden! Ich war so frustriert!

6 **Michi:** Hier hatte ich zuerst: „Trotz einer intensiven Vorbereitung hatte ich in Vorlesungen und Prüfungen Verständnisprobleme." Was findest du besser?

7 **Noemi:** Das mit dem doppelten Lernerfolg. Das ist ja nicht gelogen! In so einem Bericht muss man auch zeigen, dass man die Herausforderungen gut geschafft hat. 😉

◆ der Abschluss

◆ der Bericht

◆ das Fach

◆ die Prüfung

◆ das Semester

c Lesen Sie die Kommentare in **b** auf Seite 52 und machen Sie Notizen zu den Fragen. Vergleichen Sie Ihre Ergebnisse dann mit Ihrer Partnerin / Ihrem Partner.

1 Warum braucht Michi die Hilfe von Noemi?
2 Welche Frage zur Grammatik hat Michi? Was ist Noemis Antwort?
3 Wie hat sich Michi gefühlt, als er wenig verstanden hat?
4 Welches Erlebnis hat Michi im Bericht zuerst anders beschrieben? Was empfiehlt ihm Noemi?

~~Du~~ kennst mich ja: …
→ Kennst mich ja: …
~~Du~~ kannst mir gern die weiteren Punkte schicken, …
→ Kannst mir gern die weiteren Punkte schicken, …

3 Ein Auslandssemester ist (nicht) für jede/n das Richtige. AB 1–3

a Arbeiten Sie zu viert. ZWISCHENSCHRITT → S. 177

b Würden Sie selbst gern einmal oder wieder ins Ausland gehen? Warum (nicht)? Oder sind Sie gerade im Ausland oder waren Sie schon einmal länger weg? Erzählen Sie.

> Ich könnte mir vorstellen, einmal im Ausland zu arbeiten. Da kann ich auch eine neue Sprache lernen.

> Als ich in der Schweiz war, …

4 Heißt es „wegen dem" oder „wegen des"? AB 4–6

a Lesen Sie die Sätze. Wie kann man es anders sagen? Kreuzen Sie an.

1 Wegen des ungewohnten Dialekts hatte er Schwierigkeiten, die Dozent:innen zu verstehen. ○ Obwohl ○ Weil der Dialekt ungewohnt war, hatte er …
2 Trotz einer intensiven Vorbereitung hatte er in Vorlesungen Verständnisprobleme. ○ Obwohl ○ Weil Michi sich intensiv vorbereitet hat, hatte er …

	+ Genitiv
wegen / trotz	◆ des / eines ungewohnten Dialekts ◆ des / eines schlechten Seminars ◆ der / einer intensiven Vorbereitung ◆ der netten / – netter Mitbewohner

In der Umgangssprache benutzt man auch den Dativ, z. B.: wegen dem / einem ungewohnten Dialekt

b Arbeiten Sie in Gruppen. Schreiben Sie für ein Werbeplakat Sprüche mit *wegen* oder *trotz*.

das spannende Abenteuer
~~die interkulturelle Erfahrung~~
das große Heimweh
die hohen Kosten
die internationalen Kontakte
die vielen Pluspunkte für den Lebenslauf
die komplizierte Vorbereitung
die persönliche Herausforderung

◆ das Seminar

◆ die Studiengebühren

◆ die Vorlesung

◆ das Zertifikat

5 Sehr geehrter Herr Fleiter, ... AB 7

a Lesen Sie die E-Mail und fassen Sie kurz zusammen: Wer schreibt an wen und warum?

krenski@international-office.tud.de
Ihr Bericht über das Auslandssemester

Sehr geehrter Herr Fleiter,
ich hoffe, Sie hatten einen angenehmen Aufenthalt an der Universität in Santiago. Bitte denken Sie daran, dass Sie einen Monat nach Abschluss des Auslandsaufenthalts einen Bericht über das Auslandssemester abgeben sollten. So können wir Ihre Erfahrungen direkt an die Studierenden weitergeben, die im nächsten Semester nach Chile reisen.
Wenn Sie noch Fragen haben, können Sie sich immer gern an mich wenden.
Mit freundlichen Grüßen
Beate Krenski

b Lesen Sie Michis E-Mail. Was schlägt er vor? Worum bittet er? Sprechen Sie. Lesen Sie dann die E-Mail noch einmal und ergänzen Sie die Kästen.

An: Absender: krenski@international-office.tud.de
AW: Ihr Bericht über das Auslandssemester

Sehr geehrte Frau Krenski,
vielen Dank für Ihre E-Mail. Wegen eines Praktikums, das ich direkt nach dem Auslandssemester gemacht habe, konnte ich den Bericht leider noch nicht fertig schreiben. Ich kann ihn voraussichtlich Ende Mai an Sie schicken. Wäre das für Sie in Ordnung?
Ich hätte noch eine weitere Frage: Für meine Versicherung brauche ich eine Bestätigung, dass ich im letzten Semester im Ausland studiert habe. Können Sie mir so eine Bestätigung schicken?
Besten Dank im Voraus!
Mit freundlichen Grüßen
Michael Fleiter

eine (halb-)formelle E-Mail schreiben	sich höflich entschuldigen	etwas begründen
Anrede:	... leider ...	Wegen ...
Sehr .... , ...	Es tut mir leid, aber ...	... , weil ...
Sehr geehrter Herr ... , ...		... Deshalb ...
Sehr geehrte Damen und Herren, ...		
Schluss:		
Mit .... Grüßen		

Alternativen vorschlagen	weitere Fragen stellen	sich bedanken
Ich kann ... voraussichtlich ...	Ich hätte .... : ...?	Vielen Dank für ...
Wäre das .... ?	Außerdem wollte ich Sie fragen, ob / wann ...	Besten Dank (im Voraus)!
Ich könnte ... Wäre das möglich?		

c Eine (halb-)formelle E-Mail schreiben. Arbeiten Sie zu zweit. → S. 179

SCHNELLTEST LEKTION 09 → S. 56
Magazin Lektion 07, 08, 09 → S. 144

LEKTION 07

W So einen Urlaub möchte ich nicht machen! Ergänzen Sie.

In einer teuren Unterk............ (a) wohnen, jeden Tag 15 Sehensw............keiten (b) besichtigen, in S............irläden (c) Geschenke kaufen und überall andere T............nen (d) und T............en (e) treffen – puh, all das will ich nicht! So eine Art der Erh............ (f) brauche ich wirklich nicht. Ich bleibe lieber zu Hause!

...... / 6 Punkte
☺ 4 – 6 Punkte
☹ 0 – 3 Punkte

G Kleinanzeigen. Ergänzen Sie die Endungen.

a Verschenke gebraucht*en* Rollkoffer aus schwarz...... Leder.

b Klein...... Ferienhäuschen in ruhig...... Lage im Bayerischen Wald gesucht!

c Fröhlich...... Frau mit klein...... Kind (4 Jahre) sucht nett...... Reisebegleitung (w) mit gut...... Spanischkenntnissen für aufregend...... Reise nach Chile.

...... / 8 Punkte
☺ 5 – 8 Punkte
☹ 0 – 4 Punkte

K Was bedeuten die kursiven Satzteile? Ordnen Sie zu.

⬡ fand ich sehr angenehm ⬡ war es sehr schön für mich ⬡ weniger gut ⬡ bemerkt

- ○ Wie war denn dein Wochenende in Wien? So ganz allein?
- □ Oh, insgesamt *habe ich mich sehr wohlgefühlt* (1).
- ○ Und was hast du so den ganzen Tag gemacht?
- □ Nach dem Frühstück habe ich mir die Stadt angesehen. Ich habe *die Erfahrung gemacht* (2), dass ich gern allein ins Museum gehe. In einer Ausstellung habe ich ein nettes Paar kennengelernt. Wir waren dann zusammen mittagessen. Das *war sehr schön für mich* (3).
- ○ Ach, dann war das Wochenende ja perfekt!
- □ Ja, nur das Hotel fand ich *etwas enttäuschend* (4). Es war sehr laut dort.

...... / 4 Punkte
☺ 3 – 4 Punkte
☹ 0 – 2 Punkte

LEKTION 08

W Gemeinschaftsarbeit und Engagement. Ergänzen Sie.

- ○ Es sollte eine Pfli............ (a) für alle Bür............innen (b) und ....er (c) sein, ein So............es (d) oder Öko............es (e) Jahr zu machen!
- □ Ich bin Klimaak............in (f) und engagiere mich dafür, dass sich unsere Ges............ft (g) ändert. Warum kann das Soziale Jahr nicht einfach frei............ (h) bleiben? Ich zum Beispiel mache schon viel für die Gemeinschaft!

...... / 8 Punkte
☺ 5 – 8 Punkte
☹ 0 – 4 Punkte

G Infinitiv mit *zu*. Was passt? Kreuzen Sie an.

a Wir müssen die Welt ⬡ zu verbessern. ⬡ verbessern.

b Es ist nie zu spät, damit ⬡ anzufangen. ⬡ anfangen.

c Ihr müsst keine Angst haben, etwas ⬡ zu verändern. ⬡ verändern.

d Alle sollten sich für etwas ⬡ zu engagieren. ⬡ engagieren.

e Wir empfehlen euch, etwas für die Umwelt ⬡ zu tun. ⬡ tun.

...... / 5 Punkte
☺ 3 – 5 Punkte
☹ 0 – 2 Punkte

LÖSUNGEN → S. 221

1 Was passt: die Meinung sagen 😐, zustimmen 🙂 oder widersprechen ☹️?

Zeichnen Sie 😐 🙂 ☹️.

○ Ich bin der Ansicht, dass ... ○ Da bin ich ganz anderer Meinung. ○ Da muss ich widersprechen.
○ Ich bin absolut der Überzeugung, dass ... ○ Das sehe ich auch so. ○ Das sehe ich völlig anders.
○ Da hast du recht. ○ Ich bin ganz deiner Meinung. ○ Ich bin ziemlich sicher, dass ...

2 Ergänzen Sie.

- Und deshalb sollten wir ...
- Entschuldigung, wenn ich .... (a), aber ich finde ...
- Lass mich bitte kurz .... (b).

...... / 11 Punkte
6 – 11 Punkte
0 – 5 Punkte

LEKTION 09

Rund ums Studium: Ordnen Sie zu. Zwei Wörter passen nicht.

Abschluss   Bericht   Fach   Semester   Seminar   Studiengebühren   Vorlesungen   Zertifikat

a
- Hast du studiert?
- Ja, ich habe einen Bachelor-........................ im .... Biologie.

b
- Dieses .... besuche ich zwei Kunst-........................ . Und du?
- Ich möchte die Englischprüfung schaffen! Das .... brauche ich für mein Auslandssemester.

c
- Arbeitest du eigentlich neben dem Studium?
- Ja klar, ich muss ja die .... bezahlen.

...... / 6 Punkte
4 – 6 Punkte
0 – 3 Punkte

Mein Auslandssemester.

Kreuzen Sie an und ergänzen Sie die fehlenden Endungen.

a ○ Wegen ○ Trotz d........ groß........ Heimwehs bin ich froh über meine Zeit im Ausland.

b ○ Wegen ○ Trotz d........ intensiv........ Vorbereitung hatte ich ab dem ersten Tag eine Unterkunft.

c ○ Wegen ○ Trotz d........ international........ Kontakte würde ich allen ein Auslandssemester empfehlen.

...... / 9 Punkte
5 – 9 Punkte
0 – 4 Punkte

Eine (halb-)formelle E-Mail schreiben: Sortieren Sie.

(7) Roberta Ponte
○ Ich könnte ihn in den Semesterferien schreiben. Wäre das für Sie in Ordnung?
○ Besten Dank im Voraus!
○ wegen eines längeren Krankenhausaufenthalts konnte ich leider den Bericht über mein Praktikum noch nicht abgeben.
○ Mit freundlichen Grüßen
○ Sehr geehrter Herr Mitsakis,
○ Außerdem wollte ich Sie fragen, ob ich die Prüfung im nächsten Semester wiederholen kann.

...... / 6 Punkte
4 – 6 Punkte
0 – 3 Punkte

LÖSUNGEN → S. 221

Adjektive

Adjektivdeklination mit Nullartikel L07

	◆ maskulin	◆ neutral	◆ feminin	◆ Plural
Nominativ	bekannter Verlag	kleines Haus	nette Frau	beste Tipps
Akkusativ	alten Koffer	kleines Auto	erfahrene Begleitung	innovative Autoren
Dativ aus / in / mit / ...	großem Hund	braunem Leder	toller Lage	guten Kenntnissen

Präpositionen

Kausale Präposition *wegen* und konzessive Präposition *trotz* mit Genitiv L09

	+ Genitiv
wegen / trotz	◆ des / eines ungewohnten Dialekts ◆ des / eines schlechten Seminars ◆ der / einer intensiven Vorbereitung ◆ der netten / - netter Mitbewohner

In der Umgangssprache benutzt man auch den Dativ, z. B.: wegen dem / einem ungewohnten Dialekt

Sätze und Satzverbindungen

Infinitiv mit *zu* L08

Infinitiv mit *zu*	
nach bestimmten Verben (*versuchen*, ...)	Ich **versuche**, die Umwelt zu schützen. Ich würde **raten**, es für die jungen Leute attraktiver zu machen. Man könnte damit **anfangen**, ein Bonus-System anzubieten. Ich würde auch **empfehlen**, das Soziale Jahr besser zu bezahlen.
abstrakte Nomen + *haben*	Man muss wirklich keine **Angst haben**, so etwas zu machen. Ich **habe** immer **Spaß dabei**, etwas Neues zu lernen. Man hört ja jetzt schon, dass viele junge Leute keine **Lust haben**, Gemeinschaftsarbeit zu machen.
Konstruktionen mit *es*	**Es** soll eine Pflicht für junge Leute werden, nach der Schule soziale Arbeit zu machen? **Es** ist nicht leicht für mich, das zu verstehen.

Wortbildung

Nomen + *chen* L07

Nomen + chen	 das Haus →  das Häuschen
	 der Koffer →  das Köfferchen

K

über Erfahrungen berichten L07	
Ich habe viele Erfahrungen mit ... gemacht.	Insgesamt fühlte ich mich in ... sehr wohl / nicht so wohl.
Ich habe (zum Beispiel) bemerkt, dass ...	Insgesamt ging es mir ...
Wenn ich an ... denke, dann fällt mir ... ein.	Besonders gefallen hat / haben mir ...
Das fand ich sehr angenehm / etwas enttäuschend.	... könnte nicht besser / schöner sein!
Das war sehr schön für mich, weil ...	Das hat (fast) immer gut geklappt.
Weniger schön / gut fand ich ...	

die Meinung sagen L08

+	++	+++
Meiner Meinung / Ansicht nach ...	Ich bin ziemlich sicher, dass ...	Ich bin absolut der Überzeugung, dass ...
Ich bin der Meinung / Ansicht, dass ...		

zustimmen L08

Das sehe ich auch so.
Da hast du recht.
Das kann ich mir gut vorstellen.
Ich bin ganz deiner Meinung.

widersprechen L08

Da bin ich mir aber nicht so sicher.
Da muss ich widersprechen.
Das sehe ich völlig anders.
Da bin ich ganz anderer Meinung.
Versteh mich nicht falsch, aber ...

um das Wort bitten L08

Darf ich direkt etwas dazu sagen?
Ich möchte dazu etwas ergänzen.
Entschuldigung, wenn ich unterbreche, aber ...

sich nicht unterbrechen lassen L08

Einen Moment bitte, ich möchte nur noch kurz sagen ...
Lass mich bitte kurz ausreden.

eine (halb-)formelle E-Mail schreiben L09

Anrede:
Sehr geehrte Frau ..., ... / Sehr geehrter Herr ..., ... /
Sehr geehrte Damen und Herren, ...

Schluss:
Mit freundlichen Grüßen

sich höflich entschuldigen L09

... leider ...
Es tut mir leid, aber ...

etwas begründen L09

Wegen ...
..., weil ...
... Deshalb ...

Alternativen vorschlagen L09

Ich kann ... voraussichtlich ...
Wäre das für Sie in Ordnung?
Ich könnte ... Wäre das möglich?

weitere Fragen stellen L09

Ich hätte noch eine weitere Frage: ...?
Außerdem wollte ich Sie fragen, ob / wann ...

sich bedanken L09

Vielen Dank für ...
Besten Dank (im Voraus)!

10

Wie möchte ich arbeiten?

Arbeiten, nur um Geld zu verdienen? Das genügt mir nicht. (Hannes Beck)

1 Darauf bin ich wirklich stolz!

a Wie möchten Sie arbeiten und was ist Ihnen wichtig? Lesen Sie die Antworten auf allen Kärtchen, entscheiden Sie schnell und markieren Sie: 1 oder 2? Sprechen Sie dann mit Ihrer Partnerin / Ihrem Partner.

1 zu Hause
2 in einer Firma

1 Karriere und hohes Einkommen
2 Spaß an der Arbeit / Tätigkeit

1 mit Chefin/Chef
2 ohne Chefin/Chef

1 interessante und sinnvolle Arbeit
2 sicherer Arbeitsplatz

1 viel Kontakt zu Menschen
2 allein oder in einem kleinen Team

- Ich arbeite gern zu Hause. Da muss ich nicht den langen Weg zur Firma fahren. Und du?
- Ja, das ist gut, aber ...

2 ◀)) 05 **b** Sehen Sie das Bild an und hören Sie den Podcast. Welche Punkte in **a** würde Hannes Beck markieren? Sprechen Sie in der Gruppe.

Also, als Besitzer eines Cafés kann Hannes nicht zu Hause arbeiten. Er muss ...

LERNZIELE

HÖREN: Podcast zum Thema Arbeitszufriedenheit LESEN: Artikel (online) KOMMUNIKATION: über eine Statistik sprechen: *Das Thema unserer Statistik lautet: ...* WÖRTER: Rund um die Arbeit GRAMMATIK: Konnektoren *bis, seit, bevor, während: Es hat eine Weile gedauert, bis die ersten Gäste kamen. / Bevor ich ins Detail gehe, möchte ich eine einfache Antwort geben.*

2 Mein Cousin macht eine steile Karriere.

Arbeiten Sie zu dritt: Jede/r sucht sich vier Wörter aus dem Bildlexikon aus und notiert einen Satz über eine Person, die sie / er kennt, oder über sich selbst. Erzählen Sie dann in der Gruppe.

Mein Cousin macht eine steile Karriere.

> Mein Wort ist „Karriere". Mein Cousin macht eine steile Karriere an der Universität. Er ist mit 30 schon Professor.

3 Besser machen! AB 1–4

2 06 **a** Hören Sie den Podcast weiter. Wer sagt das? Ordnen Sie zu: Janina = J, Pascal = P.

Meine neue Chefin ist für Mitbestimmung. (Janina Weber)

Ich möchte meine Arbeit möglichst selbst einteilen. (Pascal Friedman)

1 ⬡ J Ich leite ein Hausmeister-Team.
2 ⬡ Ich war deprimiert und dachte sogar an eine Kündigung, weil mein Chef mich so oft kritisiert hat.
3 ⬡ Mein Chef hat mich wohl eher wie eine Aushilfe gesehen oder wie jemanden, der nur jobbt.
4 ⬡ Ich nehme oft an strategischen Meetings teil. Das finde ich wichtig für mich und meine Kolleginnen und Kollegen.
5 ⬡ Ich habe viel Berufserfahrung und möchte meine Arbeit selbst organisieren. Das hat mein Chef nun verstanden.
6 ⬡ Meine neue Chefin interessiert sich für die Ideen der Mitarbeitenden.
7 ⬡ Neulich habe ich ein sehr positives Feedback bekommen.

2 07 **b** Ergänzen Sie *bis* oder *seit*. Hören Sie dann und vergleichen Sie.

1 Am Anfang hat es eine Weile gedauert, *bis* die ersten Gäste kamen.
2 ………… ich das Café habe, weiß ich jedenfalls, wie viel Freude Arbeit machen kann.
3 ………… ich bei Meetings dabei bin, verstehe ich die Abläufe im Unternehmen viel besser.
4 Das ging immer so weiter, ………… ich allmählich keine Lust mehr hatte.
5 Bei dem früheren Chef hat es immer lange gedauert, ………… man was erfahren hat.

G

→ ⚑	Es hat eine Weile gedauert, **bis** die ersten Gäste **kamen**.
⚑ →	**Seit** ich das Café **habe**, weiß ich, wie viel Freude Arbeit machen kann.

~~etwas~~ → was
... bis man ~~etwas~~ was erfahren hat.

c Wer sagt was über seine Arbeit? Arbeiten Sie zu zweit.

PARTNER/IN A → S. 180 PARTNER/IN B → S. 213

W

◆ die (Arbeits-)Stelle

◆ das Einkommen

◆ die Karriere

◆ die Berufserfahrung

◆ die Kündigung

4 Wann macht Arbeit Spaß?

a Schließen Sie die Augen und überlegen Sie: In welchem Moment in der letzten Woche haben Sie sich bei der Arbeit / in der Ausbildung / im Sprachkurs besonders gut gefühlt? Sprechen Sie dann zu zweit.

> Ich jobbe gerade in einer Bar. Letzte Woche habe ich dem Team einen neuen Vorschlag zur Arbeitsverteilung gemacht. Alle waren begeistert. Da habe ich mich total gefreut.

b Lesen Sie den Artikel und ordnen Sie die Überschriften den Faktoren 1–5 zu.

◆ Selbstbestimmung ◆ Feedback ~~◆ Kompetenz~~ ◆ Sinn ◆ Mitbestimmung

www.zufriedenbeiderarbeit.de

Wann macht Arbeit Spaß? von Antje Häckel

Bevor ich ins Detail gehe, möchte ich eine einfache Antwort geben: Arbeit macht dann Spaß, wenn sie mich herausfordert und zufrieden macht. Während ich arbeite, muss ich Probleme lösen. Damit das gut funktioniert, brauche ich verschiedene Voraussetzungen und Fähigkeiten. Besonders wichtig sind die folgenden Faktoren:

FAKTOR 1: Kompetenz

Die Arbeit ist nicht zu leicht für mich, aber auch nicht zu schwer. Sie ist eine Herausforderung, die ich gut schaffen kann. Das gibt mir Sicherheit und ich fühle mich kompetent.

FAKTOR 2: ....

Meine Arbeit ist für meine Firma und für mich selbst sinnvoll und wichtig. Deshalb mache ich sie gern.

FAKTOR 3: ....

Ich kann weitgehend selbst einteilen, wie ich meine Arbeit organisiere. Das gibt mir ein Gefühl von Eigenverantwortung und macht mich zufrieden.

FAKTOR 4: ....

Mit meiner Arbeit tue ich etwas Wertvolles für das ganze Unternehmen. Deshalb zählt auch meine Meinung, wenn es um Entscheidungen geht. Das stärkt mein Gefühl, wichtig zu sein.

FAKTOR 5: ....

Wer arbeitet, möchte auch ein Feedback bekommen. Deshalb sollte es immer wieder ehrliche und konstruktive Rückmeldungen von meinen Kolleg:innen und meiner Chefin oder meinem Chef geben.

c Zu zweit. Lesen Sie den Artikel noch einmal und sprechen Sie: Zu welchem Faktor passt Ihr positives Erlebnis aus a?

> Ich denke, mein Erlebnis mit dem Team in der Bar passt gut zum Faktor „Mitbestimmung". Ich hatte auch das Gefühl, wichtig zu sein.

+ SCHON FERTIG?

Suchen Sie zu jedem Faktor noch ein gutes Beispiel. Stellen Sie Ihre Beispiele dann im Kurs vor.

◆ die Verantwortung

◆ die Weiterbildung

◆ die Herausforderung

◆ die Mitbestimmung

◆ die Kritik

◆ das Feedback

5 *bevor* und *während* AB 5–10

a Was kann man noch sagen? Was ist richtig? Kreuzen Sie an.

1 Bevor ich ins Detail gehe, möchte ich eine einfache Antwort geben.
- ○ Ich gebe erst eine einfache Antwort, dann gehe ich ins Detail.
- ○ Ich gehe erst ins Detail, dann gebe ich eine einfache Antwort.

2 Während ich arbeite, muss ich Probleme lösen.
- ○ In der Zeit, in der ich arbeite, muss ich Probleme lösen.
- ○ Ich arbeite und dann löse ich Probleme.

G

	Bevor ich ins Detail **gehe**, möchte ich eine einfache Antwort geben.
	Während ich **arbeite**, muss ich Probleme lösen.

b „Tipp-Generator“: Arbeiten Sie zu zweit. Schreiben Sie Tipps für das Berufsleben. → S. 181

6 Statistik zur Arbeitszufriedenheit

a Welche Faktoren sind noch wichtig für die Arbeitszufriedenheit? Sammeln Sie im Kurs.

> Also, ich finde, die Kolleginnen und Kollegen sollten möglichst nett sein. Sonst ist das keine gute Arbeitsstelle.

- nette Kolleginnen und Kollegen
- kompetente Chefinnen und Chefs
- ...

b Eine Statistik: Arbeiten Sie zu zweit. → S. 182

2 08

7 Unsere eigene Statistik AB 11

a Bilden Sie große Gruppen und machen Sie eine Gruppenstatistik zum Thema „Arbeitszufriedenheit“ aus den Punkten aus 4b, 6a und 6b: Was ist Ihnen besonders wichtig? Notieren Sie fünf bis sechs Punkte.

b Präsentieren Sie Ihre Statistik im Kurs.

> Das Thema unserer Statistik lautet: Arbeitszufriedenheit. Ungefähr ...

K

über eine Statistik sprechen

Das Thema unserer Statistik lautet: ...
Die meisten / Die wenigsten nennen ...
An erster / ... / letzter Stelle steht ...
Auf Platz 2 / 3 /... steht ...
... Prozent finden / geben an, dass ...
Ungefähr / Rund / Etwa die Hälfte / ein Drittel / ...
Über / Mehr / Weniger (als) die Hälfte / ein Drittel / ...
Knapp ein Drittel / Viertel / ...

SCHNELLTEST LEKTION 10 → S. 71

Dinge, die den Alltag besser machen

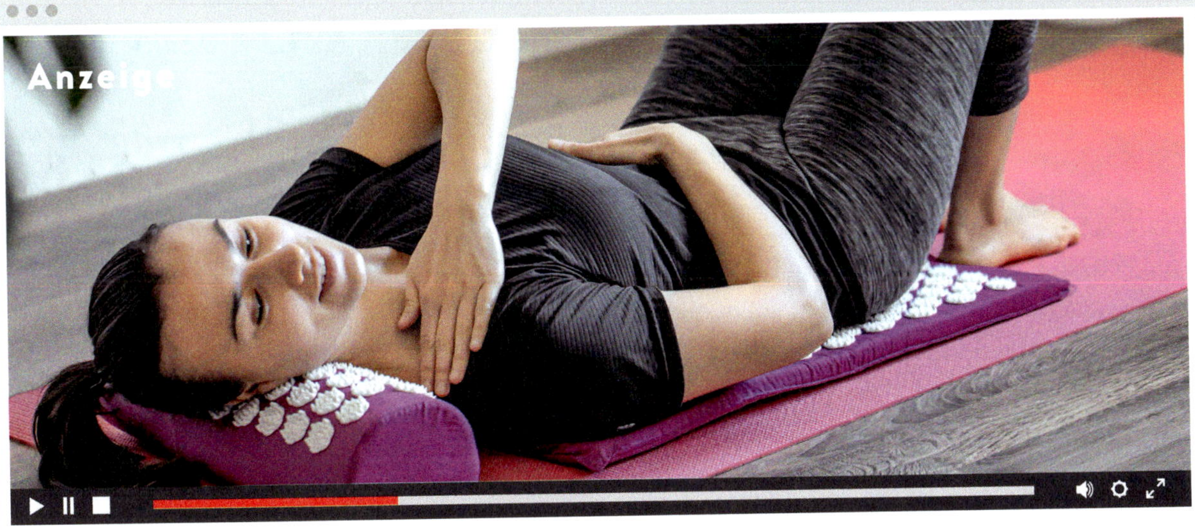

#entspannung #antistressmatte #biobaumwolle

Meine Erfahrung mit der Anti-Stress-Matte 💚

Entspannung mit Nele Wenzlaff

11.500 Abonnenten Abonnieren

03 👍 / 00 👎 + Speichern ...

5.700 Aufrufe vor 8 Monaten

„Entspannt und glücklich" – Heute berichte ich euch über meine Erfahrungen mit der Anti-Stress-Matte. Wann hilft so eine Matte? Wie funktioniert sie? Aus welchem Material wird sie hergestellt? Wenn ihr die Matte selbst ausprobieren wollt, dann ... mehr ansehen

2 ◀)) 09

1 Ein Produkt, das ich wirklich sinnvoll finde

Sehen Sie das Bild an und lesen Sie den Text. Hören Sie dann: Was ist richtig? Kreuzen Sie an.

a ○ Nele hat die Anti-Stress-Matte selbst ausprobiert und findet sie sinnvoll.
b ○ Die Matte sollte man nicht benutzen, wenn man Rückenschmerzen hat.
c ○ Die runden Plastikteile sind hart und spitz, aber sie tun überhaupt nicht weh.
d ○ Das Produkt wird aus Bio-Baumwolle und Recycling-Plastik hergestellt.
e ○ Mit Neles Code bekommt man einen Rabatt und das Kissen als Geschenk dazu.

2 Neulich habe ich ein Paar Schuhe gekauft.

a Eine Matte, die meine Lieblings-Influencerin empfiehlt, ...
Arbeiten Sie zu zweit. WIEDERHOLUNG → S. 183

b Welches Produkt haben Sie sich zuletzt gekauft? Warum? Sind Sie mit Ihrem Kauf zufrieden? Sprechen Sie im Kurs.

> Neulich habe ich ein Paar Bergschuhe gekauft, die mein Freund auch hat. Aber leider ...

LERNZIELE

HÖREN / LESEN: Influencer-Video mit Kurz-Info **LESEN:** Artikel in einem Print-Magazin **KOMMUNIKATION:** einen Gegenstand beschreiben: *... ist leicht / flach / rund / ...* • Funktionen nennen: *Man kann damit ...* • für einen Gegenstand werben: *Das Tolle / Besondere / Beste daran ist, dass ...* **SCHREIBEN:** Beschreibung **WÖRTER:** Beschaffenheit von Alltagsgegenständen **GRAMMATIK:** Relativsätze im Dativ und mit Präposition + Dativ / Akkusativ: *Ein Produkt, dem nichts fehlt. / Abfall, aus dem ein neues Produkt werden kann.*

3 Spiel: Dinge fühlen AB 1–3

Arbeiten Sie in der Gruppe. Eine Person versteckt einen Gegenstand in einem Säckchen. Die anderen fühlen, beschreiben ihn und raten. Hilfe finden Sie im Bildlexikon.

4 Woraus ist das denn?

a Sehen Sie die Bilder an und lesen Sie die Einleitung. Was denken Sie: Woraus sind die Produkte? Raten Sie und ordnen Sie die Bilder zu. Überfliegen Sie dann die Texte 1–4 und vergleichen Sie.

Ich war einmal ... ◯ ein Apfel. ◯ Kaffee. ◯ eine Plastikflasche. ◯ eine Hanfpflanze.

www.totalnachhaltig.de

Woraus ist das denn?

Plastik verschmutzt die Meere, Baumwolle verbraucht extrem viel Wasser, für Leder müssen Tiere sterben. Trotzdem können auch Menschen, denen Umwelt- und Tierschutz wichtig sind, noch einkaufen. Denn es gibt zum Glück viele alternative Materialien, die genauso praktisch und gleichzeitig nachhaltiger sind.

1 Hanf ist eine Pflanze, bei der wohl die meisten zuerst an Drogen denken. Doch sie eignet sich auch für die Produktion von Papier und Stoff, mit dem man z. B. Taschen und Rucksäcke nähen kann. Anders als Plastik, für das man fossile Rohstoffe (wie z. B. Erdöl und Erdgas) braucht, wächst Hanf nach. Der große Vorteil: Hanf verbraucht, wie alle Pflanzen, sogar CO_2 – aber viel weniger Wasser als z. B. Baumwolle. Ein Nachteil ist, dass das Material noch ziemlich teuer ist. **mehr lesen**

2 Nicht jeder Müll muss sofort in die Tonne ... Ein biologischer Abfall, aus dem ein neues Produkt werden kann, ist Kaffeesatz: Wenn man ihn mit Holzresten und anderen natürlichen Materialien mixt, entsteht daraus z. B. ein Kaffeebecher. Im Vergleich zu Geschirr aus Plastik, Metall oder Keramik ist der vielleicht weniger stabil. Dafür landet er im besten Fall am Ende in der Bio-Mülltonne! **mehr lesen**

flach / dünn ↔ dick

leicht ↔ schwer

glatt ↔ rau

3 Eine Lösung, durch die wenigstens kein neues Plastik entsteht, ist Kunststoff-Recycling: Aus alten Plastikflaschen kann man neue Flaschen, aber auch Kleidungsstücke oder Einrichtungsgegenstände wie Teppiche, Matten oder Kissen herstellen. Das verbraucht viel Energie, aber es hilft, giftigen Plastikmüll zu vermeiden. Natürlich sollte man auch bei Recycling-Plastik darauf achten, dass die Produkte für die Gesundheit unproblematisch sind.
mehr lesen

4 Muss jemand, dem Tiere leidtun, auf Leder verzichten? Nicht, wenn die Schuhe oder die Geldbörse aus den Resten von Äpfeln gemacht werden! „Apfelleder" sieht elegant aus, ist glatt und wasserfest – eine vegane Alternative, der nur der typische Ledergeruch fehlt. Besonders nachhaltig ist das Material, wenn die Apfelreste aus der regionalen Apfelsaftproduktion kommen. mehr lesen

b Arbeiten Sie zu viert. Jede/r liest einen Text, macht Notizen und berichtet dann. Die anderen kommentieren.

Material: Hanf
Produkt/e: Taschen, Rucksäcke, ...
Vorteil/e:
Nachteil/e:

In Text 1 steht, dass man aus Hanf Taschen und Rucksäcke machen kann.

Ach ja, das habe ich auch schon mal gehört.

5 Das ist mir wichtig. AB 4

a Ergänzen Sie den Fragebogen. → S. 184

b Vergleichen Sie mit Ihrer Partnerin / Ihrem Partner und geben Sie Beispiele.

Mir ist wirklich extrem wichtig, dass das Geschirr nicht ungesund ist. Ich habe zum Beispiel eine Trinkflasche aus Glas, weil ...

6 Jemand, dem Tiere leidtun. AB 5–10

a Suchen Sie die Ausdrücke in den Texten in 4a und ergänzen Sie die Tabellen. Markieren Sie dann wie im Beispiel.

G	Dativ
◆	Jemand, dem Tiere leidtun. (Z. 21)
◆	Ein Produkt, dem nichts fehlt.
◆	Apfelleder als Alternative, ... nur der Ledergeruch fehlt. (Z. 23)
◆	Menschen, ... Umweltschutz wichtig ist. (Z. 2)

G	Präposition + Dativ
◆	Abfall, aus dem ein neues Produkt werden kann, ... (Z. 11–12)

G	Präposition + Akkusativ
◆	Eine Lösung, ... kein neues Plastik entsteht, ... (Z. 16)

b Wie heißt das noch mal? Arbeiten Sie zu zweit.
PARTNER/IN A → S. 185 PARTNER/IN B → S. 214

stabil ↔ empfindlich / zerbrechlich

rund ↔ eckig / spitz

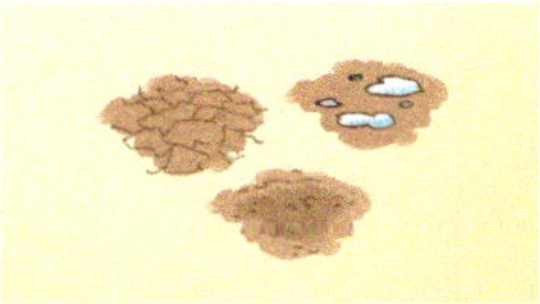
trocken ↔ feucht / nass

weich ↔ hart

7 Ein Gegenstand – viele überraschende Funktionen AB 11

a Lesen Sie den Artikel und machen Sie Notizen.

Extra
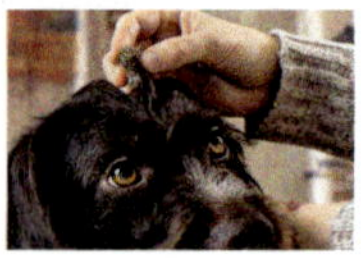
Film

Aussehen / Material:	Funktionen:
– leicht	– Nase putzen
– ...	– ...

DAS STOFFTASCHENTUCH

Ein Gegenstand, auf den man nicht verzichten kann, ist ein Stofftaschentuch. Es ist leicht, flach und passt in jede Hosentasche. Weil es aus Stoff ist, ist es weich. Außerdem kann man es waschen und immer wieder benutzen. Normalerweise putzt man sich damit die Nase. Natürlich eignet es sich außerdem als Brillenputztuch. Das Tolle an einem Stofftaschentuch ist aber, dass es noch mehr Funktionen hat: Man kann damit zum Beispiel ein kleines Geschenk einpacken. Außerdem braucht man es, wenn man beim Abschied winken möchte. Ein Stofftaschentuch gehört also definitiv zu den Dingen, die das Leben besser machen!

b Lesen Sie den Artikel noch einmal und die Ausdrücke im Kasten.
Welche Ausdrücke aus dem Kasten kommen im Artikel in a vor? Markieren Sie im Text.

K

einen Gegenstand beschreiben	Funktionen nennen	für einen Gegenstand werben
... ist leicht / flach / rund / ... ... ist aus Stoff / Holz / Glas / ...	... hat viele / folgende / noch mehr Funktionen: ... Man kann damit ... ... eignet sich als ... ... braucht man, um / wenn ...	Das Tolle / Besondere / Beste an ... / daran ist, dass ... ... ist besonders interessant für Menschen, die / denen ... ... gehört also definitiv zu den Dingen, die ...

c Sehen Sie die Bilder 1–4 an und bilden Sie Gruppen. Sammeln Sie Ideen und beschreiben Sie Ihren Gegenstand wie in a.

1

Socken

2

Schuhkarton

3

Strandtuch

4

Marmeladenglas

Aussehen / Material:
- lang
- aus Baumwolle (weich) oder Wolle (warm)
- ...

Funktionen:
- Füße + Beine warmhalten
- 🙂 kleine Sachen transportieren
- 🙂 als Handschuhe
- 🙂 Geld verstecken
- ...

Ein Kleidungsstück, auf das man nicht verzichten kann, sind Socken. Sie sind .... Man kann sie natürlich anziehen, um ... Aber man kann damit auch ...

d Hängen Sie die Texte im Kursraum auf. Machen Sie einen Kursspaziergang, lesen Sie die Texte und verteilen Sie drei Smileys: 🙂 😐 🙁. Welcher Text hat gewonnen?

SCHNELLTEST LEKTION 11 → S. 71

12

Das Auge isst mit.

A

B

C

D

1 Sieht wahnsinnig lecker aus!

Sehen Sie die Bilder A–D an. Was macht Ihnen (keinen) Appetit? Sprechen Sie mit Ihrer Partnerin / Ihrem Partner.

lecker bunt perfekt künstlich fett (un)gesund kreativ interessant langweilig ...

Ich hätte jetzt richtig Lust auf dieses Eis! Das sieht wahnsinnig lecker aus.

Ich weiß nicht. Für mich sieht das irgendwie zu künstlich aus, fast wie aus Plastik.

2 Schon ein bisschen streng, oder?

2 ◀)) 10 **a** Sehen Sie noch einmal Bild C an. Hören Sie dann das Gespräch. Was ist richtig? Kreuzen Sie an.

1 Die Personen sind ○ bei Freunden eingeladen. ○ im Restaurant.
2 Sie sind ○ enttäuscht ○ begeistert von ihrem Essen.
3 ○ Sie durften das Gericht nicht fotografieren. ○ Das Essen wird kalt.

b Wie finden Sie die Reaktion des Kellners? Ist Ihnen so etwas schon einmal passiert?

Ich finde die Regel sehr streng. Es ist doch nur ein Foto!

Na ja. Das sehe ich ein bisschen anders: ...

LERNZIELE

HÖREN: Gespräch im Restaurant, Radiointerview LESEN: Ankündigung Radiosendung, Blog KOMMUNIKATION: Ausdrücke aus anderen Sprachen erklären: *Auf ... gibt es die Redewendung „...“* • ein Gericht beschreiben: *... ist ein Gericht, das ...* • etwas empfehlen: *... ist für mich das / der / die leckerste ... überhaupt!* • etwas vergleichen: *Bei uns isst man auch ...* WÖRTER: Zubereitung von Essen GRAMMATIK: Konnektoren *sodass / so ..., dass ...: Das Gericht sieht so lecker aus, dass ...* • Wortbildung: Nomen aus Verben: *das Aussehen*

3 Kartoffeln kann man nicht roh zubereiten. AB 1–3

Arbeiten Sie zu dritt. Schreiben Sie die Zutaten auf Kärtchen. Eine/r wählt ein Wort aus dem Bildlexikon und stellt eine Frage. Sortieren Sie die Kärtchen und sprechen Sie.

- ◆ Bohnen
- ◆ Kartoffeln
- ◆ Fisch
- ◆ Eier
- ◆ Reis
- ◆ Käse
- ◆ Mehl
- ◆ Salat
- ◆ Bananen
- ◆ Karotten
- ◆/◆ Joghurt
- ◆ Hühnchen
- ◆ Zwiebeln

2 11

4 Warum fotografieren wir unser Essen? AB 4

a Lesen Sie den Programmhinweis und die Themen (#Hashtags). Hören Sie dann die Radiosendung. Welche beiden Hashtags kommen nicht vor? Markieren Sie.

Alltagsdinge: Essen fotografieren und posten, das gehört für viele heute zum Alltag. Was steckt hinter dem Trend? Eine Sendung von Maike Nowak im Gespräch mit Nabiha Hasan (Sterneköchin, Frankfurt) und Adam Suter (Foodblogger, Bern).

#Essensfotografie #Restaurant #soziale Medien #Ernährungstypen #Lebensmittelproduktion #Aussehen von Essen #Redewendung #internationale Küche #Küchengeräte #Wissenschaft

b Lesen Sie die Aussagen 1–9. Hören Sie dann noch einmal. Wer sagt das? Ordnen Sie zu: Maike = M, Nabiha = N, Adam = A.

Maike

Nabiha

Adam

1. (M) Umfragen zeigen, dass das Fotografieren von Essen ein Trend ist.
2. ◯ Wenn Gäste Fotos machen, hat das auch Vorteile für das Restaurant.
3. ◯ In den sozialen Medien teilen die Menschen verschiedene Seiten ihres Lebens.
4. ◯ Mit Fotos von Essen kann man zeigen, welcher Ernährungstyp man ist.
5. ◯ Eine Botschaft von Essensfotos ist, dass es uns gut geht.
6. ◯ Beim Essen ist nicht nur das Aussehen wichtig.
7. ◯ Man freut sich über ein Gericht, das schön aussieht.
8. ◯ Fotos von Gerichten aus anderen Ländern machen neugierig.
9. ◯ Wenn man Essensfotos sieht, wird man hungrig.

G

Verb	→	Nomen
aussehen	→	das Aussehen
fotografieren	→	das Fotografieren

W

aufwärmen

backen

braten

grillen

hacken

c Wie ist Ihre Erfahrung? Bilden Sie ein Kugellager und sprechen Sie über die Fragen.

1 Sehen Sie gern Essensfotos im Internet an? Was finden Sie daran (nicht) interessant?
2 Machen Sie selbst oft Fotos von Essen? Wenn ja: Wann und warum?
3 Haben Sie schon einmal ein Gericht ausprobiert, das Sie im Netz gesehen haben?

5 Mir läuft das Wasser im Mund zusammen! AB 5

a Was bedeuten diese Redewendungen? Ordnen Sie zu.

⬡ Sie / Er kann etwas auch nicht besser als andere. ⬡ Das Aussehen von Essen ist wichtig.
⬡ Sie / Er macht einen Kommentar (,obwohl niemand gefragt hat). ⬡ Sie / Er bekommt Appetit.

1 Ihr / Ihm läuft das Wasser im Mund zusammen.
2 Sie / Er kocht auch nur mit Wasser.
3 Sie / Er gibt ihren / seinen Senf  dazu.
4 Das Auge isst mit.

b Kennen Sie ähnliche Redewendungen in anderen Sprachen? Sprechen Sie in der Gruppe.

Auf Katalanisch gibt es die Redewendung „és un tros de pa“. Übersetzt heißt das: „Er (oder sie) ist ein Stück Brot“. Das bedeutet, dass jemand ein besonders netter Mensch ist ...

K Ausdrücke aus anderen Sprachen erklären
Auf ... gibt es die Redewendung „...“
Übersetzt heißt das: „...“
Das bedeutet, dass ...
Man sagt das zum Beispiel, wenn ...

6 So professionell, dass ... AB 6 – 7

a Was passt? Lesen Sie die Zitate aus dem Radiointerview mit Nabiha und Adam und verbinden Sie.

1 Heute haben Handys eine gute Foto-Software,
2 Manche Fotos sind so professionell,
3 Das Gericht sieht so lecker aus,
4 Mit meinen Fotos möchte ich Ideen geben,

a dass wir damit Werbung machen könnten.
b sodass die Leute sich selbst in die Küche stellen.
c sodass alle hübsche Fotos von Essen machen können.
d dass mir gleich das Wasser im Mund zusammenläuft!

2 🔊 12 **b** *Sodass* oder *so ..., dass*. Lesen Sie die Sätze in a und ergänzen Sie die Tabelle. Hören Sie dann und achten Sie auf die Betonung.

G

			Ende
Das Gericht sieht ____ lecker aus,	____	mir gleich das Wasser im Mund	zusammenläuft!
Mit meinen Fotos möchte ich Ideen geben,	____	die Leute sich selbst in die Küche	stellen.

c Picknick am See. Arbeiten Sie zu zweit. PARTNER/IN A → S. 187 PARTNER/IN B → S. 216

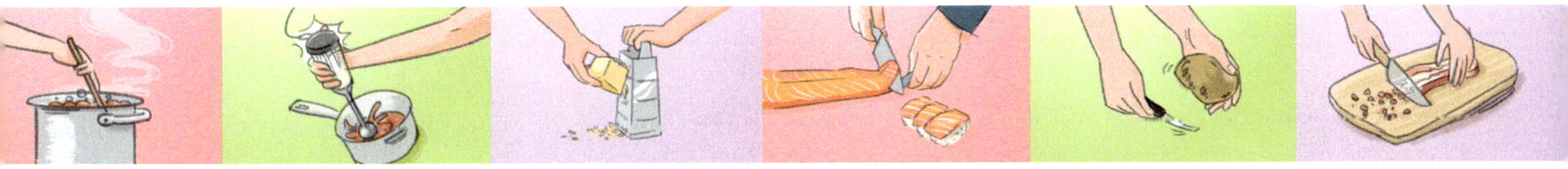

kochen mixen reiben roh zubereiten schälen schneiden

7 Das müsst ihr unbedingt mal probieren! AB 8

a Lesen Sie den Blogeintrag von Adam Suter und die Kommentare und markieren Sie die Antworten auf die Fragen 1–3 in verschiedenen Farben.

1 Wo gibt es das Gericht? 2 Mit welchen Zutaten wird es zubereitet? 3 Was ist besonders?

www.Adam-Suter.de/blog/essen

„balık ekmek"

... ist ein Imbiss, den ich in Istanbul kennengelernt habe. Übersetzt heißt „balık ekmek" einfach „Fischbrot". Der Name sagt es schon: Die Zutaten sind Weißbrot und Fisch, dazu ein bisschen Salat, Tomaten oder Zwiebeln. Der Fisch wird gegrillt – meistens direkt auf den Booten am Hafen. Gewöhnlich bekommt man dazu ein Glas „turşu suyu", ein Getränk mit sauren Gurken und Kohl. „Balık ekmek" ist für mich das leckerste „Fast-F"-Gericht überhaupt! Ich mache mir das jetzt auch manchmal zu Hause. Ist nicht kompliziert und schmeckt einfach gut! Wenn ihr gern Fisch esst, müsst ihr das unbedingt mal probieren!

Aixhen Das erinnert mich an die Fischbrötchen im Hamburger Hafen ... Hm, lecker!

Bilgi Stimmt! Aber bei uns in Hamburg gibt es normalerweise weniger „Gemüse" dazu. 😉

b Lesen Sie den Blog und die Kommentare in a noch einmal und ergänzen Sie die Tabelle.

K

ein Gericht beschreiben	etwas empfehlen	etwas vergleichen
... ist ein Gericht, das ... / ein Imbiss, den ...	... ist für mich das / der / die leckerste ... überhaupt!	In ... gibt es ein ähnliches Gericht / einen ähnlichen Imbiss.
... wird mit ... zubereitet.	Wenn ..., (dann)	Das .... mich an ...
Die .... sind ...	.... probieren!	Bei uns isst man auch ...
... wird gekocht / gebraten / gegrillt / ...		Ähnlich wie / Anders als ...
Normalerweise / .... bekommt man / isst man / gibt es ...		

c Suchen Sie ein Foto von einem Ihrer Lieblingsgerichte. Was möchten Sie darüber erzählen? Machen Sie Stichpunkte zu den Fragen 1–3 aus a.

d Bilden Sie Gruppen. Zeigen Sie Ihre Fotos und sprechen Sie über die Gerichte.

SCHNELLTEST LEKTION 12 → S. 72
Magazin Lektion 10, 11, 12 → S. 146

LEKTION 10

Welche Erklärung passt? Ordnen Sie zu.

Mitbestimmung   Feedback   Kündigung   Arbeitsstelle   Berufserfahrung   ~~Herausforderung~~

a Es ist eine *Herausforderung*, wenn man neue und große Aufgaben bekommt.
b Wer in einer Firma arbeitet, hat dort eine ....
c Wer schon lange in einem Beruf gearbeitet hat, hat viel ....
d Wer unzufrieden im Job ist, denkt an eine ....
e .... bedeutet, dass die Mitarbeiter:innen in der Firma mitentscheiden können.
f .... bedeutet, dass man eine Rückmeldung zu seiner Arbeit bekommt.

..... / 5 Punkte
3 – 5 Punkte
0 – 2 Punkte

1 Was passt? Kreuzen Sie an und schreiben Sie Sätze mit *bis* oder *seit*.

a Ich habe drei Monate gebraucht, ◯ bis ◯ seit – *einen neuen Job haben*
b Er will hier arbeiten, ◯ bis ◯ seit – *in Rente gehen*
c ◯ Bis ◯ Seit – *bei der Aufgabenverteilung mitentscheiden können* – Wir sind total motiviert.

a Ich habe drei Monate gebraucht, ...

2 Schreiben Sie Sätze mit *bevor* oder *während*.

a Morgens schalte ich erst den Computer an und dann mache ich mir einen Kaffee.
b Ich kann keine Musik hören und dabei arbeiten.
c Ich habe die Fenster zugemacht und bin dann nach Hause gegangen.

a Morgens schalte ich erst den Computer an, ...

..... / 9 Punkte
5 – 9 Punkte
0 – 4 Punkte

Über eine Statistik sprechen: Ordnen Sie zu.

◯ also über ein Viertel ◯ Auf Platz 1 steht ◯ geben an ◯ Das Thema unserer Statistik lautet ◯ An letzter Stelle

(1): Welche Faktoren sind wichtig für Ihre Arbeitszufriedenheit? (2) das Gehalt, das nennen die meisten Befragten. 27 Prozent, (3), finden auch einen flexiblen Arbeitsort wichtig. (4), also ganz am Ende, steht die Kinderbetreuung. Nur 7 Prozent (5), dass sie die wichtig finden.

..... / 5 Punkte
3 – 5 Punkte
0 – 2 Punkte

LEKTION 11

Wie sind die Gegenstände und Materialien? Ordnen Sie zu.

◯ rund ◯ spitz (1) glatt oder rau ◯ stabil ◯ trocken oder feucht ◯ zerbrechlich

1 Papier, Leder, Holz
2 Ball, Rad, Orange
3 Teller, Brille, Fenster
4 Stein, Holz, Metall
5 Sand, Handtuch, Seife
6 Stift, Schere, Nadel

..... / 5 Punkte
3 – 5 Punkte
0 – 2 Punkte

LÖSUNGEN → S. 222

G Schreiben Sie Relativsätze.

a Das ist eine Influencerin. Ich vertraue ihr.
b Ich kenne viele Menschen. Ihnen ist Umweltschutz wichtig.
c Holz ist ein Material. Aus Holz kann man nicht nur Möbel machen.
d Das ist ein Geldbeutel. Für ihn ist kein Tier gestorben.
e Ich habe eine Hose aus recyceltem Plastik. Ich bin sehr zufrieden mit ihr.

a Das ist eine Influencerin, der ich vertraue.

...... / 4 Punkte
3 – 4 Punkte
0 – 2 Punkte

K Einen Gegenstand beschreiben: Verbinden Sie.

1 Ein Taschenmesser braucht man,
2 Das ist besonders interessant für Menschen,
3 Das Tolle daran ist,
4 Es eignet sich auch
5 Ein Taschenmesser gehört also definitiv zu den Dingen,

a die den Alltag besser machen.
b um unterwegs etwas zu schneiden.
c als Werkzeug (wenn man z. B. eine Flasche öffnen will).
d dass es noch viel mehr Funktionen hat.
e denen spontane Picknicks Spaß machen.

...... / 4 Punkte
3 – 4 Punkte
0 – 2 Punkte

LEKTION 12

W Was passt nicht? Streichen Sie.

a Suppe kochen reiben mixen
b Fleisch schälen grillen hacken
c Nudeln kochen aufwärmen roh zubereiten
d Kuchen backen braten schneiden

...... / 4 Punkte
3 – 4 Punkte
0 – 2 Punkte

G Essgewohnheiten. Schreiben Sie Sätze mit *sodass* oder *so ..., dass*.

a Ich arbeite viel. Ich habe keine Zeit zum Kochen.
b Direkt neben meinem Büro gibt es ein Café mit Mittagsmenü. Ich muss nicht weit laufen.
c Die Portionen sind groß. Ich kann oft etwas fürs Abendessen mitnehmen.
d Abends esse ich meistens spät. Am Morgen habe ich noch keinen Hunger.
e Und am Wochenende gehe ich gern aus. Ich brauche meine Küche eigentlich gar nicht.

a Ich arbeite so viel, dass ich keine Zeit zum Kochen habe.

...... / 4 Punkte
3 – 4 Punkte
0 – 2 Punkte

K Ein Gericht beschreiben: Ergänzen Sie.

○ Kartoffelsalat ist für mich das le*ckerste* (a) Gericht aus Kartoffeln überhaupt. Die Zu.......... (b) sind Kartoffeln, Zwiebeln, Salz, Pfeffer, Essig und Öl. Ge.......... (c) isst man ihn zu Fisch oder Würstchen. Wenn ihr mich besuchen kommt, müsst ihr das unbedingt mal pr.......... (d)!

□ Ich esse auch gern Kartoffelsalat, aber an.......... (e) als bei deinem Rezept b.......... (f) ich ihn oft mit Eiern und Joghurt zu.

...... / 5 Punkte
3 – 5 Punkte
0 – 2 Punkte

LÖSUNGEN → S. 222

Sätze und Satzverbindungen

Temporale Konnektoren *bis, seit, bevor, während* L10

	Hauptsatz	Nebensatz
→	Es hat eine Weile gedauert,	bis die ersten Gäste kamen.
	Nebensatz	**Hauptsatz**
→	Seit ich bei Meetings dabei bin,	verstehe ich die Abläufe im Unternehmen viel besser.

	Nebensatz	Hauptsatz
←	Bevor ich ins Detail gehe,	möchte ich eine einfache Antwort geben.
—	Während ich arbeite,	muss ich Probleme lösen.

Relativsätze im Dativ und mit Präposition + Dativ / Akkusativ L11

	Dativ
◆	Jemand, dem Tiere leidtun.
◆	Ein Produkt, dem nichts fehlt.
◆	Apfelleder als Alternative, der nur der Ledergeruch fehlt.
◆	Menschen, denen Umweltschutz wichtig ist.

	Präposition + Dativ
◆	Abfall, aus dem ein neues Produkt werden kann, ...

	Präposition + Akkusativ
◆	Eine Lösung, durch die kein neues Plastik entsteht, ...

Konnektoren *sodass* und *so ..., dass* L12

Hauptsatz	Nebensatz	
		Ende
Das Gericht sieht so lecker aus,	dass mir gleich das Wasser im Mund	zusammenläuft!
Mit meinen Fotos möchte ich Ideen geben,	sodass die Leute sich selbst in die Küche	stellen.

Wortbildung

Nomen aus Verben L12

Verb	→	Nomen
aussehen	→	das Aussehen
fotografieren	→	das Fotografieren

über eine Statistik sprechen L10

Das Thema unserer Statistik lautet: ...
Die meisten / Die wenigsten nennen ...
An erster / ... / letzter Stelle steht ...
Auf Platz 2 / 3 / ... steht ...
... Prozent finden / geben an, dass ...

Ungefähr / Rund / Etwa die Hälfte / ein Drittel / ...
Über / Mehr / Weniger (als) die Hälfte / ein Drittel / ...
Knapp ein Drittel / Viertel / ...

einen Gegenstand beschreiben L11

... ist leicht / flach / rund / ...
... ist aus Stoff / Holz / Glas / ...

Funktionen nennen L11

... hat viele / folgende / noch mehr Funktionen: ...
Man kann damit ...
... eignet sich als ...
... braucht man, um / wenn ...

für einen Gegenstand werben L11

Das Tolle / Besondere / Beste an ... / daran ist, dass ...
... ist besonders interessant für Menschen, die / denen ...
... gehört also definitiv zu den Dingen, die ...

Ausdrücke aus anderen Sprachen erklären L12

Auf ... gibt es die Redewendung „...“
Übersetzt heißt das: „...“
Das bedeutet, dass ...
Man sagt das zum Beispiel, wenn ...

ein Gericht beschreiben L12

... ist ein Gericht, das ... / ein Imbiss, den ...
... wird mit ... zubereitet.
Die Zutaten sind ...
... wird gekocht / gebraten / gegrillt / ...
Normalerweise / Gewöhnlich bekommt man / isst man / gibt es ...

etwas empfehlen L12

... ist für mich das / der / die leckerste ... überhaupt!
Wenn ..., (dann) müsst ihr das unbedingt mal probieren!

etwas vergleichen L12

In ... gibt es ein ähnliches
Gericht / einen ähnlichen Imbiss.
Das erinnert mich an ...
Bei uns isst man auch ...
Ähnlich wie / Anders als ...

13

Tauben, meine Lieblingstiere!

www.meine-lieblingstiere.de

MEINE LIEBLINGSTIERE

BEITRAG 1 Rafael B.: Hummeln

BEITRAG 2 ***Nadine R.: Tauben***

BEITRAG 3 Farad M.: Laubfrösche

1 Menschen und Tauben sollten einfach Freunde sein!

a Was fällt Ihnen ein, wenn Sie an Tauben denken? Sammeln Sie und sprechen Sie im Kurs.

3 ◀)) 01 **b** Sehen Sie die Website an und hören Sie Nadines Beitrag. Was meint sie: Welche Vorurteile gegen Tauben gibt es (1)? Was denkt sie selbst (2)? Ergänzen Sie.

krank schlimme ~~intelligent~~ Dreck Hand Luft Stadtpark Angst

1

Angeblich ...

... sind Tauben für manche Menschen „Ratten der .... (a)" und sogar Feinde.

... machen sie viel .... (b).

... haben viele Menschen .... (c), wenn sich ihnen Tauben nähern.

... übertragen sie .... (d) Krankheiten.

2

Aber Nadine ...

... findet Tauben hübsch und extrem *intelligent* (a).

... füttert schon jahrelang Tauben im .... (b). Die Tauben erkennen sie und fressen ihr aus der .... (c).

... ist noch nie .... (d) geworden.

c Kursspaziergang: Was sind die Lieblingstiere im Kurs? Machen Sie eine Kursstatistik.

LERNZIELE

HÖREN: Beitrag in sozialen Medien **LESEN:** Magazintext (online) **KOMMUNIKATION:** über Fähigkeiten sprechen: *... sind in der Lage ..., zu ...* • sagen, was man bemerkenswert findet: *Das hätte ich nie gedacht!* • ein Tier beschreiben: *... lebt in ...* • Feedback geben: *Ich habe viel Neues erfahren.* • Verständnis sichern / um Erklärung bitten: *Bedeutet das, dass ...?* **WÖRTER:** Tiere **GRAMMATIK:** zweiteilige Konnektoren: *weder ... noch, nicht nur ..., sondern auch, sowohl ... als auch* **WORTBILDUNG:** Adjektive aus Nomen + *lang: jahrelang*

2 Tauben haben besondere Fähigkeiten. AB 1–2

a Überfliegen Sie den Artikel und ergänzen Sie die Überschriften.

Beobachtung Familienleben Orientierung

www.tierischeswissen.net

Unglaublich, was die alles können!

„Intelligente Lebewesen"? Na ja, da kommen natürlich zuerst mal wir Menschen und danach kommt lange nix. Denken wir. Aber stimmt das auch? Lesen Sie doch mal, was Tauben alles können!

1

Meister der ...

Tauben haben besondere Fähigkeiten. Sie sind in der Lage, UV-Licht zu sehen. Und mit ihrem speziellen Magnetsinn können sie sich perfekt am Magnetfeld der Erde orientieren. Wir Menschen können leider weder das eine noch das andere. Tauben können auch sehr schnell fliegen, mit Geschwindigkeiten von bis zu 120 km/h! Und den Weg zurück zu ihrem Nest finden sie immer, sogar aus Entfernungen von mehr als tausend Kilometern. Sie sind nämlich nicht nur schnell, sondern auch Meister im Navigieren. Die Menschen haben schon vor langer Zeit besonders schnelle und orientierungssichere Tauben trainiert. Die haben sie auf ihre Reisen mitgenommen und als „Kommunikationsmittel" genutzt. Dazu haben sie kleine leichte Briefe an den Tauben befestigt und die Tauben damit dann nach Hause fliegen lassen. Aber klar, heute, im Internet-Zeitalter, brauchen wir für unsere Kommunikation selbstverständlich keine Tauben mehr!

2

Meister der ...

Ihre visuellen Fähigkeiten nutzen die Tauben aber nicht nur zur Orientierung, sondern auch für viele andere Zwecke. In Experimenten hat man Versuchstieren Hunderte Bilder mit verschiedenen Mustern gezeigt. Die Tauben konnten sich fast alle Muster merken und sie auch nach längerer Zeit noch genau zuordnen. Kein Wunder also, dass sie auch Menschen gut wiedererkennen und sogar männliche von weiblichen Gesichtern unterscheiden können. Und sie können erstaunlich schnell lernen, welche Emotionen diese Gesichter zeigen, ob sie fröhlich oder traurig, freundlich oder wütend aussehen.

3

Meister im ...

Taubenpaare haben eine lebenslange feste Partnerschaft. Ihr Verhältnis ist sehr gleichberechtigt. Sie bauen ihr Nest gemeinsam und können bis zu sechsmal im Jahr Nachwuchs bekommen. Das Weibchen legt gewöhnlich zwei Eier. Um das Ausbrüten und um die Jungvögel kümmert sich dann sowohl das Männchen als auch das Weibchen. Beide können in ihrem Hals eine Art Milch produzieren, mit der sie ihre Kinder füttern.

G

lebenslang = das ganze Leben
jahrelang / wochenlang / tagelang / stundenlang / ...-lang = ... über viele Jahre / Wochen / Tage / Stunden / ...

◆ die Taube

◆ die Ratte

◆ die Spinne

◆ die Eule

◆ der Tiger

◆ der Elefant

◆ die Schlange

b Arbeiten Sie zu dritt. Jede/r liest einen Abschnitt des Artikels in a und die Fragen dazu. Notieren Sie jeweils Stichpunkte.

Abschnitt 1

a Was können Tauben sehen?
b Woran orientieren sie sich?
c Wie schnell sind sie und aus wie viel Kilometern Entfernung finden sie nach Hause zurück?
d Als was hat man sie früher genutzt und was haben sie nach Hause transportiert?

Abschnitt 2

a Was können Tauben erkennen und sich merken?
b Was können sie unterscheiden?
c Was erkennen sie in Gesichtern?

Abschnitt 3

a Wie ist die Partnerschaft von Tauben?
b Wie viele Eier legen sie pro Jahr?
c Wie ziehen sie ihren Nachwuchs auf?
d Wie ernähren sie die Jungvögel?

Abschnitt 2
a verschiedene Muster

SCHON FERTIG?
Was können Tauben noch? Recherchieren Sie und notieren Sie Stichpunkte.

c Berichten Sie den anderen in der Gruppe über Ihren Abschnitt. Sprechen Sie auch darüber, was Sie besonders bemerkenswert finden.

> Tauben sind in der Lage, verschiedene Muster zu erkennen.

> Wahnsinn!

über Fähigkeiten sprechen	sagen, was man bemerkenswert findet
... sind in der Lage, ... zu ...	Wahnsinn! / Wow! / Unglaublich! / Boah!
... haben besondere Fähigkeiten: ...	Besonders bemerkenswert finde ich, ...
... können erstaunlich / außerordentlich gut ...	Das hätte ich nie gedacht!

3 Sie sind nicht nur schnell, sondern auch ... AB 3–5

a Wie steht das im Text auf Seite 76? Suchen Sie die Sätze im Text und ergänzen Sie.

1 Wir Menschen können leider das eine *nicht* und das andere *auch nicht*. (Z. 5–6)
→ Wir Menschen können leider .... das eine .... das andere.
2 Sie sind nämlich schnell *und* Meister im Navigieren. (Z. 9–10)
→ Sie sind nämlich .... schnell, ... Meister im Navigieren.
3 Um die Jungvögel kümmern sich das Männchen *und* das Weibchen. (Z. 31–33)
→ Um die Jungvögel kümmert sich .... das Männchen .... das Weibchen.

negative Aufzählung	Aufzählung
weder ... noch ...	sowohl ... als auch ... nicht nur ..., sondern auch ...

b Enten können sowohl schnell schwimmen als auch weit fliegen. Arbeiten Sie zu zweit.
PARTNER/IN A → S. 188 PARTNER/IN B → S. 217

der Delfin

der Tintenfisch

die Ziege

die Kuh

der Hirsch

der Fuchs

4 Nein, ich meinte den Tintenfisch! AB 6–8

a Arbeiten Sie in Gruppen. Wählen Sie zwei Tiere aus dem Bildlexikon und notieren Sie jeweils zwei Wörter zu dem Tier.

Wasser
intelligent

schnell
schön

intelligent
hübsch
elegant
gefährlich
lustig
schnell
nützlich
langsam
frech
faul
schlau
scheußlich
dumm
wild
...

b Die anderen raten: Welches Tier ist das? Diskutieren Sie dann in der Gruppe.

- Wasser, intelligent ... ich glaube, das ist ein Delfin. Der lebt im Meer und ist sehr intelligent!
- Nein, ich meinte den Tintenfisch!
- Was? Ein Tintenfisch ist doch nicht intelligent!
- Doch, ich habe eine Doku gesehen, die zeigt, dass Tintenfische ...

5 Eine Präsentation: Pinguine sind in der Lage, ... AB 9

a Arbeiten Sie zu zweit. Wählen Sie ein Tier, das Sie interessant finden oder das Sie besonders gern mögen. Recherchieren Sie und suchen Sie Fotos. Die Fragen helfen Ihnen dabei. Bereiten Sie dann eine Präsentation vor.

- Wo und wie lebt das Tier?
- Was für Fähigkeiten hat es?
- Was finden Sie besonders bemerkenswert?

b Halten Sie Ihre Präsentation. Verwenden Sie die Sätze aus dem Kasten hier und in 2c auf Seite 77. Die anderen machen sich Notizen zu den Fragen: Was verstehen Sie noch nicht? Was ist neu und interessant für Sie?

Pinguine

Also, wir haben uns für Pinguine entschieden, weil wir die toll finden. Die sind so ...! Okay, zuerst möchten wir euch berichten, wo und wie Pinguine leben. Danach wollen wir ... erzählen ...

K

ein Tier beschreiben

... lebt in ...
... gibt es sehr häufig in ... / ist fast ausgestorben.
... ernährt sich von ...
... wird ca. ... Jahre alt.
Das Männchen / Das Weibchen / Die Jungtiere ...

c Was hat Ihnen gut gefallen? Was fanden Sie interessant? Geben Sie ein Feedback zu der Präsentation und stellen Sie Fragen. Ihre Notizen aus b helfen Ihnen dabei.

K

Feedback geben	Verständnis sichern / um Erklärung bitten
Vielen Dank! Das war wirklich eine tolle / spannende / interessante Präsentation!	Habe ich richtig verstanden, dass ...?
Ich habe viel Neues erfahren.	Bedeutet das, dass ...?
Ich fand besonders interessant, dass ...	Darf ich noch mal nachfragen, warum / was / ...?
Für mich war neu, dass ...	Kannst du noch mal genauer erklären, warum / was / ...?
	Kannst du dafür ein Beispiel nennen?

SCHNELLTEST LEKTION 13 → S. 87

14

Hast du dich schon beworben?

Dhakiya und Claudia

3 02

1 Das dauert nur ein paar Minuten!

a Sehen Sie das Bild an und lesen Sie die Website. Hören Sie dann. Was ist richtig? Kreuzen Sie an.

Claudia hat eine Stelle gefunden, die sie interessiert, ...

1 ◯ und überlegt, ob sie sich bewerben soll.
2 ◯ und bewirbt sich gerade online.

b Hören Sie noch einmal und sortieren Sie das Gespräch.

◯ Ja, also ... das wollt ich eigentlich gestern mal machen ... Als ich auf die Seite gegangen bin, da ist gleich so'n Chat aufgegangen.
◯ Na, ich finde das halt irgendwie unheimlich!
◯ Na ja, ein Bewerbungs-Chatbot halt, oder? ...
1 Du, Claudia, hast du dich jetzt eigentlich schon beworben?
◯ Hey, soll'n wir das vielleicht mal zusammen anschau'n?
◯ Okay! Na dann mal los ...

so ~~e~~in → so'n
soll~~e~~n → soll'n
anschau~~e~~n → anschau'n

c Hatten Sie schon mal mit einem Chatbot zu tun? Wo? Wie war das für Sie? Sprechen Sie im Kurs.

> Ja, ich hab mal eine Reise gebucht und da hab ich nur mit einem Computer gechattet. Er hat aber nicht immer alles verstanden, das war total nervig!

LERNZIELE

HÖREN: Alltagsgespräch zum Thema Chatbot bei Bewerbungen LESEN: Interview mit einem Experten SCHREIBEN: Drehbuch (Bewerbungsvideo) KOMMUNIKATION: sagen, warum man für eine Firma arbeiten möchte: *Im Internet habe ich gesehen, dass ...* • über Kenntnisse und Fähigkeiten sprechen: *Außerdem bin ich sehr ...* • eine Bewerbung abschließen: *Vielen Dank für Ihre Aufmerksamkeit.* WÖRTER: Bewerbung GRAMMATIK: Relativsätze mit *was* und *wo*

2 Zuerst sieht man eine interessante Stellenanzeige, … AB 1

Was muss man wann machen, um eine neue Arbeit zu finden? Was meinen Sie? Sortieren Sie die Wörter aus dem Bildlexikon und notieren Sie „Ihre“ Reihenfolge. Vergleichen Sie dann zu dritt.

1 Stellenanzeige
2 Recherche
3 …

- Zuerst sieht man eine interessante Stellenanzeige, und dann …
- Genau. Dann würde ich mich über die Firma informieren, also: Recherche.
- Ah? Ich würde zuerst den Lebenslauf schreiben. …

3 Fragen an … AB 2

a Lesen Sie Frage 1 des Interviews. Würden Sie die Frage mit „Ja“ oder mit „Nein“ beantworten? Lesen Sie dann die Antwort und markieren Sie.

> Also, ich glaube nicht, dass Chatbots Standard sind, für kleine Unternehmen ist das bestimmt zu teuer.

www.chatbots-bewerbung.de

ARTIKEL *INTERVIEW* KOMMENTARE

Wir hätten da mal ein paar Fragen an den Personalexperten Markus Preuss

Markus Preuss, Personalexperte

1 Chatbots im Bewerbungsverfahren – ist das Standard?
So allgemein würde ich das nicht sagen. Das hängt von mehreren Faktoren ab: von der Branche, vom Unternehmen, wo ich mich bewerbe, oder auch vom Land. In Deutschland, wo der Datenschutz sehr wichtig ist, sind Chatbots z. B. später angekommen als in Asien oder in den USA. Man kann aber sagen: Bei der Bewerbung einem Chatbot zu begegnen – das ist nichts, was jemanden noch überraschen sollte.

b Lesen Sie nun die Fragen 2 – 4 mit den Antworten. Arbeiten Sie zu dritt und machen Sie Notizen. Erzählen und vergleichen Sie dann in der Gruppe.

2 Funktionen?
- auf Jobangebote hinweisen
- …

2 Was machen Chatbots im Bewerbungsverfahren eigentlich?
Es gibt unterschiedliche Funktionen: Sie können Menschen, die Arbeit suchen, auf geeignete Jobangebote hinweisen. Sie können Nachfragen zu einer Stellenanzeige beantworten. Sie können Bewerber:innen durch die Online-Bewerbung leiten, Angaben und Unterlagen von ihnen abfragen oder sogar Qualifikationen testen …

3 Was sind die Vorteile?
Überall, wo man immer wieder dieselben Fragen stellt oder ähnliche Angaben macht, ist automatisierte Kommunikation sehr erfolgreich. Das spart menschliche Arbeitszeit und geht schneller, denn Chatbots reagieren 24/7, also immer. Chatten – das tun wir auch im Alltag, das ist gewohnt und sympathisch. Und es ist einfach bequemer, wenn ich keine FAQs durchlesen oder allein mit Formularen kämpfen muss.

4 Gibt es auch Probleme?
Na ja, Chatbots können unterschiedlich „intelligent“ sein. Manche sind einfach nur ein automatisches Dialogsystem: Dann können sie mit Standardsituationen umgehen, also z. B. übliche Fragen beantworten. Alles, was so ein Chatbot nicht „erwartet“, bringt ihn schnell an seine Grenzen. Das kann für den Menschen auf der anderen Seite natürlich frustrierend sein …

◆ das Anschreiben

◆ die Probezeit

◆ die Stellenanzeige

◆ das Vorstellungsgespräch

c Lesen Sie nun die Fragen 5 und 6 mit den Antworten. Was ist richtig? Kreuzen Sie an.

1 ◯ Es kann sein, dass Bewerbungen nur noch von Computern gelesen werden.
2 ◯ Unterlagen für Chatbots sollten nicht komplizierter sein als für Personalabteilungen.
3 ◯ Bei Bewerbungen ist immer noch wichtig, wie perfekt das Anschreiben ist.

5 Müssen Bewerber:innen in ihrer Kommunikation etwas ändern?
Wenn man sich heute bewirbt, muss man wissen, dass die Bewerbung vielleicht nicht nur von einem Menschen gelesen wird. Das bedeutet, man sollte seine Unterlagen so aufbauen, dass auch ein Computerprogramm damit zurechtkommt. Für den Lebenslauf heißt das z. B.: eine klare Struktur, nicht zu kompliziert. Aber das ist ja eigentlich auch das, was in der Personalabteilung meistens gut ankommt.

6 Schreiben intelligente Textprogramme in Zukunft vielleicht sogar unsere Bewerbungen?
„Jetzt fällt gleich das perfekte Anschreiben vom Himmel!" Das ist etwas, was sich viele schon einmal gewünscht haben. Ob diesen Service ein Freund oder ein Coach oder irgendein Programm übernimmt, ist eigentlich egal. Unternehmen nutzen ja auch andere Methoden, um die Kenntnisse und die tatsächlichen Fähigkeiten von Bewerber:innen zu prüfen, z. B. das Vorstellungsgespräch, Videobewerbungen oder die Probezeit …

d Welche Antworten haben Sie überrascht? Was war neu für Sie? Wie sind Ihre Erfahrungen? Sprechen Sie im Kurs.

> Überrascht hat mich, dass man dem Chatbot auch Fragen stellen kann!

4 In Deutschland, wo der Datenschutz wichtig ist, … AB 3–6

a Suchen Sie die Sätze in den Texten in 3 und ergänzen Sie *was* oder *wo*.

G

In Deutschland, *wo* der Datenschutz sehr wichtig **ist**, … (Z. 6–7)
… nichts, ………… jemanden noch **überraschen sollte**. (Z. 7–8)
Überall, ………… man immer wieder dieselben Fragen **stellt**, … (Z. 15–16)
Alles, ………… so ein Chatbot nicht **„erwartet"**, … (Z. 23)
… das, ………… in der Personalabteilung meistens gut **ankommt**. (Z. 29–30)
… etwas, ………… sich viele schon einmal **gewünscht haben**. (Z. 32–33)

b Lesen Sie die Sätze in a noch einmal und ergänzen Sie die Tabelle.

G

Relativsätze mit *was* stehen nach: *vieles*, …………, …………, …………, ………….
Relativsätze mit *wo* stehen nach: *da*, *dort*, ………… und nach Orten / Ländern:
Berlin, …………

c Vier gewinnt! Im Job-Center. Arbeiten Sie zu zweit. → S. 189

5 Ich möchte in einem Unternehmen arbeiten, wo …

Schreiben Sie die Sätze zu Ende. Machen Sie dann ein Kugellager und sprechen Sie über Ihre Wünsche.

1 Ich möchte in einem Unternehmen arbeiten, wo …
2 Ich möchte etwas machen, was …
3 Ich möchte nichts machen, was …
4 Ich kann überall arbeiten, wo …

◆ die Recherche

◆ die Unterlagen

◆ der (tabellarische) Lebenslauf

◆ die Zusage / ◆ die Absage

6 Film ab!

a Ein Bewerbungsvideo. Was meinen Sie? Was ist wichtig? Was muss man beachten? Sammeln Sie zu dritt.

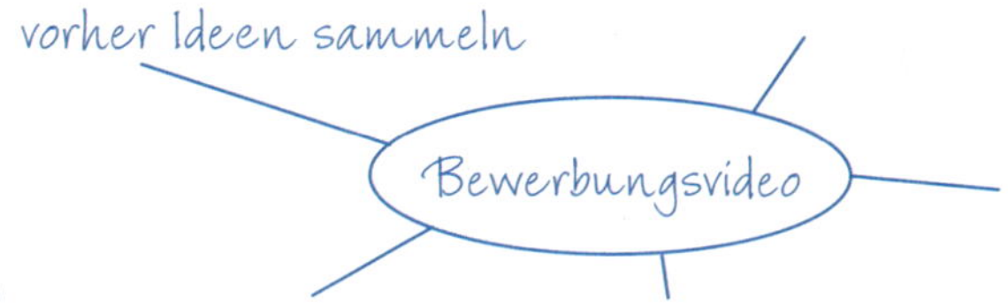

b Lesen Sie die Tipps für ein Bewerbungsvideo und vergleichen Sie mit Ihren Notizen aus a.

www.deinekarriere.de/Bewerbungsvideo

Sich mit Video bewerben – so geht's!

Bewerbungsvideos werden immer beliebter, sie sind ein Plus, das deine Bewerbungsunterlagen ergänzt und besonders macht: Sie vermitteln nämlich einen persönlichen Eindruck und zeigen Engagement. Doch wie macht man ein gutes Video? Diese Tipps helfen dir!

- ✓ Schreib ein Drehbuch! Wie ein Film hat auch ein Bewerbungsvideo eine Struktur. Mach auch Notizen zu den wichtigsten Fragen: Wer bist du? Warum möchtest du für dieses Unternehmen arbeiten? Was kannst du besonders gut? Warum bist gerade du perfekt für die Stelle?
- ✓ Nicht vorlesen, sprich frei! Das wirkt natürlicher und sympathischer.
- ✓ Sprich nicht zu lange! Dein Video sollte nur ca. zwei Minuten dauern.
- ✓ Auch die Technik ist wichtig! Achte auf gutes Licht und klaren Ton!
- ✓ Hol dir Feedback von deinen Freund:innen oder deiner Familie. So kannst du dein Video besser machen.

> Frei Sprechen finde ich auch total wichtig, daran habe ich gar nicht gedacht.

> Ja, das stimmt! Sonst wirkt es nicht natürlich.

7 Deshalb bin ich perfekt für diese Stelle! AB 7

a Ein Drehbuch für ein Bewerbungsvideo schreiben. Arbeiten Sie zu zweit. → S. 190

b Machen Sie Notizen für Ihr Bewerbungsvideo. Markieren Sie die Sätze im Kasten, die Sie verwenden möchten.

K

sagen, warum man für eine Firma arbeiten möchte	über Kenntnisse und Fähigkeiten sprechen
In Ihrer Firma möchte ich gern meine Fähigkeiten weiterentwickeln.	Ich habe schon bei einigen Praktika Erfahrungen gesammelt.
Im Internet habe ich gesehen, dass ...	Außerdem bin ich sehr ...
Ich bin davon überzeugt, dass ich gut in Ihr Unternehmen passe.	Es fällt mir selbstverständlich leicht, ...
	In meiner Freizeit beschäftige ich mich gern mit ...
Sehr gern würde ich meine Kenntnisse und Fähigkeiten in Ihr Team einbringen.	Es macht mir große Freude, ...
	Ich bin für jede neue Herausforderung offen.
eine Bewerbung abschließen	
Vielen Dank für Ihre Aufmerksamkeit.	
Ich freue mich (darauf), Sie bei einem Vorstellungsgespräch persönlich kennenzulernen.	

c Üben Sie zu zweit und nehmen Sie sich dann gegenseitig mit dem Handy auf. Geben Sie ein Feedback: Was war gut? Was kann man besser machen?

d Sehen Sie die Videos im Kurs an. Wer kann mit seinem Video überzeugen? Wer bekommt den Job? Wählen Sie eine Person für jede Stellenanzeige aus 7a auf Seite 191.

SCHNELLTEST LEKTION 14 → S. 87

15

Perfekte Partnerschaft!?

1 Krimi oder Komödie?

Sprechen Sie in der Gruppe: Welche Filmgenres sehen Sie am liebsten? Und warum? Sammeln Sie dann im Kurs: Was sind die beliebtesten Filmgenres?

◆ Komödie ◆ Tragödie ◆ Doku(mentation) ◆ Krimi ◆ Liebesfilm ◆ Animationsfilm ◆ Actionfilm ◆ Science-Fiction ◆ Western ◆ Drama ◆ Familienfilm ...

Ich sehe mir am liebsten Krimis und Actionfilme an. Für mich ist es wichtig, dass Filme richtig spannend sind. Dokus sind allerdings nicht so mein Ding.

- Actionfilm ||||
- Liebesfilm |||
- ...

2 Filmplakat

Sehen Sie das Filmplakat an. Was meinen Sie: Um was für ein Filmgenre handelt es sich? Worum könnte es in dem Film gehen? Sprechen Sie im Kurs.

Warum sieht man den Mann in einer endlosen Reihe? Das finde ich ein bisschen merkwürdig. Was bedeutet das wohl?

Der Filmtitel lautet „Ich bin dein Mensch". Vielleicht ...

LERNZIELE

LESEN: Ankündigung Film-Podcast **HÖREN:** Film-Podcast **SCHREIBEN:** Filmtipp, Konkrete Poesie, Brief an eine Filmfigur **KOMMUNIKATION:** über Filmgenres und Filme sprechen / einen Film bewerten: *Der Film spielt in der Zeit von ...* • einen Brief schreiben: *Ich habe so einen Respekt vor ...* **WÖRTER:** Liebe **GRAMMATIK:** Verb *lassen*: *Ihr Aussehen lassen wir individuell nach unseren Wünschen gestalten.*

3 „Sehenswert!“ Folge 47 AB 1

Lesen Sie die Ankündigung zum Podcast und vergleichen Sie mit Ihren Vermutungen aus 2.

Folge 47: „Ich bin dein Mensch“ (von Maria Schrader)

Superintelligente humanoide Roboter, die nicht nur wie echte Menschen aussehen, sondern sich auch körperlich so anfühlen? Die gibt es vielleicht wirklich bald. Und warum auch nicht? Sie könnten doch ideale Lebenspartner*innen für uns Menschen werden. Ihr Aussehen lassen wir individuell nach unseren Wünschen gestalten. Und ihre Software lassen wir natürlich so programmieren, dass wir unsere Robots so richtig lieb haben können! Klingt irgendwie gruselig? Mag sein, aber genau um diese Fragen geht es in Maria Schraders kritischem und zugleich sehr humorvollem Film.

> Ach, der Mann auf dem Plakat ist wahrscheinlich ein ... Darüber haben wir gar nicht nachgedacht.

4 Wir lassen ... programmieren. AB 2

a Lesen Sie die Sätze. Was bedeutet *lassen*? Kreuzen Sie dann an.

1 Ihr Aussehen lassen wir individuell nach unseren Wünschen gestalten.
- a ◯ Wir machen das selbst.
- b ◯ Jemand anderes macht das für uns.

2 Ihre Software lassen wir natürlich so programmieren.
- a ◯ Wir programmieren ihre Software selbst.
- b ◯ Wir geben jemandem den Auftrag, die Software zu programmieren.

	Position 2		Ende
Ihr Aussehen	lassen	wir individuell nach unseren Wünschen	gestalten.

b Ein Tag mit Robot Erwin. Arbeiten Sie zu zweit. → S. 192

5 Und gleich beginnt Folge 47 ...

a Sehen Sie den Trailer an. Würden Sie sich den Film gern ansehen? Warum (nicht)? Sprechen Sie mit Ihrer Partnerin / Ihrem Partner.

> Mich interessiert der Film. Aber ich habe den Eindruck, dass ...

Extra

Film

daten

flirten

sich in jemanden verlieben

nach etwas / jemandem Sehnsucht haben

jemanden / sich umarmen

jemanden / sich küssen

3 03 **b** Hören Sie nun Teil 1 des Podcasts „Sehenswert!“ und schreiben Sie die Sätze zu Ende.

1 Pia und Mark sprechen über Filme, die ...
2 Sowohl in einem Song von Leonard Cohen als auch im Film „Ich bin dein Mensch“ geht es um einen Mann, der ...

c Welchen Film würden Sie in diesem Podcast vorstellen und warum? Sprechen Sie im Kurs.

> Ich würde auf jeden Fall „Monobloc“ von Hauke Wendler vorstellen. Das ist eine wahnsinnig interessante Doku. Da geht es um ...

3 04 **6 Mein Algorithmus ist darauf ausgerichtet, dich glücklich zu machen.**

a Arbeiten Sie zu viert. Hören Sie Teil 2 des Podcasts. Ein Paar notiert die Antworten zu A, das andere Paar zu B.

A
1 Wo und wann spielt der Film?
2 Was wissen Sie über die Hauptpersonen?
3 Wie sind die humanoiden Roboter?
4 Wer hat die humanoiden Roboter entwickelt? Und für wen?

B
1 Warum soll Alma mit Tom zusammenleben?
2 Wie lange soll Tom bei Alma bleiben?
3 Wo soll Tom schlafen?
4 Was macht Tom am ersten Morgen? Und wie findet Alma das?

A 1 ...
2 Alma, Wissenschaftlerin, ...
3 ...
4 eine Hightech-Firma ...

B 1 Testperson, soll Gutachten schreiben
2 ...

b Tauschen Sie Ihre Notizen mit dem anderen Paar und hören Sie noch einmal. Ergänzen Sie dann die Notizen.

3 05 **7 Viele spannende Fragen über unsere Zukunft** AB 3

a Hören Sie Teil 3 des Podcasts. Was finden Pia und Mark an dem Film gut? Markieren Sie.

die Darstellung von Liebesbeziehungen | das Drehbuch | die Roboter | die Regie | die Zukunft | die Darstellerinnen und Darsteller | die Fragen, um die es in dem Film geht | die Dialoge

b Hören Sie noch einmal und ergänzen Sie die Zusammenfassung.

Pia und Mark fragen sich, ob .... (1) und humanoide Roboter irgendwann nicht nur zusammen arbeiten, sondern auch zusammen .... (2). Könnte es sogar .... (3) geben? Marc meint, dass sich nur Personen .... (4) können, die sich frei entscheiden können. .... (5) können das nicht, weil sie programmiert sind. Pia denkt, dass die Roboter von .... (6) vielleicht schon ganz anders sind.

c Gedanken zum Thema „Liebe“. Arbeiten Sie in Gruppen. → S. 193

etwas / jemanden lieb haben

jemanden glücklich machen

etwas / jemanden lieben

◆ die Lebenspartnerin / ◆ der Lebenspartner

◆ die Liebesbeziehung

◆ die Liebesgeschichte

8 Textgalerie AB 4–8

a Was für Texte möchten Sie schreiben? Wählen Sie mindestens eine Textsorte (1 – 3).

1 Der schönste Liebesfilm

Schreiben Sie einen kurzen Filmtipp zu Ihrem Lieblings-Liebesfilm (80 – 100 Wörter). Worum geht es in dem Film? Warum finden Sie den Film so toll?

MEIN FILMTIPP:

„CASABLANCA" VON MICHAEL CURTIZ

In diesem Film aus dem Jahr 1942 geht es um Rick Blaine, den Besitzer eines Cafés in Casablanca. Der Film spielt in der Zeit des Zweiten Weltkriegs. Rick trifft ...
Ich habe den Film dreimal gesehen, weil ....
Am Ende musste ich jedoch weinen, weil ...

K
- In diesem Film aus dem Jahr ... geht es um ...
- Der Film spielt in der Zeit von / des / der ...
- Die beiden lernen sich in ... / bei ... / ... kennen.
- Es ist Liebe auf den ersten Blick. / Zuerst gibt es eine Krise, weil ...
- Sie verlieben sich unsterblich, aber dann haben sie einen Streit / ...
- Der Film ist fantastisch / ..., weil / denn ...
- Ich habe den Film zwei- / drei- / ...mal gesehen, weil ...
- Ich musste weinen, weil ...

2 Konkrete Poesie

Zeichnen Sie ein Herz und füllen Sie es mit Ihren Wörtern oder Gedanken zum Thema „Liebe". Hilfe finden Sie im Bildlexikon.

3 Ein kurzer Brief an eine Filmfigur

Schreiben Sie einer Filmfigur, die Sie besonders mögen, einen kurzen Brief. Schreiben Sie, warum Sie diese Figur so toll finden.

Lieber Tom,
für mich bist du der netteste Mensch?!?, den ich mir vorstellen kann. Du beeindruckst mich, weil du so weise bist und weil du dich immer um Alma bemühst.
Du bist ...!
Wie schade, dass du ein Roboter bist!
Deine Amira

K
- Ich habe so einen Respekt vor ...
- Du bist einzigartig, weil ...
- Du bist so ein warmherziger / intelligenter / ... Mensch, weil ...
- Du beeindruckst mich, weil ...
- Du bist der netteste / klügste / ... Mensch, den ich mir vorstellen kann.
- Bleib, wie du bist!

b Welche/n Ihrer Texte finden Sie am besten? Hängen Sie ihn / sie auf. Machen Sie dann einen Kursspaziergang.

> Schau mal, Ernesto schreibt etwas über „Wednesday" von Tim Burton. Das ist wirklich eine tolle Serie, das finde ich auch.

> Amiras Brief ist aber nett. In Tom aus „Ich bin dein Mensch" kann man sich wirklich verlieben!

SCHNELLTEST LEKTION 15 → S. 88
Magazin Lektion 13, 14, 15 → S. 148

LEKTION 13

Welche zwei Tiere passen jeweils? Ordnen Sie zu.

Delfin Elefant Taube Kuh Tintenfisch Eule Tiger ~~Ziege~~

a geben Milch: Ziege , ...

b können fliegen: ... , ...

c leben in Afrika und Asien: ... , ...

d leben im Meer: ... , ...

... / 7 Punkte
4 – 7 Punkte
0 – 3 Punkte

Schreiben Sie Sätze:

– / – = weder … noch, + / ++ = nicht nur …, sondern auch, + / + = sowohl … als auch

a In unserem Garten: – Ratten / – Mäuse (geben)
b Im Ozean: + Delfine / + Tintenfische (leben)
c Tauben: + intelligent / ++ schnell (sein)
d Elefanten: + von Gras / + von Früchten (sich ernähren)
e Meine Katze: + faul / ++ ziemlich langsam (sein)
f Ich: - Hunde / - Katzen (mögen)

a In unserem Garten gibt es weder …

... / 6 Punkte
4 – 6 Punkte
0 – 3 Punkte

Verbinden Sie.

1 Habe ich
2 Kannst du dafür
3 Ich fand besonders
4 Das war
5 Kannst du noch mal
6 Ich habe

a viel Neues erfahren.
b eine spannende Präsentation.
c ein Beispiel nennen?
d genauer erklären, warum …?
e interessant, dass …
f richtig verstanden, dass …

... / 5 Punkte
3 – 5 Punkte
0 – 2 Punkte

LEKTION 14

Rund um das Thema Bewerbung. Verbinden Sie.

1 Unterlagen
2 Nachfragen
3 Fähigkeiten
4 auf Jobangebote
5 eine Zusage

a hinweisen
b geben
c abfragen
d prüfen
e beantworten

... / 4 Punkte
3 – 4 Punkte
0 – 2 Punkte

Tipps für die Online-Bewerbung. *Was* oder *wo*? Kreuzen Sie an.

a Alles, ☒ was ◯ wo du für eine Online-Bewerbung brauchst, ist ein Computer und Internet.
b Du solltest die Firma, ◯ was ◯ wo du dich bewirbst, gut kennen.
c Mach dir Notizen und sag das, ◯ was ◯ wo dir wichtig ist, zuerst.
d Etwas, ◯ was ◯ wo sicher gut ankommt, ist ein Bewerbungsvideo.
e Überall dort, ◯ was ◯ wo man mit digitalen Medien arbeitet, ist ein Bewerbungsvideo ein Plus.

... / 4 Punkte
3 – 4 Punkte
0 – 2 Punkte

LÖSUNGEN → S. 222

K Das perfekte Anschreiben

Lesen Sie den Text und korrigieren Sie die markierten Informationen.

Guten Tag,
ich möchte mich bei Ihnen als Mediendesignerin bewerben. Ich habe Medienwissenschaft studiert und auch schon bei einigen Praktika ~~Fähigkeiten~~ Erfahrungen (a) gesammelt. Es macht mir große Lust .... (b), mit Videos zu arbeiten, und weil ich im Fernsehen .... (c) gesehen habe, dass Erfahrung mit Videos für die Stelle wichtig ist, bin ich davon überzeugt, dass ich gut in Ihr Leben .... (d) passe. In meiner Freizeit treffe .... (e) ich mich gern mit Fotografie. Sehr gern würde ich auch diese Unterlagen .... (f) in Ihr Team einbringen. Ich freue mich darauf, Sie bei einem Abendessen .... (g) persönlich kennenzulernen.

Mit freundlichen Grüßen
Jana Pfeifer

...... / 6 Punkte
☺ 4 – 6 Punkte
☹ 0 – 3 Punkte

LEKTION 15

W Ergänzen Sie die Liebesbriefe.

a Du bist jetzt schon seit 50 Jahren meine L e b e n s partner i n. Was für ein Glück, dass ich mich damals in dich .... liebt habe!
b Nun bist du schon so lange unterwegs. Ich habe so große Sehn .... t nach dir!
c Als wir uns das erste Mal um .... t und gekü .... haben, wusste ich: Ich l .... dich so sehr!
d Egal, mit wem ich fl .... oder wen ich da .... – ich denke immer nur an dich!
e Du und ich! Die schönste L .... geschichte der Welt!

...... / 8 Punkte
☺ 5 – 8 Punkte
☹ 0 – 4 Punkte

G Was lassen Sie Ihren Roboter heute machen?

Schreiben Sie Sätze.

a Heute ... (die Wohnung aufräumen)
b Danach ... (mein Fahrrad putzen)
c Und dann ... (ein Date organisieren)
d Zum Schluss ... (einen Liebesbrief schreiben)

a Heute lasse ich meinen Roboter ...

...... / 4 Punkte
☺ 3 – 4 Punkte
☹ 0 – 2 Punkte

K Der Film „Ich bin dein Mensch". Ordnen Sie zu.

⬡ den sie sich vorstellen kann ⬡ auf den ersten Blick ⬡ Es geht um
⬡ Respekt vor ⬡ spielt in ⬡ verliebt Alma sich

Der Film „Ich bin dein Mensch" (1) der nahen Zukunft. (2) die Wissenschaftlerin Alma, die den humanoiden Roboter Tom testen soll. Es ist nicht Liebe (3), im Gegenteil: Alma hat große Zweifel und kann keinen (4) einem nicht-menschlichen Partner haben. Aber am Ende (5) tatsächlich in Tom, denn er ist der klügste und netteste „Mensch", (6).

...... / 6 Punkte
☺ 4 – 6 Punkte
☹ 0 – 3 Punkte

LÖSUNGEN → S. 222

Verben

Verb *lassen* L15

Ihr Aussehen	lassen	wir individuell nach unseren Wünschen	gestalten.		= etwas nicht selbst machen / etwas in Auftrag geben
Ihre Software	lassen	wir natürlich so	programmieren,	dass …	

Sätze und Satzverbindungen

Zweiteilige Konnektoren: *weder … noch, nicht nur …, sondern auch, sowohl … als auch* L13

negative Aufzählung		
Wir Menschen können leider	weder das eine	noch das andere.
Aufzählung		
Sie sind nämlich	nicht nur schnell,	sondern auch Meister im Navigieren.
Um die Jungvögel kümmert sich	sowohl das Männchen	als auch das Weibchen.

Relativsätze mit *was* und *wo* L14

Hauptsatz	Nebensatz		Hauptsatz
		Ende	
Alles,	was so ein Chatbot nicht	„erwartet“,	bringt ihn schnell an seine Grenzen.
Das ist etwas,	was sich viele schon einmal	gewünscht haben.	

= Relativsätze mit *was* stehen nach: *vieles, nichts, alles, das, etwas*

Hauptsatz	Nebensatz		Hauptsatz
		Ende	
In Deutschland,	wo der Datenschutz sehr wichtig	ist,	sind Chatbots z. B. später angekommen.
Überall,	wo man immer wieder dieselben Fragen	stellt,	ist automatisierte Kommunikation sehr erfolgreich.

= Relativsätze mit *wo* stehen nach: *da, dort, überall* und nach Orten / Ländern: *Berlin, Deutschland*

Wortbildung

Adjektive aus Nomen + *lang* L13

Nomen + lang	→	Adjektiv	
das Leben	→	lebenslang	= das ganze Leben
auch so: jahrelang / wochenlang / tagelang / stundenlang / … -lang			= über viele Jahre / Wochen / Tage / Stunden / …

K

über Fähigkeiten sprechen L13

... sind in der Lage, ... zu ...
... haben besondere Fähigkeiten: ...
... können erstaunlich / außerordentlich gut ...

sagen, was man bemerkenswert findet L13

Wahnsinn! / Wow! / Unglaublich! / Boah!
Besonders bemerkenswert finde ich, ...
Das hätte ich nie gedacht!

ein Tier beschreiben L13

... lebt in ...
... gibt es sehr häufig in ... / ist fast ausgestorben.
... ernährt sich von ...
... wird ca. ... Jahre alt.
Das Männchen / Das Weibchen / Die Jungtiere ...

Feedback geben L13

Vielen Dank! Das war wirklich eine tolle / spannende / interessante Präsentation!

Ich habe viel Neues erfahren.

Ich fand besonders interessant, dass ...

Für mich war neu, dass ...

Verständnis sichern / um Erklärung bitten L13

Habe ich richtig verstanden, dass ...?
Bedeutet das, dass ...?
Darf ich noch mal nachfragen, warum / was / ...?
Kannst du noch mal genauer erklären, warum / was / ...?
Kannst du dafür ein Beispiel nennen?

sagen, warum man für eine Firma arbeiten möchte L14

In Ihrer Firma möchte ich gern meine Fähigkeiten weiterentwickeln.

Im Internet habe ich gesehen, dass ...

Ich bin davon überzeugt, dass ich gut in Ihr Unternehmen passe.

Sehr gern würde ich meine Kenntnisse und Fähigkeiten in Ihr Team einbringen.

über Kenntnisse und Fähigkeiten sprechen L14

Ich habe schon bei einigen Praktika Erfahrungen gesammelt.
Außerdem bin ich sehr ...
Es fällt mir selbstverständlich leicht, ...
In meiner Freizeit beschäftige ich mich gern mit ...
Es macht mir große Freude, ...
Ich bin für jede neue Herausforderung offen.

eine Bewerbung abschließen L14

Vielen Dank für Ihre Aufmerksamkeit.
Ich freue mich (darauf), Sie bei einem Vorstellungsgespräch persönlich kennenzulernen.

über Filmgenres und Filme sprechen / einen Film bewerten L15

In diesem Film aus dem Jahr ... geht es um ...
Der Film spielt in der Zeit von / des / der ...
Die beiden lernen sich in ... / bei ... / ... kennen.
Es ist Liebe auf den ersten Blick. / Zuerst gibt es eine Krise, weil ...
Sie verlieben sich unsterblich, aber dann haben sie einen Streit / ...

Der Film ist fantastisch / ..., weil / denn ...

Ich habe den Film zwei- / drei- / ...mal gesehen, weil ...

Ich musste weinen, weil ...

einen Brief schreiben L15

Ich habe so einen Respekt vor ...
Du bist einzigartig, weil ...
Du bist so ein warmherziger / intelligenter / ... Mensch, weil ...
Du beeindruckst mich, weil ...
Du bist der netteste / klügste / ... Mensch, den ich mir vorstellen kann.
Bleib, wie du bist!

16

Zwar nervig, aber wichtig

Kalan

1 Hallo und herzlich willkommen ...

3 06 **a** Sehen Sie das Bild an und hören Sie, was Kalan am Telefon sagt. Was ist richtig? Kreuzen Sie an.

○ Er ruft einen Freund an. ○ Er hat einen Notfall. ○ Er möchte ein Konto eröffnen.

3 07 **b** Hören Sie nun das ganze Telefonat und verbinden Sie.

1 Wenn es nicht um Überweisungen, Online-Banking oder Wertpapieraufträge geht,
2 Damit man weniger lang warten muss,
3 Montag bis Freitag zwischen 8:00 und 18:00
4 Für mehr Informationen
5 Um die Kreditkarte sperren zu lassen,
6 In dringenden Notfällen

a muss man die Nummer 116 116, aus dem Ausland mit der Vorwahl 0049, anrufen.
b kann man auf der Website nachschauen.
c soll man „0" drücken.
d hilft der Notdienst weiter.
e hat die Bank geöffnet.
f soll man seine EC-Karte vorbereiten.

c Wie kommunizieren Sie mit Ihrer Bank? Wie erledigen Sie Ihre Bankgeschäfte? Sprechen Sie mit Ihrer Partnerin / Ihrem Partner.

> Ich erledige meine Bankgeschäfte fast nur noch online.

> Ich eigentlich auch. Aber manchmal brauche ich Beratung, dann rufe ich an oder gehe persönlich an den Schalter.

LERNZIELE

HÖREN: Automatischer Kundenservice einer Bank, Sprachnachrichten **LESEN:** privater Chat **SCHREIBEN:** Chatnachricht **KOMMUNIKATION:** Alternativen nennen und bewerten: *Entweder ... oder ...* • eine Aussage relativieren: *Soviel ich weiß, ...* • auf andere Quellen verweisen: *Bei ... bekommt man Infos zu ...* • weitere Hilfe anbieten: *Wenn du noch Fragen hast, melde dich einfach!* **WÖRTER:** Banken und Geld **GRAMMATIK:** zweiteilige Konnektoren: *je ... desto / umso* + Komparativ, *entweder ... oder, zwar ... aber*

2 Zahlenrätsel AB 1–2

a Ergänzen Sie die Fragen mit Wörtern aus dem Bildlexikon. Es gibt mehrere Möglichkeiten. Notieren Sie dann Ihre Antworten in Zahlen. Sie können auch Antworten erfinden.

1. Wie viele Male pro Monat hebst du am … Geld ab? *Schalter / Geldautomaten*
2. Welchen Wert haben alle … in deinem Geldbeutel zusammen?
3. Was sind die letzten drei Zahlen der Nummer deiner / deines … ?
4. Wie viele … hast du?

b Machen Sie einen Kursspaziergang. Nennen Sie eine Zahl. Ihre Partnerin / Ihr Partner rät die passende Frage aus a.

15!

Welchen Wert haben alle Scheine in deinem Geldbeutel zusammen?

Falsch!

3 Ich bin im Organisationsstress! AB 3

a Überfliegen Sie den Chat hier und auf Seite 93. Welche Fragen hat Kalan? Markieren Sie.

Elisa

Monday

1 Hallo Elisa! Wie geht's dir? Ich bin im Organisationsstress: Am 1. März fängt schon mein Arbeitsvertrag an der Uni Siegen an! Ich muss noch ein Konto (Girokonto) in Deutschland eröffnen. Die Gebühren unterscheiden sich stark, oder? Kannst du mir vielleicht eine Bank empfehlen? … Je billiger, umso besser … 😄 20:47

Tuesday

2 Kalan! Schön, von dir zu hören! 00:32

3 Zu deiner Frage: Ich bin jetzt nicht gerade eine Expertin auf dem Gebiet Banken. 😅 Aber grundsätzlich gibt's zwei Alternativen: Entweder nimmst du eine „echte" Bank (mit Filiale in Siegen) oder eine Direktbank (alles online oder per Telefon). Die Online-Banken sind zwar meistens günstiger, aber dafür unpersönlicher: Da kannst du halt nicht einfach mal schnell an den Schalter gehen und nachfragen … 00:32

4 Lieber nicht! Ich hab nicht so gute Erfahrungen mit Telefon-Hotlines von Banken gemacht … 😬 00:45

5 ▶ 00:58 07:04

6 Danke für den Hinweis!! „Nachhaltige Bank"? 😅 Aber woher weiß ich, welche wirklich nachhaltig ist? 08:09

Je billiger die Bank ist, umso besser ist es für mich.
→ Je billiger, umso besser.

◆ das Bargeld ◆ die Münzen ◆ die Scheine ◆ der Geldautomat ◆ die EC-Karte ◆ die Kreditkarte ◆ der BIC

7 Entweder investierst du viel Zeit und liest selbst ganz genau die Beschreibungen der Banken oder du vertraust den Experten. Du kannst zum Beispiel mal bei den Verbraucherzentralen schauen – da findet man auch viele Infos zu Banken und Versicherungen ... die sind unabhängig! Ich glaub, da gibt's auch was zu nachhaltigen Banken ... 11:38

8 Eine Empfehlung wäre super! 😔 Je mehr man recherchiert, desto schwieriger wird die Entscheidung ... 12:13

9 Ich schau nach und schick dir nen Link! Wenn du noch Fragen hast, meld dich einfach! 12:20

10 Elisa, sorry, wenn ich noch mal störe, aber ich habe noch eine wichtige Frage: Muss ich eigentlich eine Krankenversicherung abschließen? 22:23

Wednesday

11 Nein, wenn du angestellt bist, geht das automatisch: Dein Arbeitgeber (also die Uni) meldet dich bei der Sozialversicherung an. Da ist alles dabei: Krankheit, Arbeitsunfall, Rente. 00:39

12 Aber: Du brauchst auf alle Fälle ne Haftpflichtversicherung! Die zahlt, wenn du irgendeinen Schaden verursacht hast. Das passiert zwar selten, aber es kann sehr teuer werden! 00:41

13 Haftpflichtversicherung? Schaden verursachen??? 00:50

14 ▶ 00:57 00:56

15 😕 Ich hoffe, die Verbraucherzentrale kennt sich auch mit Versicherungen aus. 😉 01:03

b Lesen Sie die Antworten von Elisa in a und ergänzen Sie Kalans Notizen.

Bank	Versicherung
-> „echte" Bank	-> Sozialversicherung: ...
-> Online-Bank ☺ ... ☹ ...	-> Haftpflichtversicherung: ...
Mehr Infos: ...	

4 Mir ist noch was eingefallen ...

3 🔊 08 **a** Hören Sie die beiden Sprachnachrichten von Elisa. Was ist richtig? Kreuzen Sie an.

1 ◯ Elisa findet es wichtig, was die Bank mit ihrem Geld macht.
2 ◯ Sogenannte „nachhaltige" Banken finanzieren nur kleine Projekte in der Ölindustrie.
3 ◯ Der Vermieter übernimmt die Kosten, wenn ein Mieter seinen Schlüssel verliert.
4 ◯ Wenn man ohne Absicht ein fremdes Auto beschädigt, zahlt die Haftpflichtversicherung.

b Sehen Sie noch einmal den Notizzettel in 3b an. Was war für Sie interessant? Worüber möchten Sie noch mehr wissen? Sprechen Sie mit Ihrer Partnerin / Ihrem Partner.

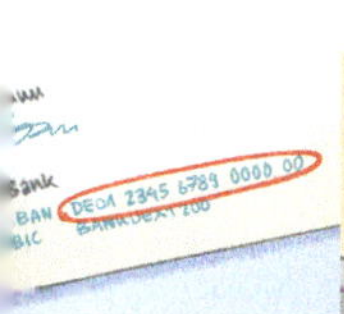
◆ die IBAN

◆ der Schalter

◆ das (Giro)Konto

◆ die Überweisung

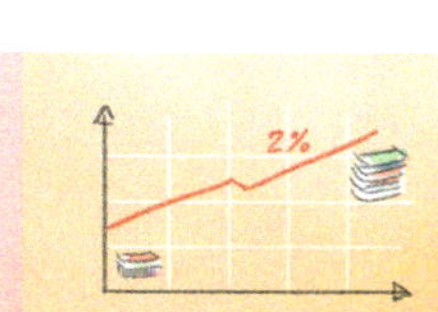

◆ die Zinsen

◆ der Kredit

◆ die Schulden

5 Je dünner, desto besser! AB 4–5

a Lesen Sie noch einmal die Nachrichten 1 und 8 in 3a auf Seite 92–93 und ergänzen Sie.

Vergleich	
je + Komparativ	desto / umso + Komparativ
Je .... man recherchiert,	desto .... wird die Entscheidung.
.... billig .... ,	....

b Spielen Sie in der Gruppe: Eine/r nennt ein Nomen, die anderen sagen einen Ausdruck mit *je … desto / umso besser*.

- Pizza.
- Je dünner, desto besser!
- Je weicher, umso besser!

Geld Pizza Fahrrad … Bett Urlaub Computer

dünn schnell leicht … lang viel weich

c Satzpuzzle: Je mehr Geld ich habe, … Arbeiten Sie zu zweit. → S. 194

6 Es gibt zwei Alternativen … AB 6–9

a Lesen Sie noch einmal die Nachrichten 7 und 12 in 3a auf Seite 93 und ergänzen Sie die Tabelle.

Alternative	positiv – negativ / Bedingung
.... investierst du viel Zeit (…)	Das passiert .... selten, ... es kann
.... du vertraust den Experten.	sehr teuer werden!

b Entscheidungshilfe geben. Arbeiten Sie zu dritt. → S. 194

7 Kannst du mir vielleicht helfen? AB 10

a Ihre Freundin Sophie aus Dresden zieht zum Arbeiten aus Deutschland weg an einen Ort, den Sie gut kennen. Lesen Sie ihre Nachricht. Was möchte Sophie wissen? Markieren Sie.

> Hallo!!! Jetzt ist es wirklich so weit: In einem Monat beginnt mein Arbeitsvertrag! Und ich muss natürlich noch tausend Sachen organisieren. 🤯 Also: Ich muss ein Konto eröffnen. Welche Möglichkeiten gibt es da? Kannst du mir eine Bank empfehlen? Und: Muss ich irgendwelche Versicherungen abschließen? Ich bin dir so dankbar, wenn du mir Tipps geben kannst! 🙂 19:43

b Schreiben Sie eine Antwort. Verwenden Sie die Sätze aus dem Kasten. Vergleichen Sie Ihre Antwort dann mit Ihrer Partnerin / Ihrem Partner.

> Hi Sophie, wie super! Ich freu mich so, dass du bald in … arbeitest. 🙂 Klar helf ich dir! Also, hier ein paar Infos …

Alternativen nennen und bewerten	eine Aussage relativieren
Es gibt / Du hast mehrere Möglichkeiten / Alternativen: …	Ich bin zwar keine Expertin / kein Experte auf diesem Gebiet, aber …
Entweder … oder …	Damit kenne ich mich leider auch nicht so gut aus, aber …
Das ist zwar …, aber …	Soviel ich weiß, …
auf andere Quellen verweisen	**weitere Hilfe anbieten**
Bei … bekommt man Infos zu …	Wenn du noch Fragen hast, melde dich einfach!
Zu diesem Thema kannst du dich auch bei … erkundigen.	Wenn du nicht weiterkommst, kannst du dich gern noch mal melden!

SCHNELLTEST LEKTION 16 → S. 103

17

Wenn Wände sprechen

1 Was meinen Sie?

a Machen Sie Notizen zu der folgenden Frage: Wenn Sie selbst ein *Street-Art*-Werk erstellen würden, wie würde das aussehen?

- politische Aussage
- Thema „Klimakatastrophe"
- farbig, groß
- ...

◆ Klimakatastrophe

b Sprechen Sie zu zweit über Ihre Notizen. Präsentieren Sie dann Ihre Ergebnisse einem anderen Paar.

> Ich würde gern mal ein Wandbild machen. Es wäre auf jeden Fall sehr farbig und groß. Und es hätte sicher eine politische Aussage, zum Beispiel zum Thema „Klimakatastrophe".

c Sehen Sie das Bild an und sprechen Sie im Kurs: Was sehen Sie? Beschreiben Sie, ohne zu bewerten!

> Im Vordergrund sieht man eine Mauer mit einem Bild von ... Um ihn herum sind viele ...

> Ja, und daneben sind zwei ... und darunter steht ...

LERNZIELE

HÖREN: Meinungen zu *Street-Art* **LESEN:** Interview in Zeitschrift **SCHREIBEN:** Audio-Guide
KOMMUNIKATION: *Street-Art* bewerten: *... beeindruckt mich.* • ein Kunstwerk präsentieren: *Heute geht es um ein Werk, das sich in ... befindet.* • ein Kunstwerk beschreiben: *Im Vordergrund erkennt man ...* • weitere Informationen geben: *... ist ... entstanden.* **WÖRTER:** Kunst **GRAMMATIK:** Konnektor *indem: Sie könnten gute Lösungen finden, indem sie einfach mehr miteinander sprechen.* **WORTBILDUNG:** *miss* + Nomen / Verb

3 🔊 09

2 *Street-Art* find' ich ja ganz okay.

a Hören Sie Aussagen zu der *Street-Art* auf Seite 95. Wie bewerten die Passantinnen / Passanten das Bild? Ordnen Sie die Aussagen 1 – 4 zu.

🙁 🙁	😐 🙁	🙂 🙂
		1,

b Hören Sie die Aussagen noch einmal. Welche Sätze hören Sie? Markieren Sie.

K

Street-Art bewerten

... finde ich sehr berührend / berührt mich sehr.	... meinetwegen!
... beeindruckt mich (nicht).	Das finde ich ehrlich gesagt unmöglich.
... sieht einfach (nicht) schön / hässlich / ... aus.	So etwas lehne ich ab!
... bringt mich (nicht) zum Nachdenken.	Es stört mich, wenn ...
... finde ich ganz okay / schon in Ordnung.	Es geht (nicht) um ein soziales / politisches Problem. Das finde ich gut / schade.
Für mich ist das mal etwas / nichts Neues.	... finde ich richtig / echt / total gut / witzig / verrückt / ... !
Davon halte ich (nicht so) viel / nichts.	

c Sprechen Sie in der Gruppe: Wie bewerten Sie die *Street-Art* auf Seite 95? Jede/r verwendet mindestens zwei markierte Sätze aus **b**.

ungewöhnlich · kreativ · verrückt · witzig · gelungen · enttäuschend · fantasievoll · nichtssagend · ausgezeichnet

3 Was findest du so toll an *Street-Art*? AB 1

a Lesen Sie das Interview und ordnen Sie die Fragen den Antworten zu.

⬡ Was findest du so toll an *Street-Art*? ⬡ Sollte man Graffiti und *Street-Art* legalisieren? ⬡1 Juliana, dein Künstlername ist „Armentamor". Was bedeutet der Name? ⬡ Wie bist du zur *Street-Art* gekommen?

www.tagesblatt.net/kultur

POLITIK WIRTSCHAFT **KULTUR**

KURZ Nachgefragt

Das tägliche Mini-Interview mit Carla Mohn

Heute stellen wir Juliana Armenta vor. Die Künstlerin aus Kolumbien lebt seit einigen Jahren in Deutschland und hat hier auch studiert. Ihr Fokus liegt besonders im Bereich *Street-Art*. Und darüber wollen wir in diesem Kurzinterview mit ihr sprechen.

W

◆ die Kunst

◆ die Künstlerin / ◆ der Künstler

◆ die Malerin / ◆ der Maler

◆ die Fotografie

◆ das (Kunst)Werk

CARLA MOHN: 1

JULIANA ARMENTA: „Armentamor“, das war der Spitzname meines Großvaters. Ich habe ihn leider nicht kennengelernt. Er ist neun Monate vor meiner Geburt gestorben. Ich habe aber das Gefühl, dass seine Seele immer bei mir ist. Deswegen habe ich seinen Spitznamen zu meinem Pseudonym gemacht. „Armenta“ ist mein Nachname und was „Amor“ bedeutet, muss ich nicht erklären.

CARLA MOHN: 2 Und wie lange machst du das schon?

JULIANA ARMENTA: Also, meinen künstlerischen Stil, den hatte ich schon, als ich noch eine Teenagerin war. Immer wenn mich die Schule gestresst hat, habe ich große bunte Bilder in meine Schulbücher reingemalt. Mein erstes richtiges Wandbild habe ich erst viel später gemacht. Das war während der COVID-Pandemie. Da habe ich in Lüneburg eine feministische *Street-Art*-Gruppe kennengelernt. Das war sehr wichtig für mich, denn die Graffiti-Szene ist ja sehr männlich dominiert. Zusammen mit anderen Frauen war es für mich viel leichter, auf die Straßen zu gehen und etwas zu malen.

CARLA MOHN: 3

JULIANA ARMENTA: Ach, es gibt so vieles, was mich da fasziniert! Zum Beispiel, dass es eine sehr demokratische Kunst ist. Sie findet nicht in Galerien oder Museen statt, sondern in der Öffentlichkeit. Sie ist für alle da und sie ist kostenlos. Wir können sie sehen, indem wir einfach mit offenen Augen durch die Straßen gehen. Und *Street-Art* und Graffiti sind auch eine sehr direkte und sehr poetische Form des gesellschaftlichen Dialogs: Die Wände fangen an zu sprechen. Sie erzählen, was an diesem Ort passiert ist. Und sie zeigen ganz genau, wer da war, obwohl die Künstler:innen selbst ja meistens anonym bleiben.

CARLA MOHN: Anonym, ... das ist ein gutes Stichwort für meine letzte Frage: 4 Was denkst du?

JULIANA ARMENTA: Na ja, die Künstler:innen und die Stadtverwaltungen könnten gute Lösungen finden, indem sie einfach mehr miteinander sprechen. So könnte es zum Beispiel noch mehr legale Flächen für *Street-Art* geben. Das würde bestimmt sehr helfen.

KOMMENTIEREN

b Arbeiten Sie zu zweit. Partner/in A liest die Antwort auf Frage 1 noch einmal, Partner/in B die Antwort auf Frage 2. Fassen Sie dann Julianas Antwort für Ihre Partnerin / Ihren Partner zusammen.

> Julianas Pseudonym ist ... Das ist ... von ... Sie ...

> Als Juliana eine Teenagerin war, hat ... Erst viel später ...

c Lesen Sie die Antworten zu den Fragen 3 und 4 noch einmal und ergänzen Sie in der Tabelle Julianas Antworten und Ihre eigene Meinung in Stichpunkten. Fragen Sie dann Ihre Partnerin / Ihren Partner und machen Sie Notizen.

Extra

Film

	Juliana	Ich	Meine Partnerin / Mein Partner
Frage 3	demokratische Kunst, ...	weniger graue Wände in der Stadt, ...	
Frage 4			

das Gemälde

die Skulptur

die Street-Art

der / das Graffiti

die Zeichnung

die Grafik

4 …, indem wir einfach mit offenen Augen durch die Straßen gehen. AB 2 – 6

a Lesen Sie die beiden Sätze aus dem Text in 3a auf Seite 96 – 97 noch einmal. Was kann man mit *indem* sagen? Kreuzen Sie in der Regel an.

G

		Ende
Wir können die Kunst sehen,	indem wir einfach mit offenen Augen durch die Straßen	gehen. (Z. 39 – 41)
Sie könnten gute Lösungen finden,	indem sie einfach mehr miteinander	sprechen. (Z. 51 - 54)

Mit *indem* kann man sagen, ○ wie ○ warum man etwas macht.

b Wie lernt man …? Arbeiten Sie zu zweit. → S. 196

5 Audioguide zu einem Kunstwerk AB 7 – 9

a Arbeiten Sie zu dritt. Wählen Sie ein Kunstwerk und suchen Sie ein Bild dazu im Internet. Erstellen Sie dann einen Audioguide.

b Wie erstelle ich einen Audioguide? Lesen Sie die Tipps. ZWISCHENSCHRITT → S. 197

c Schreiben Sie in Ihrer Gruppe den Text für den Audioguide und nehmen Sie ihn auf. Hilfe finden Sie auch im Bildlexikon.

- Begrüßung: Über welches Kunstwerk sprechen Sie? Präsentieren Sie es kurz.
- Beschreiben Sie das Kunstwerk.
- Geben Sie weitere Informationen zu dem Kunstwerk.

K

ein Kunstwerk präsentieren

Willkommen zu …
Heute geht es um ein Werk, das sich in … befindet.
Es ist eine Zeichnung / eine Skulptur / ein *Street-Art*-Werk / …
Die Künstlerin / Der Künstler ist …
Möchtet ihr mehr darüber wissen?

ein Kunstwerk beschreiben

Ihr seht hier … ein Gemälde / eine Fotografie / ein *Street-Art*-Werk / eine Skulptur / eine Grafik / …, das / die …

Im Vordergrund / Hintergrund erkennt / sieht man …

Vorne / Hinten / Oben / Unten / Rechts / Links könnt ihr … erkennen / sehen.

weitere Informationen geben

Wusstet ihr, dass …?
… ist … entstanden.
Die Künstlerin / Der Künstler / … möchte zeigen, dass …
Das bedeutet, dass …

d Spielen Sie Ihren Audioguide im Kurs vor und zeigen Sie dazu Ihr Kunstwerk. Die anderen stellen Fragen und geben Ihnen ein Feedback.

Willkommen zu unserer Ausstellung …

SCHNELLTEST LEKTION 17 → S. 103

Was ist Ihre Rolle?

18

www.radioforU.de/programm

PROGRAMM MUSIK NACHRICHTEN

16:30 Uhr

Fokus Beruf – Was macht eigentlich ... eine Schauspielpatientin?

Sibylle Franz im Interview

1 Was macht eigentlich eine Schauspielpatientin?

3 10 **a** Sehen Sie das Bild an und lesen Sie die Ankündigung zur Radiosendung. Hören Sie dann das Interview. Was ist richtig? Kreuzen Sie an.

1 Sibylle Franz spielt ○ eine Patientin oder eine Angehörige von Kranken. ○ eine Ärztin.
2 Sie arbeitet ○ im Krankenhaus. ○ in der Uni.
3 In Kommunikationstrainings lernen ○ Ärztinnen / Ärzte ○ Studentinnen / Studenten , wie man richtig mit Kranken und Angehörigen kommuniziert.
4 Gemeinsam mit Sibylle spielen sie ○ eine Gesprächssituation aus dem Klinikalltag ○ eine Operation und sprechen dann anschließend darüber.
5 ○ Sibylle findet ihren Job oft intensiv, aber sie liebt ihn. ○ Sibylle ist oft aufgeregt.
6 Sie ○ wollte schon immer Schauspielpatientin werden. ○ hat den Job zufällig während ihrer Ausbildung kennengelernt.

b Wie finden Sie die Idee einer Schauspielpatientin? Sprechen Sie im Kurs.

> Ich wusste gar nicht, dass es so was gibt! Interessant!

> Also, ich kann mir nicht vorstellen, dass das sinnvoll ist! Ich finde, eine Ärztin oder ein Arzt muss vor allem medizinisch kompetent sein.

LERNZIELE

HÖREN: Radiointerview **LESEN:** Magazintext in Fachzeitschrift zu Kommunikation im Bereich Medizin **SCHREIBEN / KOMMUNIKATION:** etwas zusammenfassen: *Im Text / Artikel ging es um ...* • neue Informationen kommentieren: *Ich wusste schon / noch nicht, dass ...* • seine Meinung / sein Wissen ergänzen: *Wichtig ist (vielleicht) auch (noch), dass ...* **WÖRTER:** Medizinische Versorgung **GRAMMATIK:** Plusquamperfekt • Konnektor *nachdem*: *..., nachdem sie selbst insgesamt 20 Jahre als Ärztin tätig gewesen war.*

2 Ratespiel: Ihr seid im Krankenwagen! AB 1–2

Arbeiten Sie zu dritt. Schreiben Sie drei kurze Gespräche an verschiedenen Orten aus dem Bildlexikon. Verwenden Sie möglichst viele Wörter aus dem Bildlexikon. Spielen Sie dann die Situation. Die anderen raten, wo Sie sind.

○ Es tut so weh! Ich habe Schmerzen.
□ Keine Sorge! Wir sind gleich in der Notaufnahme.
△ Das dauert nicht mehr lange. Ich gebe Ihnen ein Schmerzmittel.
○ Ah. Gut! Na endlich!

Ihr seid im Krankenwagen!

Ja, genau!

3 Kommunikation spielend lernen AB 3

a Arbeiten Sie zu zweit und lesen Sie den Artikel. Markieren Sie die Antworten im Text in fünf Farben. Machen Sie dann Notizen.

1 Warum ist gute Kommunikation zwischen Ärztin / Arzt und Patientin / Patient so wichtig?
2 Wie sehen die Kommunikationstrainings aus?
3 Welche Voraussetzungen braucht man für ein gutes Gespräch?
4 Was macht die Gesprächssituation zwischen Ärztin / Arzt und Patientin / Patient so schwierig?
5 Was sagt Frau Prof. Bresky?

Frage 1:
- Therapien helfen besser
- ...

Kommunikation spielend lernen

Kommunikationstrainings gehören an vielen Universitäten inzwischen zum Pflichtprogramm im Medizinstudium.

Studien haben gezeigt: Wenn Patient*innen das Gefühl haben, ihre Ärztin oder ihr Arzt versteht sie und behandelt sie mit Respekt, dann helfen Therapien besser. Vertrauen und eine gute Kommunikation spielen also für den medizinischen Erfolg eine wichtige Rolle. Auf der anderen Seite sind auch Mediziner*innen, die einen guten Kontakt zu ihren Patient*innen haben, oft zufriedener mit ihrem Beruf und leiden seltener unter Burn-out. Vor diesem Hintergrund hat sich auch die Ausbildung in Medizinberufen verändert: Nachdem die Studierenden früher vor allem Fachwissen gelernt haben, stehen heute auch Kommunikationstrainings auf dem Studienplan. Bevor die zukünftigen Ärzt*innen zum ersten Mal mit „echten" Patient*innen zu tun haben, besuchen sie Vorlesungen zum Thema und machen praktische Übungen: mit Schauspieler*innen, die Kranke und Angehörige spielen. Was können Studierende für die Kommunikation mit Patient*innen lernen?

Eine gute Umgebung für ein ruhiges Gespräch schaffen: ohne ein Telefon, das ständig klingelt, ohne Kolleg*innen, die ins Zimmer kommen. Den Patient*innen zuhören, nicht nur selbst sprechen. Gefühle erkennen und darauf reagieren, Zeit lassen und Pausen aushalten.

Ferhat Kaya nimmt als Medizinstudent an einem Kommunikationstraining teil.

„Wir hatten uns theoretisch intensiv mit solchen Themen beschäftigt. Und ich wusste ja auch, dass vor mir eine Schauspielerin sitzt. Trotzdem war ich in der Situation sehr aufgeregt", erinnert sich Ferhat Kaya an sein erstes Gespräch in der Arztrolle.

◆ die Station
◆ die Notärztin / ◆ der Notarzt
◆ der Notfall
◆ die Notaufnahme
◆ die Patientin / ◆ der Patient
◆ der Krankenwagen

Die Perspektiven von Ärzt*innen und Patient*innen sind grundsätzlich unterschiedlich: Für die einen ist es der Beruf, für die anderen geht es um die eigene Gesundheit. Patient*innen sprechen aus ihrer persönlichen Erfahrung, Ärzt*innen haben das Fachwissen über Krankheiten und mögliche Therapien. „Welche Rolle habe ich? Und wie möchte ich sie spielen? Es ist wichtig, dass man über die Kommunikationssituation nachdenkt“, sagt Prof. Bresky. Sie hat die medizinische Kommunikation zu ihrer Lebensaufgabe gemacht, nachdem sie selbst insgesamt 20 Jahre als Ärztin tätig gewesen war – in mehreren Krankenhäusern und auf verschiedenen Stationen.

Die Arbeitsbedingungen sind hart und im stressigen Klinikalltag bleibt leider oft zu wenig Zeit, das weiß Prof. Bresky aus eigener Erfahrung. Doch sie ist überzeugt, dass Kommunikationstrainings eine große Wirkung haben können, nicht nur auf Studierende der Medizin.

Prof. Dr. Anita Bresky leitet Kommunikationstrainings im Medizinstudium.

b Vergleichen Sie Ihre Ergebnisse mit einem anderen Paar. Einigen Sie sich auf die wichtigsten Punkte.

> Wir haben bei Frage 1 notiert, dass Therapien besser helfen, wenn die Kommunikation gut funktioniert.

> Genau, und wir haben auch noch „Medizinerinnen / Mediziner zufriedener“ und „weniger Burn-out“ notiert.

> Dann notieren wir das auch! Was habt ihr noch?

4 Worum ging's da noch mal? AB 4

a Lesen Sie die Nachricht Ihres Freundes Miran und antworten Sie auf seine Fragen. Fassen Sie die wichtigsten Informationen zusammen. Ihre Notizen aus 3a helfen Ihnen dabei.

> Hallo, du, ich möchte ja nächstes Jahr Medizin studieren. 🙂 Und du hast letztes Mal gesagt, dass du einen Artikel über das Fach „Kommunikationstraining“ gelesen hast. Worum ging's da noch mal? Kommunikation im Medizinstudium? 🤔 Und wie war das mit der Schauspielpatientin?

> Hallo Miran, genau, der Artikel war super interessant! Also, im Text ging es um ...
> Neu war für mich, dass ...
> Und eine Schauspielpatientin ...

K

etwas zusammenfassen	neue Informationen kommentieren
Im Text / Artikel geht es um ...	Ich wusste schon / noch nicht, dass ...
... sind besonders wichtig, weil ...	Ich habe schon einmal / noch nie gelesen / gehört, dass ...
Ich habe gelesen / erfahren, dass ...	(Nicht) neu war für mich, dass ...
Zusammenfassend / Insgesamt kann man sagen, dass ...	So habe ich das noch nie gesehen / gelesen.

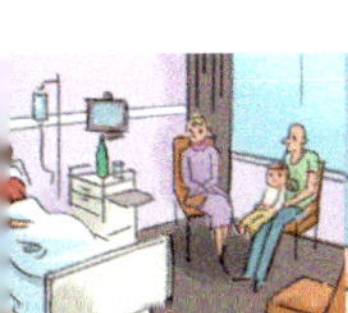

◆ die / ◆ der Angehörige

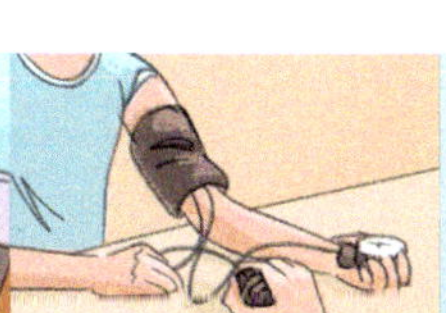

◆ die Untersuchung

◆ die Therapie / ◆ die Behandlung

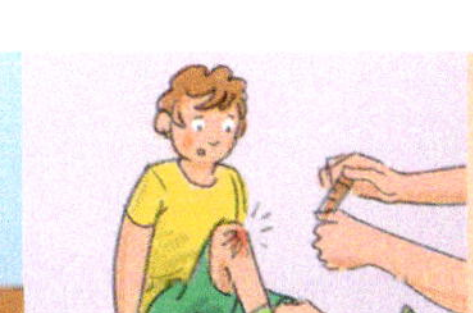

◆ die Verletzung

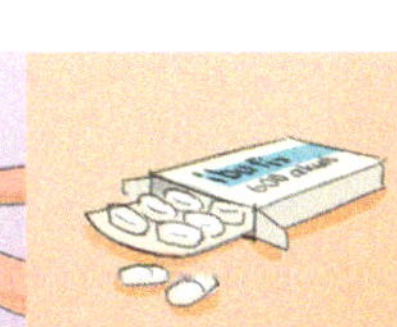

◆ das Schmerzmittel

◆ die Sprechstunde

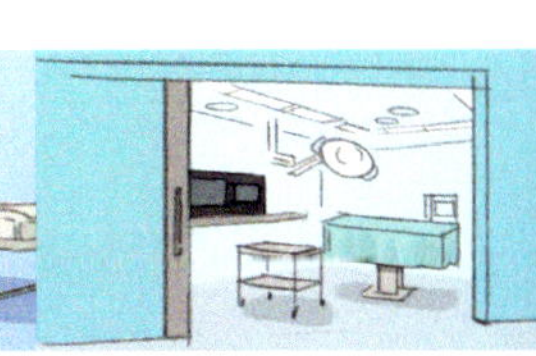

◆ der Operationssaal (OP)

b Arbeiten Sie zu zweit. Lesen Sie die Antwort von Ihrer Partnerin / Ihrem Partner. Finden Sie noch andere Informationen wichtig? Sprechen Sie.

K

seine Meinung / sein Wissen ergänzen

Wichtig ist (vielleicht) auch (noch), dass ...
Besonders interessant war (für mich), dass ...
Dazu fällt mir noch ein, dass ...
Das habe ich ein bisschen / etwas anders verstanden.

Dazu fällt mir noch ein, dass Frau Prof. Bresky im Artikel sagt, dass der Klinikalltag stressig sein kann.

5 Das ist vorher passiert! AB 5–8

a Verbinden Sie die Sätze und markieren Sie in zwei Farben:
Was ist vorher passiert? Was ist danach passiert?

1 Wir hatten uns theoretisch mit solchen Themen beschäftigt.
2 Sie hat die medizinische Kommunikation zu ihrer Lebensaufgabe gemacht,
3 Nachdem die Studierenden früher vor allem Fachwissen gelernt haben,

a nachdem sie selbst insgesamt 20 Jahre als Ärztin tätig gewesen war.
b stehen heute auch Kommunikationstrainings auf dem Studienplan.
c Trotzdem war ich in der Situation sehr aufgeregt.

b Lesen Sie die Sätze 1 und 2 in a und unterstreichen Sie die Verben. Ergänzen Sie dann die Tabelle.

G

Wenn in der Vergangenheit etwas **vorher** passiert, steht das im **Plusquamperfekt.**
Das Plusquamperfekt bildet man mit *haben* / *sein* im Präteritum (hatten , ...)
+ Partizip (beschäftigt , ...).

c *Perfekt* oder *Plusquamperfekt*? Lesen Sie die Sätze 2 und 3 in a noch einmal und ergänzen Sie die Tabelle.

G

Der *nachdem*-Satz beschreibt etwas, was **vorher** passiert ist. Deshalb steht dort eine andere Zeit als im Hauptsatz:
nachdem-Satz: .... → Hauptsatz: Perfekt oder Präteritum
nachdem-Satz: .... → Hauptsatz: Präsens

d Viel zu tun im Krankenhaus! Arbeiten Sie zu zweit.
PARTNER/IN A → S. 198 PARTNER/IN B → S. 218

e Kettenspiel: Mein (Arbeits-)Tag gestern! Arbeiten Sie zu viert. Bilden Sie Sätze mit *nachdem*. Spielen Sie drei Minuten. Welche Gruppe hat die meisten Sätze?

- Nachdem ich gestern Morgen zum Bus gerannt war, habe ich zufällig meine Kollegin getroffen.
- Nachdem ich meine Kollegin im Bus getroffen hatte, haben wir über unser gemeinsames Projekt geredet. ...
- Nachdem ...

SCHNELLTEST LEKTION 18 → S. 104 Magazin Lektion 16, 17, 18 → S. 150

LEKTION 16

W Bankgeschäfte. Was passt? Ordnen Sie zu.

EC-Karte ~~Geldautomaten~~ IBAN Konto Bargeld Schalter Überweisung

Am Geldautomaten (a) kann man .... (b) vom .... (c) abheben.
Dazu braucht man eine .... (d).
Eine .... (e) kann man online oder am .... (f) erledigen.
Man muss dazu nur die .... (g) des Kontos wissen.

..... / 6 Punkte
4 – 6 Punkte
0 – 3 Punkte

G Reiseversicherung. Ergänzen Sie *entweder … oder*, *je … desto* und *zwar … aber*.

- Ich buche gerade meine Reise in die USA. Sag mal, würdest du eine „Reiseversicherung" abschließen?
- Na ja: .... du gehst das Risiko ein .... du schließt eine Versicherung ab. (a) Man wird .... nicht unbedingt krank, ... so eine Versicherung kostet auch nicht so viel. (b) Ich würde es so machen: .... teurer das Ticket ist, ... eher würde ich eine Versicherung dazu nehmen. (c)

..... / 3 Punkte
2 – 3 Punkte
0 – 1 Punkte

K Kannst du mir vielleicht helfen? Sortieren Sie das Gespräch.

- ( ) Bei den Verbraucherzentralen bekommt man Infos zu diesem Thema.
- ( ) Und wo kann ich mich da informieren?
- (1) Mein Vater sagt, ich soll eine Lebensversicherung abschließen. Was meinst du dazu?
- ( ) Gern! Und wenn du nicht weiterkommst, kannst du dich gern noch mal melden.
- ( ) Ich bin zwar kein Experte, aber soviel ich weiß, haben viele Selbstständige eine Lebensversicherung.
- ( ) Super, danke für den Tipp.

..... / 5 Punkte
3 – 5 Punkte
0 – 2 Punkte

LEKTION 17

W Kunst, Kunst, Kunst! Notieren Sie noch fünf Wörter mit Artikel.

~~Ge~~ Künst Zeich Kunst Skulp Gra
ler tur ~~mälde~~ nung fik werk

1 das Gemälde
2 …

..... / 5 Punkte
3 – 5 Punkte
0 – 2 Punkte

G Beantworten Sie die Fragen. Schreiben Sie Sätze mit *indem*.

a Wie werde ich eine erfolgreiche Künstlerin? (gute Kontakte haben und hart arbeiten)
b Wie ernährt man sich gesund? (wenig Zucker essen)
c Wie lernt mein Sohn am besten Klavier? (jeden Tag eine Stunde üben)
d Wie sollen wir nur gut Deutsch lernen? (viele deutsche Filme schauen)
e Wie finde ich neue Freunde? (vielleicht einen Tanzkurs machen)

Indem du gute Kontakte …

..... / 5 Punkte
3 – 5 Punkte
0 – 2 Punkte

LÖSUNGEN → S. 222/223

Ergänzen Sie.

Entscheiden Sie dann: Ist das eine positive 🙂, eine negative ☹ oder eine neutrale 😐 Bewertung? Zeichnen Sie 🙂 ☹ 😐.

a Die Zeichnung b e r ü h r t mich sehr. 🙂
b Davon h ……… ich nicht so viel.
c So etwas l ……… ich ab!
d Die Skulptur b ……… mich zum Nachdenken.
e Das Gemälde s ……… einfach schön aus.

……… / 4 Punkte
3 – 4 Punkte
0 – 2 Punkte

LEKTION 18

Im Krankenhaus: Bilden Sie Wörter und ergänzen Sie mit Artikel.

~~ge~~ Schmerz ~~gen~~ ~~hö~~ wa stun fall Kran mit Sprech Not ~~An~~ gen de ken ~~ri~~ tel

a die Verwandten von kranken Menschen: die Angehörigen
b etwas, was sehr dringend ist: ………
c ein Medikament, das man bekommt, wenn etwas sehr weh tut: ………
d in dieser Zeit sprechen Ärzt:innen mit Kranken: ………
e damit holt man Kranke ab: ………

……… / 4 Punkte
3 – 4 Punkte
0 – 2 Punkte

Der Fahrradunfall

Schreiben Sie die Sätze im Plusquamperfekt. Verwenden Sie *nachdem*.

a Ich bin gestern zu spät aufgestanden. Ich bin sehr schnell zur Uni gefahren.
b Ich habe einen anderen Radfahrer überholt. Dann habe ich eine Mülltonne zu spät gesehen und hatte einen Unfall.
c Ein Krankenwagen ist gekommen. Wir sind ins Krankenhaus gefahren.
d In der Notaufnahme habe ich eine Stunde gewartet. Eine Notärztin hat mich untersucht.

a Nachdem ich gestern zu spät aufgestanden war, bin ich sehr schnell zur Uni gefahren.

……… / 3 Punkte
2 – 3 Punkte
0 – 1 Punkte

Was bedeuten die kursiven Satzteile? Ordnen Sie zu.

⬡ Ich habe erfahren ⬡ Im Film ging es um ⬡ ich habe noch nie gehört
⬡ besonders wichtig ist ⬡ Zusammenfassend

- Du, ich hab' gestern eine tolle Doku gesehen! *Das Thema war* (1) Kommunikation. Der Film hat eine Schauspielpatientin bei ihrer Arbeit begleitet. *Neu war für mich* (2), wie wichtig Kommunikation im Krankenhaus ist.
- Interessant! Also, *ich wusste nicht* (3), dass es diesen Beruf überhaupt gibt.
- Ich auch nicht! *Insgesamt* (4) kann man sagen, dass es für Ärztinnen und Ärzte *eine große Rolle spielt* (5), gute Kommunikation zu lernen.

……… / 5 Punkte
3 – 5 Punkte
0 – 2 Punkte

LÖSUNGEN → S. 223

> Verben

Konjugation: Plusquamperfekt mit *haben* und *sein* L18

	haben im Präteritum +	Partizip	sein im Präteritum +	Partizip
ich	hatte	gemacht, gearbeitet, geschrieben, …	war	gegangen, gefahren, gelaufen, …
du	hattest		warst	
er / es / sie	hatte		war	
wir	hatten		waren	
ihr	hattet		wart	
sie / Sie	hatten		waren	

Das ist vorher passiert: Plusquamperfekt	Das ist danach passiert: Präteritum oder Perfekt
Wir hatten uns theoretisch mit solchen Themen beschäftigt.	Trotzdem war ich in der Situation sehr aufgeregt.
Nachdem sie selbst insgesamt 20 Jahre als Ärztin tätig gewesen war,	hat sie die medizinische Kommunikation zu ihrer Lebensaufgabe gemacht.

> Sätze und Satzverbindungen

Zweiteilige Konnektoren: *je … desto / umso, entweder … oder, zwar … aber* L16

Vergleich	
je + Komparativ	desto / umso + Komparativ
Nebensatz	**Hauptsatz**
Je mehr man recherchiert,	desto schwieriger wird die Entscheidung.
Je billiger,	umso besser.

Alternative	
Entweder investierst du viel Zeit (…)	oder du vertraust den Experten.
positiv – negativ / Bedingung	
Das passiert zwar selten,	aber es kann sehr teuer werden!

Konnektor *indem* L17

Hauptsatz	Nebensatz	
		Ende
Wir können die Kunst sehen,	indem wir einfach mit offenen Augen durch die Straßen	gehen.
= Mit *indem* kann man sagen, **wie** man etwas macht.		

Konnektor *nachdem* L18

Nebensatz: Plusquamperfekt	Hauptsatz: Perfekt oder Präteritum
Nachdem sie selbst insgesamt 20 Jahre als Ärztin tätig gewesen war,	hat sie die medizinische Kommunikation zu ihrer Lebensaufgabe gemacht.
Perfekt	**Präsens**
Nachdem die Studierenden früher vor allem Fachwissen gelernt haben,	stehen heute auch Kommunikationstrainings auf dem Studienplan.

Wortbildung

miss + Nomen / Verb L17

miss + Nomen	→ Nomen
der Erfolg	→ der Misserfolg = kein Erfolg

miss + Verb	→ Verb
trauen	→ misstrauen = kein Vertrauen haben
verstehen	→ missverstehen = falsch verstehen

Alternativen nennen und bewerten L16

Es gibt / Du hast mehrere Möglichkeiten / Alternativen: ...

Entweder ... oder ...

Das ist zwar ..., aber ...

eine Aussage relativieren L16

Ich bin zwar keine Expertin / kein Experte auf diesem Gebiet, aber ...

Damit kenne ich mich leider auch nicht so gut aus, aber ...

Soviel ich weiß, ...

auf andere Quellen verweisen L16

Bei ... bekommt man Infos zu ...

Zu diesem Thema kannst du dich auch bei ... erkundigen.

weitere Hilfe anbieten L16

Wenn du noch Fragen hast, melde dich einfach!

Wenn du nicht weiterkommst, kannst du dich gern noch mal melden!

***Street-Art* bewerten** L17

... finde ich sehr berührend / berührt mich sehr.
... beeindruckt mich (nicht).
... sieht einfach (nicht) schön / hässlich aus.
... bringt mich (nicht) zum Nachdenken.
... finde ich ganz okay / schon in Ordnung.
Für mich ist das mal etwas / nichts Neues.
Davon halte ich (nicht so) viel / nichts.
... meinetwegen!
Das finde ich ehrlich gesagt unmöglich.
So etwas lehne ich ab!
Es stört mich, wenn ...
Es geht (nicht) um ein soziales / politisches Problem.
Das finde ich gut / schade.
... finde ich richtig / echt / total gut / witzig / verrückt / ...!

ein Kunstwerk präsentieren L17

Willkommen zu ...

Heute geht es um ein Werk, das sich in ... befindet.

Es ist eine Zeichnung / eine Skulptur / ein *Street-Art*-Werk / ...

Die Künstlerin / Der Künstler ist ...

Möchtet ihr mehr darüber wissen?

ein Kunstwerk beschreiben L17

Ihr seht hier ... ein Gemälde / eine Fotografie / ein *Street-Art*-Werk / eine Skulptur / eine Grafik / ..., das / die ...

Im Vordergrund / Hintergrund erkennt / sieht man ...

Vorne / Hinten / Oben / Unten / Rechts / Links könnt ihr ... erkennen / sehen.

weitere Informationen geben L17

Wusstet ihr, dass ...?

... ist ... entstanden.

Die Künstlerin / Der Künstler / ... möchte zeigen, dass ...

Das bedeutet, dass ...

etwas zusammenfassen L18

Im Text / Artikel geht es um ...

... sind besonders wichtig, weil ...

Ich habe gelesen / erfahren, dass ...

Zusammenfassend / Insgesamt kann man sagen, dass ...

neue Informationen kommentieren L18

Ich wusste schon / noch nicht, dass ...

Ich habe schon einmal / noch nie gelesen / gehört, dass ...

(Nicht) neu war für mich, dass ...

So habe ich das noch nie gesehen / gelesen.

seine Meinung / sein Wissen ergänzen L18

Wichtig ist (vielleicht) auch (noch), dass ...

Besonders interessant war (für mich), dass ...

Dazu fällt mir noch ein, dass ...

Das habe ich ein bisschen / etwas anders verstanden.

19

Mein Zeugnis wurde anerkannt.

Praktikantin Alina Horvat aus Slowenien in der Zimmerei von Herbert Fuchs

1 Zimmerin ist ein schöner Beruf! AB 1

a Arbeiten Sie zu zweit. Sehen Sie das Bild an und lesen Sie die Bildunterschrift. Recherchieren Sie und beantworten Sie die Fragen. Sprechen Sie dann im Kurs.

1 Was macht eine Zimmerin / ein Zimmerer?
2 Woher kommt die Bezeichnung für diesen Beruf?

G

Beruf + ei	→	Ort
der Zimmerer	→	die Zimmerei
der Bäcker	→	die Bäckerei
der Metzger	→	die Metzgerei

4 01 **b** Hören Sie nun das Gespräch. Sortieren Sie Herberts beruflichen Werdegang und ergänzen Sie die Informationen.

- ⬡ ______ Meisterprüfung gemacht
- ⬡ 1 Lehre / Ausbildung mit ______ Jahren begonnen
- ⬡ Wanderjahre in Italien, Deutschland und Österreich: ______ Jahre lang
- ⬡ Familienbetrieb vor fast ______ Jahren übernommen

◆ Meisterprüfung

◆ Metzgerei

◆ Wanderjahre

2 Ein Handwerksberuf

Sind Sie handwerklich begabt? Gibt es einen Handwerksberuf, in dem Sie gern arbeiten würden oder schon einmal gearbeitet haben? Sprechen Sie in der Gruppe.

> Ich renoviere gern Wohnungen. Also, Maler würde mir vielleicht Spaß machen …

LERNZIELE

HÖREN: Gespräch in einem Handwerksbetrieb **LESEN:** Magazintext mit Berufsporträts, Infotext zur dualen Berufsausbildung **KOMMUNIKATION:** Routinen erklären: *In der Regel dauert …* • etwas vergleichen: *Im Vergleich zu …* **WÖRTER:** Kommunikation mit Behörden **GRAMMATIK:** Passiv Präteritum und Perfekt: *Sein Antrag wurde … abgelehnt. / Ihre Ausbildungszeit ist … reduziert worden.* **WORTBILDUNG:** Beruf + *ei*: *die Bäckerei* • Adjektive aus Nomen + *isch*: *theoretisch*

3 Die Behörde genehmigt einen Antrag.

a Sehen Sie das Bildlexikon an und markieren Sie in zwei Farben: Was macht die Behörde? Was macht die Bürgerin / der Bürger? Schließen Sie dann das Buch.

b Schreiben Sie zwei Kärtchen wie im Beispiel. Ihre Kursleiterin / Ihr Kursleiter nennt eine Aktion aus dem Bildlexikon. Wer macht das? Heben Sie das richtige Kärtchen hoch.

Behörde

Bürgerin / Bürger

einen Antrag genehmigen

Richtig, die Behörde genehmigt einen Antrag.

4 Aber dann ist alles anders gekommen.

a Sehen Sie die Bilder an, lesen Sie die Zitate und den Anfang der Texte 1 (bis Zeile 5) und 2 (bis Zeile 20). Was ist passiert? Sprechen Sie im Kurs.

VIELE WEGE FÜHREN ZUM MEISTERBRIEF

EINE ZIMMERIN UND EIN ZIMMERER IM PORTRÄT

1 **„Ich bin nicht gefragt worden, ob ich Zimmerer werden will. Es war klar, dass ich einmal den Familienbetrieb übernehme. Aber dann ist alles anders gekommen.“** ***Anas Yousef***

Anas kennt den Beruf des Zimmerers, seit er Kind ist. Er hat das Handwerk in der Firma seines Vaters in Syrien gelernt und dort gearbeitet, bis die Familie vor dem Krieg fliehen musste. Nachdem er in Deutschland Asyl und eine Arbeitserlaubnis bekommen hatte, wollte er seine Ausbildung offiziell anerkennen lassen. Doch sein Antrag wurde von der zuständigen Behörde zuerst abgelehnt, weil notwendige Dokumente und Papiere über seine ausländische Ausbildung fehlten. Er musste deshalb in einer praktischen Prüfung seine Kenntnisse beweisen und außerdem ein paar zusätzliche Kurse besuchen. Als er den positiven Bescheid endlich erhalten hatte, war für ihn klar, dass er weiterlernen will: Mit einem privaten Stipendium hat er parallel zum Job die Meisterschule absolviert und möchte nun im Fernstudium Energieberater werden.

2 **„In meiner Familie wurde erwartet, dass man studiert. Nachdem ich die Arbeit in einer Zimmererwerkstatt kennengelernt hatte, habe ich mich aber anders entschieden.“** ***Alina Horvat***

Alina hat nach ihrem Schulabschluss in Slowenien ein Architekturstudium begonnen. Bei einem Praktikum in einer deutschen Zimmerei wurde ihr vom Meister ein Ausbildungsplatz angeboten und sie hat sich zur Ausbildung als Zimmerin entschlossen. Finanziell war das möglich, weil man als Azubi in der dualen Ausbildung von Anfang an ein Gehalt bekommt. Da Alina bereits 21 war, schon studiert hatte und gut Deutsch sprach, ist ihre Ausbildungszeit außerdem auf zweieinhalb Jahre reduziert worden. Im zweiten Jahr besucht sie ca. zehn Tage pro

W

einen Antrag genehmigen / ablehnen

einen Antrag stellen

eine Ausbildung anerkennen

Monat die Berufsschule und arbeitet den Rest der Zeit mit ihren Kolleg:innen im Betrieb oder auf der Baustelle, wo sie den Arbeitsalltag kennenlernt und das theoretische Wissen in die Praxis umsetzen kann. Danach möchte sie weitermachen und auf die Meisterschule gehen und später einmal als Meisterin selbst Azubis unterrichten.

b Arbeiten Sie zu zweit. Person A liest Text 1 und löst die Aufgaben zu Anas, Person B liest Text 2 und löst die Aufgaben zu Alina.

Nomen + isch →	Adjektiv
das Ausland →	ausländisch
die Theorie →	theoretisch

Anas:

1 Ausbildung: in der ________ in Syrien gemacht
2 in Deutschland: zwar ________ und ________ bekommen, aber keine Anerkennung seiner ________, notwendige ________ fehlten
3 in einer praktischen Prüfung ________ bewiesen und ________ besucht
4 positiven ________ erhalten und ein privates ________ bekommen
5 parallel zum Job die ________ absolviert
6 möchte nun im ________ werden

Alina:

1 ________ in Slowenien gemacht und ________ begonnen
2 ________ in einem Betrieb, dort wird ihr ein ________ angeboten
3 Vorteile: bekommt gleich ein ________, ________ reduziert
4 duale ________: zehn Tage pro Monat ________ besuchen, Rest der Zeit im ________ oder auf der ________ arbeiten
5 möchte später auf die ________ gehen

c Lesen Sie die Notizen Ihrer Partnerin / Ihres Partners und ergänzen Sie, wenn nötig.

d Wie finden Sie Anas' und Alinas Entscheidungen? Sprechen Sie im Kurs.

> Ich verstehe, dass Anas' Familie wollte, dass er den Betrieb übernimmt.

> Ja, aber trotzdem ist es gut, das zu machen, was man will. Die Familie kann nicht erwarten, dass Alina ...

5 Ihre Ausbildungszeit ist reduziert worden. AB 2–6

a Lesen Sie die Sätze im Text in 4a und ergänzen Sie die Verben in der Tabelle.

Passiv Präteritum			
	Position 2		Ende
Sein Antrag	________	von der zuständigen Behörde	________. (Z. 7–9)
Passiv Perfekt			
Ihre Ausbildungszeit	________	auf zweieinhalb Jahre	________. (Z. 22–24)

b Ckeckliste: Ein Stipendium beantragen. Arbeiten Sie zu zweit.

PARTNER/IN A → S. 199 PARTNER/IN B → S. 219

eine (Abgabe)Frist versäumen

eine (Abgabe)Frist verlängern

einen positiven Bescheid erhalten

einen negativen Bescheid erhalten

6 Wie wird man ...? AB 7–8

a Sehen Sie das Bild an und lesen Sie den Text zur dualen Ausbildung in Deutschland. Ergänzen Sie dann die Informationen.

Land: Deutschland
- Ort der Ausbildung?
- Gehalt / Kosten?
- Dauer?
- Abschlussprüfung?

www.duale-berufsausbildung.org

STARTSEITE | THEMEN | BERUFLICHE SCHULEN | DUALE BERUFSAUSBILDUNG

Die duale Berufsausbildung

Die duale Ausbildung findet an zwei Orten parallel statt: Im Betrieb und in der Berufsschule. In der Berufsschule lernen Auszubildende (Azubis) die Theorie über ihren Beruf, im Betrieb setzen sie das Gelernte in die Praxis um.
Je nach Beruf und Wohnort gehen Azubis wöchentlich ein bis zwei Tage in die Schule und arbeiten drei bis vier Tage im Betrieb. Der Unterricht kann aber auch jährlich in mehreren Wochen am Stück zusammengefasst werden.
Normalerweise bekommen Azubis für ihre Arbeit monatlich ein kleines Gehalt vom Betrieb, der Schulbesuch ist gratis.
In der Regel dauert eine duale Ausbildung durchschnittlich drei Jahre und endet mit einer theoretischen und praktischen Abschlussprüfung (Gesellenprüfung). Wenn man die Prüfung bestanden hat, ist man Gesellin oder Geselle.

b Wählen Sie eine Ausbildung, die nicht in Deutschland gemacht wurde. Recherchieren Sie und machen Sie Notizen.

Land: Spanien
Beruf: Köchin / Koch
- Ort der Ausbildung?
- Gehalt / Kosten?
- Dauer?
- Abschlussprüfung?

c Stellen Sie Ihren Ausbildungsberuf vor. Welche Gemeinsamkeiten und Unterschiede gibt es zum dualen Ausbildungssystem in Deutschland?

K

Routinen erklären	etwas vergleichen
In der Regel dauert ...	Ein Unterschied (zu Deutschland) ist, dass ...
Normalerweise ...	Im Gegensatz zu / Im Vergleich zu ...
Sehr oft ist es so, dass ...	... (genau)so wie / ähnlich wie / (ganz) anders als ...
Natürlich ...	Das kann man mit ... (nicht) vergleichen.
Außerdem ...	
Bei uns ist es auch / nicht üblich, dass ...	

Wenn man in Spanien zum Beispiel Köchin oder Koch werden möchte, ist das so ähnlich wie in Deutschland. Man geht in die Berufsschule – es gibt staatliche und private Schulen – und man arbeitet in einem Betrieb. Aber ein Unterschied ist, dass man bei uns circa drei Viertel der Zeit in der Schule verbringt. In der Regel dauert die Ausbildung ...

Extra

Film

SCHNELLTEST LEKTION 19 → S. 119

Man braucht nur kurz nachzudenken.

20

anti_stress_coach.com
11.500 Abonnenten Abonnieren

03 / 00 + Speichern ...

#Stress #Experiment #Frosch

Kennen Sie das Experiment mit dem Frosch?

Setzt man das Tier in heißes Wasser, springt es sofort heraus. Wenn das Wasser aber zuerst kalt ist und ganz langsam wärmer wird, gewöhnt sich der Frosch an die Temperatur und bleibt sitzen, bis es zu spät ist. Diesen Effekt gibt es auch bei Menschen. Zum Beispiel: Wie gehen Sie mit Stress in Arbeit und Alltag um? Wenn die Aufgaben langsam zunehmen, versuchen wir oft, alles in immer weniger Zeit zu schaffen – bis wir nicht mehr können. **mehr lesen**

Familie Hüllnitz
Onkel Hermann, Tante Susi, Mama

Onkel Hermann
Guten Morgen, ihr Lieben! Habe gerade einen Beitrag im Netz gelesen, der mich zum Nachdenken gebracht hat. Vielleicht ist es ja auch für die eine oder den anderen von euch interessant ... 😉

1 Der Frosch im heißen Wasser AB 1

a Lesen Sie Onkel Hermanns Nachricht und den Post, den er weitergeleitet hat. Was steht im Text? Kreuzen Sie an.

1. Ein Frosch ◯ bewegt sich nicht ◯ springt aus dem Glas , wenn sich die Temperatur langsam ändert.
2. Menschen ◯ akzeptieren es ◯ machen etwas dagegen , wenn sich ihre Lebenssituation langsam verschlechtert.

4 🔊 02 **b** Hören Sie die Sprachnachricht von Sara. Was sagt sie? Markieren Sie in a. Vergleichen Sie und sprechen Sie dann im Kurs.

Sara

[1.01] 11:49

Also Sara sagt, dass ...

Im Text steht ...

LERNZIELE

LESEN: Beitrag in sozialen Medien, Kurznachrichten **HÖREN:** Sprachnachricht, Radiointerview zum Thema *Fake News* **KOMMUNIKATION:** vorsichtig zustimmen: *Ich könnte mir (schon) vorstellen, dass ...* • vorsichtig Zweifel äußern: *Da wäre ich vorsichtig.* • Rechercheergebnisse wiedergeben: *... sagt zu diesem Thema: ...* • etwas bestätigen / korrigieren: *Es ist tatsächlich so, dass ...* **WÖRTER:** Verben zur Meinungsäußerung **GRAMMATIK:** Modalverb *brauchen* + *nicht* / *kein* / *nur* + Infinitiv mit *zu*: *Man braucht nur kurz nachzudenken.* • Konnektoren *ohne (zu / dass)* / *(an)statt (zu / dass) ...*: *Was kann man denn tun, anstatt nur zu warnen?*

2 Was sagt man, wenn … AB 2

Sehen Sie das Bildlexikon an. Ordnen Sie die Ausdrücke den Verben zu. Es gibt mehrere Möglichkeiten. Sprechen Sie im Kurs.

„Insgesamt kann man sagen, …“ „Vorsicht!“ „Meiner Meinung nach …“
„Es ist so: …“ „Vielleicht …?“ „Wirklich?!?“ „Richtig ist, …“
„Da stimme ich zu!“ „Da möchte ich widersprechen.“ „Noch einmal: …“
„Wenn man die Ergebnisse ansieht, …“ „Im Vergleich zu …“
„Siehst du? Jetzt denkst du auch, dass…“

Um etwas zu behaupten, kann man „Es ist so: …“ sagen.

Wenn man diskutiert, …

+ SCHON FERTIG?
Kennen Sie andere Ausdrücke für die Verben aus dem Bildlexikon?

4 ◀)) 03

3 Warum glauben Menschen „Fake News“?

a Lesen Sie die Ankündigung zur Radiosendung und hören Sie das Interview. Bringen Sie die Fragen aus dem Interview in die richtige Reihenfolge.

www.radioaktuell.org

PROGRAMM MUSIK NACHRICHTEN MEDIATHEK

14:30 „NACHGEDACHT!“
„Fake News“ René Winkler im Gespräch mit Sara Hüllnitz (freie Journalistin) und Jens Pedersen (Medienwissenschaftler)

◯ Welche Rolle spielt die Digitalisierung?
◯ Glauben besonders Jugendliche falsche Informationen?
◯ Was kann man gegen „Fake News“ tun?
4 Welche psychologischen Erklärungen gibt es?
◯ Was sind „Fake News“?

b Lesen Sie die Aussagen 1–10 und hören Sie dann noch einmal. Wer sagt das? Ordnen Sie zu: René Winkler = R, Sara Hüllnitz = S, Jens Pedersen = J.

1 R „Fake News“ werden verbreitet, um die Öffentlichkeit durch falsche Informationen zu beeinflussen.
2 ◯ Durch die Digitalisierung verbreiten sich „Fake News“ schneller und erreichen mehr Menschen.
3 ◯ In den „traditionellen Medien“ kann man nicht einfach irgendetwas behaupten.
4 ◯ Besonders Jugendliche informieren sich oft in sozialen Medien und folgen Influencern.
5 ◯ Ob man „Fake News“ glaubt, hängt nicht vom Alter, vom Geschlecht oder von der politischen Überzeugung ab.
6 ◯ Meldungen, die die eigene Meinung bestätigen, hält man gern für wahr.
7 ◯ Je öfter eine Information wiederholt wird, desto eher scheint sie richtig.
8 ◯ Vielen Menschen macht Angst, dass man „wahr“ und „falsch“ verwechseln kann.
9 ◯ „Faktenfinder“ spielen im Kampf gegen „Fake News“ eine wichtige Rolle.
10 ◯ Man sollte den kritischen Umgang mit Medien in allen Altersstufen fördern.

René Winkler

Sara Hüllnitz

Jens Pedersen

analysieren

annehmen / vermuten

behaupten

diskutieren mit jemandem / über etwas

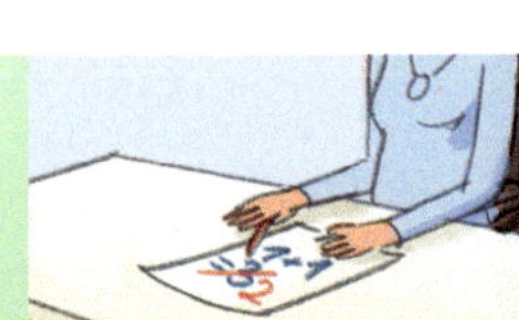
korrigieren

c Lesen Sie noch einmal die Sätze in 3b. Welcher der Aussagen stimmen Sie zu? Markieren Sie und vergleichen Sie mit Ihrer Partnerin / Ihrem Partner.

> Mir machen „Fake News“ Angst: Was ist in Wirklichkeit passiert? Durch künstliche Intelligenz wird das Problem ja noch größer.

> Ich würde das nicht so pessimistisch sehen. Ich vertraue auf guten Journalismus, besonders auf die Presse.

4 Man braucht nur ein paar Regeln zu befolgen. AB 3–6

4 04 **a** Hören Sie die Ausschnitte aus der Sendung und ergänzen Sie *nicht / kein(e)* oder *nur*.

G

Man braucht .... lange zu suchen, bis man den Fehler findet. Um „Fake News“ zu erkennen, braucht man .... Journalistin zu sein.	= Das ist nicht nötig.
Man braucht eine Lüge .... oft zu wiederholen, dann glaubt man sie irgendwann.	= Nur das ist nötig.

b Formulieren Sie Regeln für den Umgang mit „Fake News“. Was braucht man *nicht / nur* zu tun?

- ✓ die Quellen und das Datum überprüfen
- ✓ Fotos und Videos genau anschauen
- ✓ mit anderen Informationen vergleichen
- ✗ jeden Post zum Thema lesen
- ✓ an allen Infos zuerst einmal zweifeln
- ✗ immer gleich alles weiterleiten
- ✗ Medienwissenschaftler sein
- ✓ die Inhalte checken
- ✓ bei Experten nachfragen
- ✓ die Sprache analysieren
- ✗ alles glauben, was man liest
- ✓ selbst nachdenken

> Man braucht nur die Quellen und das Datum zu überprüfen.

> Man braucht kein Medienwissenschaftler zu sein.

Man braucht nur die Quellen ~~zu~~ überprüfen.
→ Man braucht nur die Quellen überprüfen.

5 *Ohne oder (an)statt?* AB 7

4 05 **a** Hören Sie die Sätze und verbinden Sie.

1 Im Internet werden oft Infos verbreitet,
2 Ich bin einfach nur schockiert,
3 Manche leiten eine Info an ihre Freunde weiter,
4 Was kann man denn tun,

a statt dass ich die Info überprüfe.
b anstatt nur zu warnen?
c ohne dass eine Redaktion sie kritisch diskutiert.
d ohne lange zu überlegen.

b Wie kann man noch sagen? Ergänzen Sie den Satz.

G

				Ende
Manche leiten eine Info an ihre Freunde weiter,	ohne dass	sie	lange	überlegen.
= Manche leiten eine Info an ihre Freunde weiter,	ohne		....	zu ....

auch so: (an)statt dass, (an)statt zu

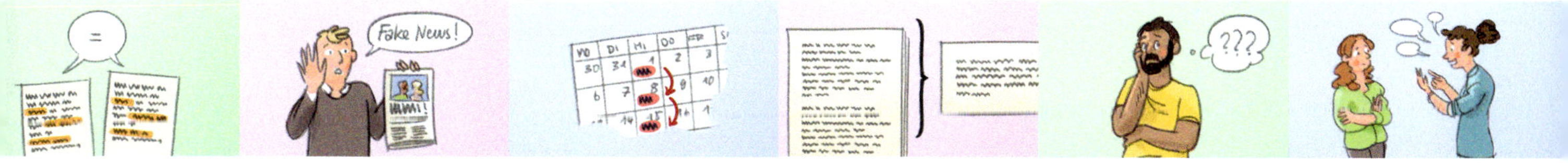

vergleichen mit — warnen vor — wiederholen — zusammenfassen — zweifeln an — überzeugen von

6 Alltags-Challenges: Was können Sie, ohne ...? AB 8

Arbeiten Sie im Kurs. → S. 200

7 (An)Statt um 7:00 Uhr aufzustehen, ...

Arbeiten Sie zu zweit. PARTNER/IN A → S. 201 PARTNER/IN B → S. 220

8 Das würde ich lieber mal überprüfen ... AB 9

a Kurznachrichten lesen: Arbeiten Sie zu dritt. → S. 202

b Arbeiten Sie mit Ihren Notizen aus a. Stimmt das? Was ist Ihr erster Eindruck? Was meinen Sie? Sprechen Sie in der Gruppe.

> Ohne lange nachzudenken, würde ich sagen, dass das Eis am Nordpol wirklich bald verschwindet.

> Ja. Ich könnte mir auch vorstellen, dass die Eisbären dadurch ein Problem bekommen.

> Aber: Man hat ... Das würde ich lieber mal überprüfen. Da wäre ich vorsichtig.

K

vorsichtig zustimmen	vorsichtig Zweifel äußern
Ich könnte mir (schon) vorstellen, dass ...	Das kann ich mir ehrlich gesagt nicht vorstellen.
Ohne lange nachzudenken, würde ich sagen, dass ...	Das kommt mir ein bisschen komisch vor.
Auf den ersten Blick erscheint mir das (schon) möglich.	Da wäre ich vorsichtig.
	Das würde ich lieber mal überprüfen.

c Arbeiten Sie zu zweit und recherchieren Sie zu einem Thema in a. Stellen Sie dann im Kurs Ihre Ergebnisse vor.

K

Rechercheergebnisse wiedergeben	etwas bestätigen / korrigieren
Wir haben mal ein bisschen zum Thema ... recherchiert: ...	Es ist tatsächlich so, dass ...
Wir haben herausgefunden, dass ...	Das stimmt (so) nicht. Tatsache ist, dass ...
Zur Frage, ob ..., haben wir nichts gefunden.	Es ist zwar richtig, dass ..., aber ...
Auf der Internetseite von ... steht, dass ...	
... sagt zu diesem Thema: ...	

> Wir haben mal ein bisschen zum Thema Eisbären recherchiert: Auf der Internetseite der Umweltorganisation ... steht, dass ...

d Vergleichen Sie dann im Kurs mit Ihren Ergebnissen in b. Wer hatte die meisten richtigen Vermutungen?

SCHNELLTEST LEKTION 20 → S. 119

Schule neu denken

21

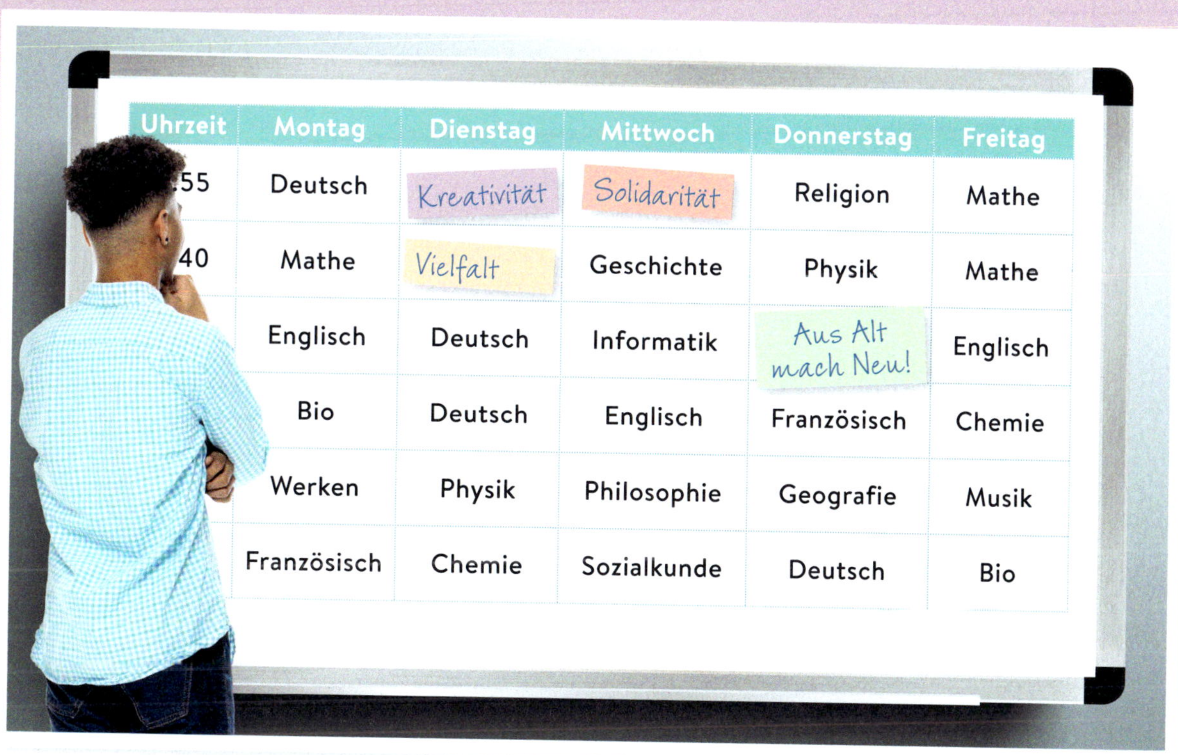

1 Ein perfekter Stundenplan AB 1

a Sehen Sie das Bild an und machen Sie eine „Blitzumfrage“ im Kurs:
Was war Ihr Lieblingsfach in der Schule? Hilfe finden Sie auch im Bildlexikon auf Seite 116 – 117.

> Mein Lieblingsfach war eindeutig Sport!

> Echt? Ich habe Schulsport immer gehasst. Obwohl ich eigentlich sportlich bin.

b Schreiben Sie nun Ihren idealen Stundenplan.

MO	DI	MI
Mathe Kreativität Orchester		

Zusammenarbeit
Kritisches Denken
Kreativität
Schau genau!
Aus Alt mach Neu!
Nachhaltigkeit
Gesundheit
Bewegung in der Natur
Geduld
Konzentration
Solidarität
Träumen
Glück
Vielfalt
Finanzen
Wissenschaftliches Arbeiten

LERNZIELE

LESEN: Forumsbeiträge, Grafik zum deutschen Schulsystem SCHREIBEN: Forumsbeitrag KOMMUNIKATION: Vorschläge machen: *Was hältst du davon, wenn …?* • Gegenvorschläge machen: *Stattdessen könnten wir …* • zustimmen: *Klingt spannend!* • sich einigen: *Na schön, dann …* • eigene Erfahrungen bewerten: *Meiner Erfahrung nach …* • Verbesserungsvorschläge machen: *Wäre es nicht sinnvoll, wenn …?* WÖRTER: Schulfächer
GRAMMATIK: Passiv Präsens mit Modalverb: *Aber wie sollten Erziehung und Bildung gestaltet werden?*

c Arbeiten Sie zu zweit. Vergleichen Sie Ihre Stundenpläne und einigen Sie sich auf einen gemeinsamen Stundenplan.

- Ich finde das Fach „Finanzen" sehr wichtig. Deshalb gibt es das in meinem Stundenplan am Montag und am Dienstag. Was hältst du davon?
- Das ist ein guter Vorschlag! Aber das Fach „Kreativität" finde ich genauso wichtig, denn …

K

Vorschläge machen	Gegenvorschläge machen
Könntest du dir das vorstellen? Was hältst du davon, wenn …?	Stattdessen könnten wir … Könntest du auch damit leben, wenn …?
zustimmen	**sich einigen**
Klingt spannend! Das ist ein guter Vorschlag / eine super Idee! Eigentlich hast du recht.	Na schön, dann … Einverstanden. Okay, lass uns das so machen!

d Stellen Sie Ihren gemeinsamen Stundenplan einem anderen Paar vor.

> In unserem Stundenplan gibt es zwölf verschiedene Fächer. Unserer Meinung nach sollte die Schule die Kreativität fördern, darum …

2 Forum zum Thema „Schule neu denken"

Lesen Sie den Text und markieren Sie die Antworten auf die Fragen in drei Farben:

a Welche globalen Probleme werden genannt?
b Warum ist Bildung in diesem Zusammenhang so wichtig?
c Was wird gefordert?

www.schuleneudenken.com

SCHULE.NEU.DENKEN

Klimawandel. Künstliche Intelligenz. Massive soziale Ungerechtigkeiten. Die Menschheit steht mittlerweile vor enormen Problemen, die mit den bisherigen Methoden eindeutig nicht mehr gelöst werden können. Wenn wir die Welt von morgen ändern wollen, müssen wir unser Denken von heute ändern. Und dazu müssen wir das Lernen ändern. Das heißt: Unser Umgang mit Bildung muss so schnell wie möglich an die neue globale Situation angepasst werden. Ein großes Umdenken kann selbstverständlich nur erreicht werden, wenn viele Menschen sich gemeinsam und konstruktiv dafür einsetzen. Aber WIE sollten Erziehung und Bildung gestaltet werden? WAS sollte man im Sinne einer umweltfreundlicheren und gerechteren Welt verändern? *Welche Vorschläge, welche Ideen habt ihr denn zu diesem wichtigen Thema? Wir freuen uns sehr auf eure Beiträge!*

W

◆ (die) Geografie

◆ (die) Geschichte

◆ (die) Sozialkunde

◆ (das) Latein

◆ (die) Biologie

◆ (die) Physik

3 Aber wie sollten Erziehung und Bildung gestaltet werden? AB 2–6

a Suchen Sie die Sätze im Text in 2 und ergänzen Sie die Tabelle.

G

	Position 2		Ende	
Unser Umgang mit Bildung	muss	an die globale Situation	angepasst werden. (Z. 7–8)	
Ein Umdenken	kann	nur	……………,	wenn … (Z. 9–11)
Aber wie	sollten	Erziehung und Bildung	……………? (Z. 11–12)	

auch so: wollen, dürfen, … könnten, müssten, … konnten, mussten, …

G

	Ende
Die Menschheit steht vor Problemen, die mit … nicht mehr	…………… können. (Z. 2–4)

b Ein Brief an die Schulleitung. Arbeiten Sie zu zweit. → S. 203

4 Einerseits stimme ich zu: …

a Lesen Sie die Beiträge hier und auf Seite 118. Über welche Themen wird gesprochen? Kreuzen Sie an.

○ digitale Kompetenz ○ Ausstattung der Schulen ○ Schulausflüge und Klassenfahrten
○ Umgang mit der analogen Welt ○ nachhaltige Erziehung
○ Ernährung in der Schule ○ Schulnoten ○ unterschiedliche Schulabschlüsse
○ wichtige Fähigkeiten, die erlernt werden sollten

www.schuleneudenken.com/forum

Julia W. **Eine Studie zeigt, dass etwa ein Drittel der Jugendlichen in der achten Klasse nur sehr geringe Kompetenzen in den neuen digitalen Technologien hat. Ich finde das katastrophal! Das werden dann vermutlich die nächsten Verlierer:innen auf dem Arbeitsmarkt sein. Ich denke, wir brauchen unbedingt eine bessere digitale Ausstattung in allen Schulen!**

Derek Muller Einerseits stimme ich zu: Die Ausstattung ist tatsächlich oft sehr schlecht. Andererseits sehe ich in der Technik selbst nicht das Hauptproblem. Die viel wichtigere Frage ist doch: Wie kann man diese Technik richtig nutzen? Zum Beispiel: Wie kann man „Fake News" erkennen? Und wo findet man wirklich sichere und zuverlässige Informationen im Internet?

Ahmad Olimov Digitale Techniken sind notwendig und nützlich, keine Frage. Aber ich habe die große Sorge, dass wir immer mehr den Blick für die analoge Welt verlieren. Ich unterrichte an einer Mittelschule und bin immer wieder schockiert, wie wenig die Kinder und Jugendlichen über das „normale" Leben wissen. Sie haben keine Ahnung, welche Bäume und Büsche in unserem Schulhof stehen. Viele kennen nicht mal die Lebensmittel, aus denen ihr tägliches Essen gemacht wird! Wie sollen die denn herausfinden, was sie für eine umweltgerechtere Welt tun könnten?

◆ (die) Chemie

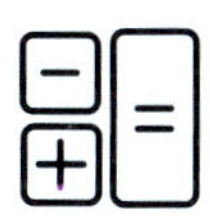

◆ (die) Mathematik

◆ (die) Philosophie

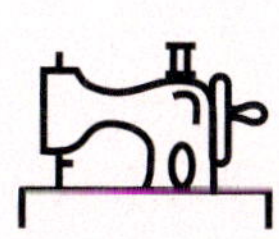

◆ (die) Handarbeit / ◆ (das) Werken

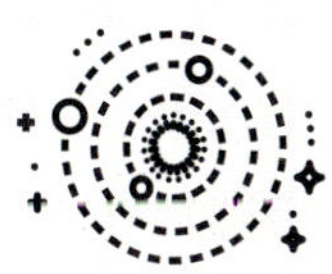

◆ (die) Religion

◆ (die) Informatik

Anita **Ich finde, in unserem Bildungssystem spielt die Konkurrenz eine viel zu große Rolle. Wer kann schneller und mehr lernen? Wer bekommt die besseren Noten? Wer macht den tollsten Schulabschluss? Und wo bleiben Teamgeist, Zusammenarbeit, gemeinsame Ziele? Das wäre doch genau das, was wir im Kampf gegen die Zerstörung unseres Planeten so dringend brauchen, oder?**

Yasemin Meyers Ja, das sehe ich auch so. Und ich denke, dass wir in der Schule mehr Soft-Skills lernen sollten. Zum Beispiel Empathie, Neugier, Teamfähigkeit und *learning by doing*. Ich finde, dass es viel mehr praktische Aufgaben geben sollte, die man dann in Arbeitsgruppen löst. Ich bin sicher, dass man dabei auch den normalen Schulstoff ganz einfach und stressfrei mitlernen kann.

Julian Ich meine, die traditionellen Schulnoten sind schon wichtig. Wir brauchen doch irgendwie auch eine Kontrolle beim Lernen. Und mit den Noten kann ich immer genau sehen, wo ich im Moment stehe und was ich tun muss, damit ich mich verbessern kann.

KOMMENTIEREN

b Lesen Sie noch einmal die Beiträge in a. Arbeiten Sie dann zu dritt: Jede/r notiert Stichpunkte zu jeweils zwei Beiträgen und berichtet dann in der Gruppe.

> Laut Julia hat ein Drittel der Jugendlichen … Das findet sie katastrophal. Sie meint, dass …

c Wie finden Sie die Beiträge? Markieren Sie in 4a 👍 oder 👎. Welcher Beitrag hat die meisten 👍 bekommen?

5 Ihr Beitrag zum Forum „SCHULE.NEU.DENKEN" AB 7

a Wählen Sie einen Beitrag aus 4a (Julia W. oder Anita), zu dem Sie etwas schreiben möchten. Machen Sie zunächst Notizen und formulieren Sie dann Ihren Beitrag. Erzählen Sie von Ihren Erfahrungen in Ihrer Schulzeit und machen Sie Verbesserungsvorschläge.

> Beitrag Julia W. Ich denke auch, dass die digitalen Kompetenzen sehr wichtig sind. Ich fand es in meiner Schulzeit zum Beispiel nicht so toll, dass Handys nicht erlaubt waren. Das ist meiner Meinung nach nicht so gut und sehr konservativ, denn Handys sind mittlerweile ja …

eigene Erfahrungen bewerten	Verbesserungsvorschläge machen
Meiner Erfahrung nach … Das finde ich …	Das könnte man noch verbessern.
Sehr sinnvoll / nützlich fand ich in meiner Schulzeit (auch), wenn wir …	Wäre es nicht gut / sinnvoll, wenn …?
	Es muss doch toll sein, wenn …
Das hat mich begeistert / motiviert / frustriert / …	Das stelle ich mir wirklich gut vor.

b Hängen Sie Ihren Text im Kursraum auf. Lesen Sie die Beiträge der anderen und verteilen Sie drei Kärtchen mit Ihrem Namen. Sprechen Sie dann im Kurs.

? = Dazu habe ich noch eine Frage.

! = Dazu möchte ich noch etwas sagen.

☺ = Das finde ich besonders interessant!

6 Das deutsche Schulsystem AB 8–9

Arbeiten Sie zu zweit. → S. 204

SCHNELLTEST LEKTION 21 → S. 120 Magazin Lektion 19, 20, 21 → S. 152

LEKTION 19

W Auf der Behörde. Was passt nicht? Streichen Sie.

a einen Antrag ablehnen stellen ~~versäumen~~
b eine Ausbildung stellen anerkennen absolvieren
c eine Frist verlängern abgeben versäumen
d einen positiven Bescheid ablehnen erhalten bekommen
e ein Stipendium genehmigen ausstellen beantragen

...... / 4 Punkte
3 – 4 Punkte
0 – 2 Punkte

G Abschlussfest in der Berufsschule

Was ist schon vorbereitet worden? Schreiben Sie Sätze im Passiv Perfekt.

a Der Festsaal der Schule ist schon reserviert worden.

a den Festsaal der Schule reservieren ✓
b Getränke und Snacks kaufen ✓
c die Gäste einladen ✓
d das Programm besprechen ✓
e die Musik aussuchen ✓
f die Dekoration basteln ✓

...... / 5 Punkte
3 – 5 Punkte
0 – 2 Punkte

K Wie wird man Koch? Ergänzen Sie.

Ähnlich (a) wie in Deutschland ist es bei uns ü .... (b), dass man zuerst in die Berufsschule geht. N .... (c) dauert das ca. zwei Jahre. Im G .... (d) zu Deutschland arbeitet man aber nicht gleichzeitig. In der R .... (e) macht man nach der Schule zuerst ein Praktikum und sucht dann eine richtige Stelle. Das kann man mit Deutschland nicht v .... (f).

...... / 5 Punkte
3 – 5 Punkte
0 – 2 Punkte

LEKTION 20

W Rund um Kommunikation. Verbinden Sie.

1 einen Fehler — d
2 mit Freunden über Fake News
3 die Ergebnisse einer Umfrage
4 an einer Aussage
5 vor Fake News

a warnen
b zweifeln
c diskutieren
d korrigieren
e analysieren

...... / 4 Punkte
3 – 4 Punkte
0 – 2 Punkte

G 1 Fake News. Was passt? Kreuzen Sie an.

Fake News zu verbreiten, ist nicht schwer: Sie brauchen ○ nur ○ nicht (a) ein paar einfache Schritte zu machen. Sie brauchen ○ nur ○ nicht (b) lange zu suchen, wählen Sie einfach irgendeine unglaubliche Überschrift. Dann brauchen sie ○ nur ○ nicht (c) noch Ihr kritisches Denken abzuschalten und den Link an alle Ihre Bekannten zu schicken. Fertig!

G 2 Alltagsgewohnheiten. *Ohne* oder *statt*? Ergänzen Sie.

a Ich wache oft auf, ... dass der Wecker klingelt.
b Marek macht sich gern ein gesundes Frühstück, ... nur einen Kaffee zu trinken.
c Juli isst mittags nur ein belegtes Brot, ... dass sie in die Kantine geht.

...... / 6 Punkte
4 – 6 Punkte
0 – 3 Punkte

LÖSUNGEN → S. 223

K **Wer macht was? Ordnen Sie zu.**

1 Rechercheergebnisse wiedergeben: c, ... 2 vorsichtig Zweifel äußern: ....
3 etwas korrigieren: .... 4 vorsichtig zustimmen: ....

a ○ Ich habe gestern ein aktuelles Video gesehen, das zeigt, wie ein Löwe frei in Berlin herumläuft! Unglaublich, oder? Aber – auf den ersten Blick erscheint mir das schon möglich.
b □ Ein Löwe in Berlin? Das kann ich mir ehrlich gesagt nicht vorstellen.
c ○ Auf der Website des Zoos steht, dass keine Löwen fehlen.
d ○ Zur Frage, wer das Video aufgenommen hat, haben wir nichts gefunden.
e □ Aber es war kein Löwe! Tatsache ist, dass die Leute ein Wildschwein mit einem Löwen verwechselt haben!

.... / 4 Punkte
3 – 4 Punkte
0 – 2 Punkte

LEKTION 21

W **Zu welchen Schulfächern passen die Aussagen? Ergänzen Sie.**

a „Heute geht es um den Magnetismus, der …“: Physik
b „Der größte Kontinent der Erde ist …“: ....
c „In der Pflanzenwelt unterscheiden wir …“: ....
d „Heute wollen wir über Napoleon sprechen.“: ....
e „18 plus 6 ist …“: ....

.... / 4 Punkte
3 – 4 Punkte
0 – 2 Punkte

G **Bildung muss neu gedacht werden. Ergänzen Sie die Verben in der richtigen Form.**

a Bildung muss neu gedacht werden. (müssen / denken)
b Die Erziehung der Kleinsten .... nicht .... (dürfen / vernachlässigen)
c Die digitale Ausstattung der Schulen .... noch .... (könnt… / verbessern)
d Der Teamgeist der Schüler:innen .... besser .... (sollen / fördern)

.... / 3 Punkte
2 – 3 Punkte
0 – 1 Punkte

K **1 Yoga ist ein bisschen langweilig. Ordnen Sie zu.**

⬡ Lass uns das machen ⬡ Stattdessen könnten wir
⬡ Könntest du dir das vorstellen ⬡ Eigentlich

○ Ich würde sehr gern mit dir zusammen einen Yogakurs machen. (a)?
□ Hm, ich weiß nicht. Yoga ist ein bisschen langweilig. (b) einen Zumba-Kurs machen. Das ist lustiger.
○ (c) hast du recht. (d)!

K **2 In meiner Schulzeit … Ordnen Sie zu.**

⬡ Das hat mich frustriert ⬡ Das stelle ich mir wirklich gut vor
⬡ Wäre es nicht sinnvoll, wenn ⬡ In meiner Schulzeit

(a) gab es sehr wenig Gruppen- oder Partnerarbeit. (b). (c) die Schülerinnen und Schüler die Aufgaben immer selbstständig bearbeiten würden? (d).

.... / 8 Punkte
5 – 8 Punkte
0 – 4 Punkte

LÖSUNGEN → S. 223

Verben

Passiv Präteritum, Passiv Perfekt und Passiv Präsens mit Modalverb L19, L21

Aktiv Präteritum	**Passiv Präteritum**				
		***werden* im Präteritum +**		**Partizip**	
Die Behörde lehnte seinen Antrag ab.	Sein Antrag	wurde	(von der Behörde)	abgelehnt	
Aktiv Perfekt	**Passiv Perfekt**				
		sein		**Partizip +**	***worden***
Man hat ihre Ausbildungszeit auf zweieinhalb Jahre reduziert.	Ihre Ausbildungszeit	ist	auf zweieinhalb Jahre	reduziert	worden.
Aktiv Präsens	**Passiv Präsens mit Modalverb**				
		Modalverb		**Partizip +**	***werden***
Aber wie sollte man Erziehung und Bildung gestalten?	Aber wie	sollten	Erziehung und Bildung	gestaltet	werden?
auch so: wollen, dürfen, ... könnten, müssten, ... konnten, mussten, ...					

Sätze und Satzverbindungen

Passiv Perfekt und Passiv Präsens mit Modalverb L19, L21

Passiv Perfekt		
Ist	ihre Ausbildungszeit auf zweieinhalb Jahre	reduziert worden?
Wusstest du,	dass ihre Ausbildungszeit auf zweieinhalb Jahre	reduziert worden ist?
Passiv Präsens mit Modalverb		
Sollten	Erziehung und Bildung neu	gestaltet werden?
Ich finde,	dass Erziehung und Bildung neu	gestaltet werden sollten.

Modalverb *brauchen* + *nicht / kein / nur* + Infinitiv mit *zu* L20

Man braucht nicht lange zu suchen, bis man den Fehler findet. Um „Fake News“ zu erkennen, braucht man keine Journalistin zu sein.	= Das ist nicht nötig.
Man braucht eine Lüge nur oft zu wiederholen, dann glaubt man sie irgendwann.	= Nur das ist nötig.

Konnektoren *ohne (zu / dass)* und *(an)statt (zu / dass)* L20

Hauptsatz	**Nebensatz**			
				Ende
Ich kann tippen,	ohne dass	ich	die Tastatur	anschaue.
	ohne			anzuschauen.
Ich kann das Geschirr wegräumen,	ohne dass	es jemand		merkt.
	ohne ~~zu~~			
Marie sieht den Sonnenaufgang an,	(an)statt dass	sie	um 7:00 Uhr	aufsteht.
	(an)statt			aufzustehen.
Manchmal wird eine Information direkt weitergeleitet	(an)statt dass	eine Redaktion sie kritisch		prüft.
	(an)statt ~~zu~~			

Wortbildung

Beruf + *ei* L19

Beruf + ei	→	Ort
der Zimmerer	→	die Zimmerei
der Bäcker	→	die Bäckerei
der Metzger	→	die Metzgerei

Adjektive aus Nomen + *isch* L19

Nomen + isch	→	Adjektiv
das Ausland	→	ausländisch
die Theorie	→	theoretisch

Routinen erklären L19

In der Regel dauert ...
Normalerweise ...
Sehr oft ist es so, dass ...
Natürlich ...
Außerdem ...
Bei uns ist es auch / nicht üblich, dass ...

etwas vergleichen L19

Ein Unterschied (zu Deutschland) ist, dass ...
Im Gegensatz zu / Im Vergleich zu ...
... (genau)so wie / ähnlich wie / (ganz) anders als ...
Das kann man mit ... (nicht) vergleichen.

vorsichtig zustimmen L20

Ich könnte mir (schon) vorstellen, dass ...
Ohne lange nachzudenken, würde ich sagen, dass ...
Auf den ersten Blick erscheint mir das (schon) möglich.

vorsichtig Zweifel äußern L20

Das kann ich mir ehrlich gesagt nicht vorstellen.
Das kommt mir ein bisschen komisch vor.
Da wäre ich vorsichtig.
Das würde ich lieber mal überprüfen.

Rechercheergebnisse wiedergeben L20

Wir haben mal ein bisschen zum Thema ... recherchiert: ...
Wir haben herausgefunden, dass ...
Zur Frage, ob ..., haben wir nichts gefunden.
Auf der Internetseite von ... steht, dass ...
... sagt zu diesem Thema: ...

etwas bestätigen / korrigieren L20

Es ist tatsächlich so, dass ...
Das stimmt (so) nicht. Tatsache ist, dass ...
Es ist zwar richtig, dass ..., aber ...

Vorschläge machen L21

Könntest du dir das vorstellen?
Was hältst du davon, wenn ...?

Gegenvorschläge machen L21

Stattdessen könnten wir ...
Könntest du auch damit leben, wenn ...?

zustimmen L21

Klingt spannend!
Das ist ein guter Vorschlag / eine super Idee!
Eigentlich hast du recht.

sich einigen L21

Na schön, dann ...
Einverstanden.
Okay, lass uns das so machen!

eigene Erfahrungen bewerten L21

Meiner Erfahrung nach ... Das finde ich ...
Sehr sinnvoll / nützlich fand ich in meiner Schulzeit (auch), wenn wir ...
Das hat mich begeistert / motiviert / frustriert / ...

Verbesserungsvorschläge machen L21

Das könnte man noch verbessern.
Wäre es nicht gut / sinnvoll, wenn ...?
Es muss doch toll sein, wenn ...
Das stelle ich mir wirklich gut vor.

22

Ein politisches Leben

Petra Kelly – deutsche Umwelt- und Friedensaktivistin

1 Was bedeutet das Zitat? AB 1

a Sehen Sie das Bild an und lesen Sie die Sprechblase dazu. Wie verstehen Sie das Zitat? Die Ideen in der Wortwolke helfen. Sprechen Sie mit Ihrer Partnerin / Ihrem Partner.

Für mich bedeutet diese Aufforderung, dass man selbst aktiv werden soll, wenn man etwas ändern möchte. Mich erinnert das an Konflikte in der Familie: …

Interessant! Ich denke bei dem Zitat eher an …

K **eine Aussage interpretieren**

Für mich bedeutet das, dass …	Ich denke dabei an …
Ich verstehe das so: …	Mich erinnert das an …

mutig sein
keine Zweifel haben
den ersten Schritt tun
nicht passiv bleiben
nicht auf den richtigen Moment warten
eine Herausforderung annehmen
sich bewegen
selbst aktiv werden

b Lesen Sie die Bildunterschrift. Haben Sie schon einmal von Petra Kelly gehört? Was wissen Sie über sie? Was würden Sie gern erfahren?

LERNZIELE

HÖREN: Podcast über Petra Kelly LESEN: Infografik zum politischen System in Deutschland, Infotext zum Alternativen Nobelpreis KOMMUNIKATION: eine Aussage interpretieren: *Mich erinnert das an …* • eine persönliche Einschätzung geben: *Es sieht so aus, als ob …* • eine/n Preisträger/in beschreiben: *… hat den Preis für … bekommen* • eine persönliche Bewertung ausdrücken: *Ich bewundere, dass …* WÖRTER: politisches System GRAMMATIK: Konnektor *als ob* mit Konjunktiv II der Gegenwart: *Petra Kelly lebt, als ob ihre Tage … hätten.*

2 Politiker:innen – Wer war ...?

a Das politische System in Deutschland. Arbeiten Sie zu zweit. → S. 205

b Arbeiten Sie zu dritt. Lösen Sie das Rätsel und schreiben Sie dann selbst ein Rätsel zu einer Politikerin oder einem Politiker. Hilfe finden Sie im Bildlexikon. Eine andere Gruppe findet die Lösung.

> Er wurde 1913 geboren und war Mitglied der SPD. Von 1933 bis 1945 hat er im Ausland gelebt und einen neuen Namen angenommen. Ab 1966 war er deutscher Außenminister und später Bundeskanzler. Wer war das?

3 Petra Kelly AB 2 – 3

4 06 **a** Lesen Sie die Ankündigung zum Podcast „Kalenderblatt" und beschreiben Sie das Bild. Was meinen Sie: Wo ist das Foto aufgenommen? Hören Sie dann die Einleitung des Podcasts und vergleichen Sie mit Ihren Vermutungen.

Petra Kelly – deutsche Umwelt- und Friedensaktivistin, Gründungsmitglied der Partei „Die Grünen": zu ihrem 75. Geburtstag und zum 30. Todestag

Erinnerung

KALENDERBLATT

> Auf dem Foto sieht man Petra Kelly mit einem Helm. Im Hintergrund sind andere Personen. Ich könnte mir vorstellen, dass ...

4 07 **b** Sortieren Sie die Stationen in Petra Kellys Leben chronologisch. Hören Sie dann den Podcast weiter. Wann war das? Notieren Sie die Jahreszahlen.

- ◯ Abschied von der grünen Partei und der deutschen Politik: ....
- ◯ Kindheit in Bayern: * 1947
- ◯ Abgeordnete der Grünen im Bundestag: ab ....
- ◯ Schulzeit und Studium in den USA: zwischen .... und ....
- (3) Beamtin in Brüssel: ab ....
- ◯ Tod: ....

◆ der Bundestag = ◆ das deutsche Parlament

◆ die / ◆ der Abgeordnete

die politischen Parteien Deutschlands
◆ die Partei

◆ die Wahl

◆ die Regierung

4 07 **c** Hören Sie noch einmal. Was ist richtig? Kreuzen Sie an.

1 Petra Kelly ...
- a ◯ wächst bei Mutter und Großmutter auf.
- b ◯ heiratet einen amerikanischen Soldaten.
- c ◯ hat eine ältere Schwester.

2 Schon bevor sie das Politikstudium beginnt, ...
- a ◯ macht sie selbst Erfahrungen mit Rassismus.
- b ◯ begeistert sie sich für die US-amerikanische Bürgerrechts-Bewegung.
- c ◯ engagiert sie sich aktiv im deutschen Wahlkampf.

3 Sie ist Beamtin bei der Europäischen Gemeinschaft; gleichzeitig ...
- a ◯ unterrichtet sie an der Universität Amsterdam.
- b ◯ setzt sie sich für Frieden und gegen Atomkraft ein.
- c ◯ arbeitet sie für das Büro des „Alternativen Nobelpreises".

4 Zusammen mit anderen gründet Petra Kelly die Partei „Die Grünen", ...
- a ◯ die in den 80er-Jahren zusammen mit der SPD die Regierung bildet.
- b ◯ die bei der Bundestagswahl 1983 nicht genug Stimmen bekommt.
- c ◯ die einen alternativen Stil von Politik vertritt.

5 Neben der deutschen Politik engagiert sich Petra Kelly weiter global für Umwelt und Menschenrechte ...
- a ◯ und ist deshalb auch international sehr bekannt.
- b ◯ und muss deshalb viele Kompromisse mit ihrer Partei machen.
- c ◯ und verliert deshalb ihren Sitz im deutschen Bundestag.

6 Über Petra Kelly weiß man bis heute nicht genau, ...
- a ◯ warum sie den Aktivismus aufgegeben hat.
- b ◯ wo sie gestorben ist.
- c ◯ warum sie erschossen wurde.

d Was merken Sie sich über Petra Kelly? Was hat Sie überrascht, was hat Sie beeindruckt? Sprechen Sie mit Ihrer Partnerin / Ihrem Partner.

4 Lebe so, als ob ... AB 4 – 6

4 08 **a** Hören Sie die Sätze und ergänzen Sie die Tabelle.

G

irrealer Vergleich / irreale Vorstellung		
		Ende
Petra Kelly lebt,	als ob ihre Tage 48 Stunden	....
Es sieht aus,	als ob die Grünen-Abgeordneten auf ein alternatives Fest	....

b Bilder beschreiben: Es sieht so aus, als ob ...
Arbeiten Sie zu zweit. → S. 206

c Machen Sie ein Plakat und schreiben Sie die Aufforderungen zu Ende. Welches Motto gefällt Ihnen am besten?

Lebe, ...
... als ob du die Welt verändern könntest.
... als ob jeder Tag ein Fest wäre.
... als ob ...

◆ die Bundeskanzlerin /
◆ der Bundeskanzler

◆ die Ministerin /
◆ der Minister

◆ die Bundespräsidentin /
◆ der Bundespräsident

◆ das Gericht

◆ die Richterin /
◆ der Richter

5 Der „Alternative Nobelpreis“ für … AB 7–9

a Lesen Sie den Text und markieren Sie die wichtigsten Informationen: Wer vergibt den Preis, seit wann? Wer bekommt den Preis, wofür?

https://rightlivelihood.org

Right Livelihood

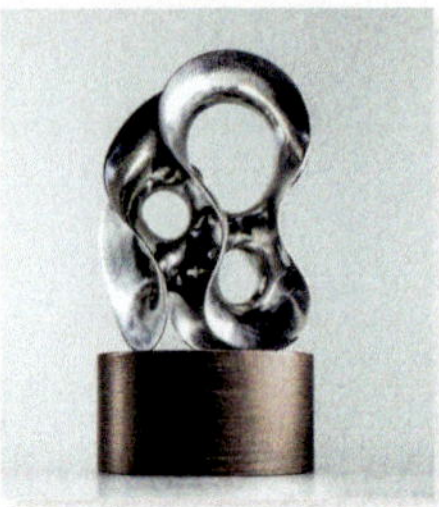

Der Alternative Nobelpreis

Den „Alternativen Nobelpreis“ (offiziell: Right Livelihood Award) gibt es seit 1980. Er wird von einer privaten Organisation finanziert und jedes Jahr im Herbst, wenige Tage vor den anderen Nobelpreisen, bekannt gegeben. Der Preis geht an einzelne Personen oder Organisationen, die sich für eine gerechtere Welt und ein besseres Leben für alle einsetzen. Anders als bei den „traditionellen“ Nobelpreisen kann jeder eine Person oder eine Organisation für den Preis vorschlagen. Die Idee dabei ist, dass auch kleinere Projekte in der breiten Öffentlichkeit bekannt werden und damit eine internationale Wirkung haben können.

b Wer hat den Preis schon einmal bekommen? Wählen Sie eine Person, recherchieren Sie und machen Sie Stichpunkte zu den drei Fragen.

1 Wer hat den Preis bekommen?
2 Wofür ist sie / er ausgezeichnet worden?
3 Warum haben Sie diese Person ausgewählt?

1 Hassan Fathy, ägypt. Architekt (1900–1989)
2 Entwicklung einer Architektur für die Armen …

c Bilden Sie ein Kugellager und stellen Sie sich gegenseitig Ihre Ergebnisse vor. Machen Sie Notizen zu den Informationen der anderen.

K

eine/n Preisträger/in beschreiben	eine persönliche Bewertung ausdrücken
… hat den Preis für … bekommen.	Mich beeindruckt / fasziniert, dass …
… war eine / einer der Ersten, die / der …	Ich bewundere, dass / wenn …
Neu / Das Besondere daran war / ist, dass …	… gibt mir Hoffnung / macht mir Mut, weil …
… hatte in … eine große Wirkung.	
… hatte Einfluss auf …	

d Welche Personen haben Sie besonders beeindruckt? Warum? Sprechen Sie im Kurs.

Ich habe mir Wangari Maathai notiert, die Wissenschaftlerin aus Kenia, die später außerdem noch den Friedensnobelpreis bekommen hat. …

SCHNELLTEST LEKTION 22 → S. 135

23

Was wäre passiert, wenn …?

1 Ein erfolgreicher Tag!

4 ◀)) 09 **a** Sehen Sie das Bild an und hören Sie die Sprachnachricht von Tuncay.
Was ist richtig? Kreuzen Sie an.

Heute war ein erfolgreicher Tag für Tuncay, weil …

1 ☒ er viele verschiedene Vogelarten fotografiert hat.
2 ○ er eine schöne Wanderung gemacht hat.
3 ○ er einen Grenzturm besichtigt hat.
4 ○ die Abendstimmung so romantisch ist.
5 ○ die Grenze zwischen der BRD und DDR so gut zu erkennen ist.

W
BRD = Bundesrepublik Deutschland (Westdeutschland)
DDR = Deutsche Demokratische Republik (Ostdeutschland)

b Wann haben Sie zum letzten Mal einen Ausflug oder eine Wanderung in der Natur gemacht? (Wo? Mit wem? Wie lange? Was dort gemacht / gesehen? Was besonders schön?) Sprechen Sie im Kurs.

Ich gehe oft in die Natur. Der letzte schöne Ausflug war vor zwei Wochen. Da bin ich mit meiner Freundin in die Berge gefahren. Wir sind gewandert und hatten einen wunderbaren Ausblick.

2 Die Geschichte einer Grenze

Arbeiten Sie zu zweit. → S. 207

LERNZIELE

HÖREN: Sprachnachricht / Radioreportage zum Grünen Band **KOMMUNIKATION:** sich auf ein Ausflugsziel einigen: *Gut, dann sind wir uns ja einig.* • einen Ausflug planen und Aufgaben verteilen: *Würdest du dich bei … erkundigen?* • ein Ausflugsziel in der Natur beschreiben: *… liegt an der Küste.* **LESEN:** Infotext zur Geschichte der Grenze zwischen BRD und DDR **WÖRTER:** Politik und Geschichte **GRAMMATIK:** Konjunktiv II der Vergangenheit mit *wenn*-Satz: *Wenn hier nicht diese Grenze gewesen wäre, hätte sich die Natur nicht so gut erholt.*

3 Spiel mit Wörtern

Arbeiten Sie in Gruppen. Sehen Sie das Bildlexikon an. Wählen Sie ein Wort und schreiben Sie zu jedem Buchstaben ein Wort, das zum Thema passt.

FREIHEIT
VERSCHIEDEN
BÜRGERIN
GESETZ
DEMOKRATISCH
GRENZE
NEU ANFANGEN

+ SCHON FERTIG?
Wählen Sie noch ein Wort aus dem Bildlexikon.

4 Das Grüne Band AB 1–2

4 ◀)) 10 **a** Lesen Sie die Ankündigung zur Radiosendung und hören Sie Teil 1 der Reportage. Was ist das Grüne Band? Ergänzen Sie.

www.reisereportagen.de

PROGRAMM MUSIK NACHRICHTEN MEDIATHEK

15:00 Uhr „Reisen durch Landschaft und Geschichte"

Eine Sendung von Markus Wolff

Thema heute: „Das Grüne Band – Naturschutz auf der ehemaligen innerdeutschen Grenze"

Grünes Band
- Breite: 200 Meter (1)
- Länge: .... (2) quer durch Deutschland, von .... (3) nach .... (4)
- fast .... (5) lang: ehemalige .... (6) zwischen BRD und DDR, Sicherheitszone, streng kontrolliert, durfte niemand betreten
- heute: sogar Orchideen blühen, Lebensraum für viele seltene .... (7)

4 ◀)) 11 **b** Arbeiten Sie in zwei Gruppen. Hören Sie Teil 2 der Radioreportage. Gruppe A achtet auf die Aussagen des Reporters, Gruppe B auf Seite 129 auf die Aussagen der Gäste. Stellen Sie dann Ihre Ergebnisse vor.

Extra

Film

Gruppe A

Was erfahren Sie über die Gäste der Sendung? Ergänzen Sie.

Tuncay Ünal ist .... (1).

Greta Mehringer ist .... (2).

Suszanna Veselá macht ihr Freiwilliges Ökologisches Jahr beim Bund für .... (3) und Naturschutz Deutschland (**BUND**).

Sie machen alle zusammen eine .... (4). Sie wird von .... (5) geleitet.

◆ der Krieg ◆ der Frieden ◆ die Mauer ◆ die Grenze ◆ das Denkmal ◆ die Bevölkerung

Gruppe B

Lesen Sie die Sätze. Wer sagt was? Ordnen Sie zu: Tuncay = T, Greta = G, Suszanna = S.
Zwei Aussagen passen nicht = x.

1 ⬡ Die Grenze war schrecklich für die Menschen, aber wichtig für die Pflanzen und Tiere.
2 ⬡ x Das Interesse für das Grüne Band hat in den letzten Jahren sehr abgenommen.
3 ⬡ Die Erinnerung an die Geschichte muss immer wachgehalten werden.
4 ⬡ Die Grenztürme zerstören die Naturlandschaft und müssten entfernt werden.
5 ⬡ Der staatliche Schutz des Grünen Bandes ist notwendig.

4 ◀)) 11 **c** Was ist richtig? Hören Sie noch einmal Teil 2 und kreuzen Sie an.
Korrigieren Sie dann die falschen Sätze.

1 ◯ Wildkatzen können sich am Grünen Band ~~leider nicht mehr~~ frei bewegen.
2 ◯ Die Dörfer und Häuser der BRD lagen teilweise direkt an der Grenze.
3 ◯ Alle Bundesländer haben das Grüne Band zu einem „Nationalen Naturmonument" erklärt.
4 ◯ Auf dem Gebiet des ehemaligen Grenzstreifens gibt es auch Straßen und Industrie.
5 ◯ Das Grüne Band gibt es nur in Deutschland.

d Arbeiten Sie zu zweit. Welche Informationen waren besonders interessant für Sie?
Fassen Sie drei wichtige Punkte zusammen und erzählen Sie dann im Kurs.

5 Was wäre gewesen, wenn ...? AB 3–6

4 ◀)) 12 **a** Lesen Sie die Sätze und verbinden Sie. Hören Sie dann und vergleichen Sie.

1 Wenn hier nicht diese Grenze gewesen wäre,
2 Wenn mein Urgroßvater das Haus 100 Meter weiter nördlich gebaut hätte,
3 Wenn man das Grüne Band aber nicht staatlich geschützt hätte,

a gäbe es heute noch viel mehr Straßen und Landwirtschaft hier.
b hätte sich die Natur nicht so gut erholt.
c dann hätte es zwischen 1949 und 1989 auf dem Gebiet der DDR gestanden.

b Lesen Sie die Sätze in **a** noch einmal und markieren Sie die Verben.
Ergänzen Sie dann die Tabelle.

G

Irreale Bedingungen und ihre Konsequenzen in der Vergangenheit stehen im **Konjunktiv II der Vergangenheit.** Man bildet ihn mit *haben / sein* im Konjunktiv II (wäre , ________) + Partizip (gewesen , ________ , ________ , ________ , ________ , ________).

c Zufallsrad: Was wäre passiert, wenn ...? Arbeiten Sie zu dritt. › S. 208

d Wir hätten uns nie kennengelernt, wenn ... Arbeiten Sie zu dritt. Überlegen Sie sich sechs Situationen und schreiben Sie passende *wenn*-Sätze. Lesen Sie dann im Kurs vor.
Wer hat die lustigsten Situationen gefunden?

Wir hätten uns nie kennengelernt, ...
wenn du nicht auf die gleiche Universität gegangen wärst.
wenn du im Kino nicht so laut Popcorn gegessen hättest.
wenn ...

◆ die Zone

◆ das Bundesland

◆ der Protest

◆ die Verfassung

◆ die Revolution

◆ die Freiheit

6 Ab in die Natur! – Gemeinsam einen Ausflug planen AB 7–9

a Arbeiten Sie in Gruppen. Planen Sie für Ihren Kurs einen Ausflug in die Natur. Achten Sie darauf, dass der Ausflug nachhaltig ist. Einigen Sie sich auf ein Ziel in Österreich, Deutschland oder in der Schweiz: Wohin fahren wir? Was ist dort besonders schön?

Ich würde am liebsten an die Ostsee fahren.

Keine schlechte Idee. Ich habe gehört, Zingst ist sehr schön. Dort gibt es einen feinen Sandstrand und schöne Wälder ...

K **sich auf ein Ausflugsziel einigen**

Ich würde am liebsten ... Was haltet ihr davon?
Ich habe gehört, dass ... besonders schön ist.
Keine schlechte Idee, aber wie wäre es denn, wenn wir ... oder ...
Das klingt auch gut, meinetwegen können wir ....
Gut, dann sind wir uns ja einig. Wir ... also ...
Abgemacht! Dann ...

b Und wie kommen wir dorthin? Planen Sie nun den Ausflug. Jede/r in der Gruppe übernimmt eine Aufgabe.

- Wie fahren wir? (Bus- / Zugverbindungen, ...)
- Was müssen wir einpacken? (Verpflegung, Ausrüstung, ...)
- Wo übernachten wir? (Campingplatz, preiswertes Hotel, Pension ...)
- Was können wir dort machen?

Also, wir fahren mit dem Zug. Würdest du dich erkundigen, wie wir am besten dorthin kommen?

Das kann ich gern machen. Ich such mal raus, welche Verbindung gut ist.

K **einen Ausflug planen und Aufgaben verteilen**

Lasst uns die Aufgaben verteilen.
Würdest du dich bei ... erkundigen?
Hat jemand Lust, ... vorzubereiten / zu besorgen?
Wer kann recherchieren, wo / wie wir am besten / was wir ...?

c Erzählen Sie von Ihrem Ausflug. Zeigen Sie auch Bilder und beschreiben Sie den Ort.

K **ein Ausflugsziel in der Natur beschreiben**

... liegt im Norden / an der Küste / in der Nähe von ...
Es gibt (hohe) Berge / (breite) Flüsse / (tiefe) Seen / (dichte) Wälder / ...
Die Landschaft ist sehr abwechslungsreich / ...
Die Gegend ist traumhaft schön / ein Naturparadies.
... ist Lebensraum für zahlreiche Tiere / Pflanzen / Insekten / ...

Wir wollen nach Zingst fahren. Das liegt im Norden an der Ostsee. Die Gegend ist traumhaft schön! Wir würden öffentlich dorthin fahren, mit dem Zug. Wir haben beschlossen zu campen. Denn so können wir die Natur besonders gut erleben.

Ja, genau. Wir könnten Vögel beobachten oder auch mal mit der Fähre nach Hiddensee fahren.

d Welcher Vorschlag hat Ihnen am besten gefallen? Wählen Sie im Kurs ein gemeinsames Ausflugsziel.

SCHNELLTEST LEKTION 23 → S. 135

24

Wahnsinn, wie die Zeit vergeht!

Magdalena, 89

1 Welche Gedanken ...?

Sehen Sie das Bild an und schließen Sie dann die Augen. Welche Gedanken haben Sie zu dem Bild? Sprechen Sie in der Gruppe.

- Welche Gedanken hattest du?
- Die Frau erinnert mich an meine Oma. Sie war ein sensibler und lieber Mensch. Und niemals egoistisch.

2 In einer Woche haben Sie Geburtstag.

4 13 **a** Hören Sie das Interview mit Magdalena. Wie hat sie die Zeit in ihren einzelnen Lebensphasen erlebt? Ordnen Sie zu.

1 Schule und Studium	a nur in der Gegenwart leben
2 Beruf und Familie	b die Zeit läuft davon
3 Alter	c die Zeit bleibt stehen

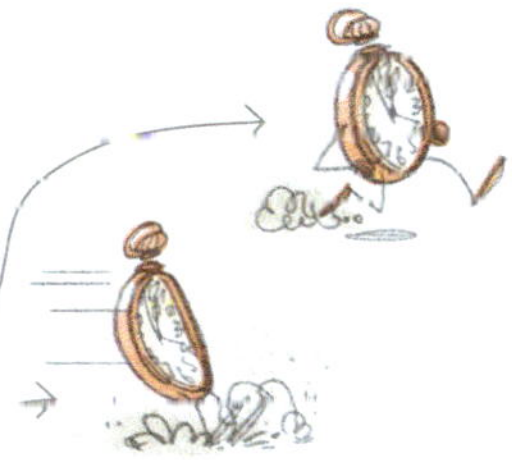

b Haben Sie Beispiele aus Ihrem Leben zu den beiden Bildern in a?

> Oft in der Arbeit, wenn ich so viel zu tun habe. Dann läuft mir die Zeit davon.

> Als ich das erste Mal verliebt war, hatte ich das Gefühl, die Zeit bleibt stehen, weil es so schön war.

LERNZIELE

HÖREN: Radiointerview mit einer 89-Jährigen **KOMMUNIKATION:** Aussagen über die Zukunft formulieren: *Ich schätze, dass du nächstes Jahr ...* **LESEN / SCHREIBEN:** Beiträge für einen Schreibwettbewerb zum Thema Zeit **WÖRTER:** Zeit **GRAMMATIK:** Vermutungen / Vorhersagen, Vorsätze / Versprechen und Aufforderungen mit Futur I: *Ich denke, es wird wohl eine Feier geben. / Die Urenkelkinder haben versprochen, dass sie singen werden. / Du wirst jetzt dein Zimmer aufräumen!*

4 13 **c** Hören Sie das Interview noch einmal und ergänzen Sie.

Magdalena (90) hat die Zeit (1) in ihren Lebensphasen ganz unterschiedlich erlebt. Während der .... (2) und des .... (3) wollte sie möglichst schnell vorwärtskommen und nichts ging schnell genug. Später, als sie schon .... (4) und außerdem .... (5) mit drei Kindern war, hat sie sich keine Gedanken über die .... (6) gemacht. Es hat sich jeden Tag so viel ereignet, dass sie nur in der .... (7) gelebt hat. Je älter sie wird, desto mehr hat sie das Gefühl, dass die Zeit zu schnell vergeht. Aber zukünftig möchte sie jeden .... (8) dankbar dafür sein, dass sie den Tag erleben darf. .... (9) feiert sie ihren 90. Geburtstag mit ihrer .... (10). Ihre Urenkelkinder (11) haben versprochen, dass sie ein selbst gemachtes .... (12) für Magdalena singen werden.

3 Und was werden Sie nächste Woche machen? AB 1–4

4 14 **a** Hören Sie die Sätze und ergänzen Sie *werden* in der richtigen Form.

G

Zukünftiges ***Präsens + Zeitangabe***	*In einer Woche* **haben** Sie Ihren 90. Geburtstag.
Vermutung / Vorhersage ***Futur I***	1 Und was .... Sie nächste Woche **machen**, ...? 2 Ich schätze, es .... wohl eine Feier ... **geben**. 3 Da .... doch sicher viele Gäste **kommen**!
Vorsatz / Versprechen ***Futur I***	4 Ich .... jeden Morgen dankbar dafür **sein**, dass ... 5 Die Urenkelkinder haben mir versprochen, dass sie ... **singen** ....

b Was bringt Ihnen die Zukunft? → S. 209

c Sagen Sie Ihrer Partnerin / Ihrem Partner eine positive Zukunft voraus. Sprechen Sie zu zweit.

1
Dass du in zehn Jahren eine große Erfindung machen wirst, halte ich für sehr wahrscheinlich.

2
Ich verspreche dir, dass du ein befriedigendes und vergnügtes Leben führen wirst.

K

Aussagen über die Zukunft formulieren

Ich schätze, dass du nächstes Jahr / ... Dass ..., halte ich für sehr wahrscheinlich / eher unwahrscheinlich. Dazu gibt es meiner Meinung nach keine Alternative.	Ab morgen / In Zukunft ... Das solltest du dir fest vornehmen. Ich verspreche dir, dass du ...

W

◆ die Ablenkung

◆ der Druck

◆ die Langeweile

◆ der Stress

◆ die Gelassenheit

◆ die Eile / es eilig haben

◆ die Geduld

4 *Geduld oder Eile?* AB 5–6

a Sehen Sie das Bildlexikon an. Welche Wörter passen zu Uhr 1, welche zu Uhr 2? Ordnen Sie zu.

b Mein „Zeitkreis". Arbeiten Sie zu zweit. → S. 210

5 Ein Schreibwettbewerb zum Thema „Zeit"

a Lesen Sie den Einleitungstext zum Schreibwettbewerb. Welche Begriffe, Redewendungen und Sprichwörter zum Thema „Zeit" gibt es in Ihrer Sprache oder in anderen Sprachen, die Sie kennen? Sammeln Sie im Kurs und erzählen Sie.

> Mir fällt „once in a blue moon" ein. Das bedeutet, dass etwas fast nie passiert.

> Das spanische Wort „tiempo" heißt auf Deutsch „Zeit" und „Wetter".

Nutze deine Zeit! Schreib' was über sie!

Lebenszeit. Arbeitszeit. Freizeit. Haben wir genug Zeit oder läuft uns die Zeit davon? Nutzen wir sie sinnvoll oder können wir nichts mit ihr anfangen? Egal welche Antwort Sie auf diese Fragen haben, eins ist sicher: Die Zeit spielt in unserem Leben eine besonders wichtige Rolle. Kein Wunder also, dass es auch in der deutschen Sprache viele Begriffe, Redewendungen und Sprichwörter zum Thema „Zeit" gibt. Ihre Aufgabe: Wählen Sie eine Redewendung oder ein Sprichwort zum Thema „Zeit" und schreiben Sie dazu einen kleinen Text. Er darf ernst sein oder witzig, sachlich oder poetisch, ganz wie Sie wollen!

b Arbeiten Sie in Gruppen. Lesen Sie die vier Beiträge zum Schreibwettbewerb. Wählen Sie dann zwei Beiträge aus und fassen Sie sie in ein bis zwei Sätzen zusammen. Lesen Sie Ihre Zusammenfassung vor. Die anderen raten, um welchen Beitrag es geht.

1 NIMM DIR ZEIT!

Je größer eine Herausforderung ist, desto besser muss man seine Zeit einteilen. Zu viel Druck ist da eher schädlich. Wenn man zum Beispiel auf einen hohen Berg steigen will, hat es ja auch keinen Sinn, sich die ganze Zeit zu hetzen. Keine Eile! Keinen Stress! Geduld und Gelassenheit sind sehr wichtig! Lieber mal langsam gehen oder eine Pause machen. Sonst ist man schnell erschöpft!

Vicent

2 Mehr Zeitgerechtigkeit bitte!

„Die Stunden sind für den Menschen da und nicht der Mensch für die Stunden", sagte der französische Schriftsteller und Arzt François Rabelais vor etwa 500 Jahren. Für viele Menschen von heute sieht die Wirklichkeit leider anders aus. Sie haben stressige Jobs, müssen zehn Stunden am Tag arbeiten und können sich kaum erholen. Weil sie für ihre Arbeit oft nur wenig Geld bekommen, müssen sie sich auch noch um ihren Lebensunterhalt Sorgen machen. Das finde ich extrem ungerecht!

Tülay

sich hetzen

sich verspäten

sich erholen

erschöpft sein

vergnügt sein

sich Sorgen machen

sich amüsieren

3 „Hast du mal 'ne Sekunde Zeit für mich?“, hat mich gestern eine Kollegin aus einer anderen Abteilung gefragt. „Na klar!“, hab ich gesagt. Das war ein Fehler! Die Frau hat mich fast 'ne Viertelstunde lang mit langweiligem Blödsinn zugetextet. Irgendwann habe ich gesagt: „Sorry, ich habe es eilig. Ich hab' gleich 'nen Termin. Ich muss los, sonst verspäte ich mich.“ Sie hat mir nicht mal zugehört. Sie hat einfach weitergeredet. Also, mit der spreche ich sicher kein Wort mehr! *Francesco*

4 Was für eine Zeitverschwendung!
Was tun die meisten Leute, wenn sie irgendwo warten müssen? Sie holen ihr Handy aus der Tasche! Ich mache das auch. Warum brauche ich diese Ablenkung? Weil ich mit meiner Langeweile nicht klarkomme? Weil ich keine eigenen Ideen habe, über die ich nachdenken könnte? Weil ich mich nicht mit fremden Leuten unterhalten will? Warum eigentlich nicht? Das wäre vielleicht interessanter als so 'ne blöde Smartphone-App. *Teresa*

> In meinem ersten Beitrag geht es um die Kommunikation mit ...

> Das ist Beitrag ..., richtig?

c Welcher Beitrag gefällt Ihnen am besten? Warum? Sprechen Sie im Kurs.

> Ich finde den Beitrag „Was für eine Zeitverschwendung!“ sehr interessant. Ich kenne das auch: Wenn ich nur eine Minute warte, dann ...

6 Ihr Beitrag für den Schreibwettbewerb

a Arbeiten Sie zu zweit. Wählen Sie eine Redewendung aus den Texten in 5b oder aus der Wortwolke und schreiben Sie einen kurzen Beitrag.

b Hängen Sie Ihren Text im Kursraum auf. Machen Sie einen Kursspaziergang, lesen Sie die Texte und vergeben Sie für jeden Beitrag 1 bis 3 Punkte. Welcher Text hat die meisten Punkte?

Stehlt mir nicht meine Zeit!
Zeit ist Geld!
Freizeit ist die schönste Zeit!
Man sollte sich seine Zeit klug einteilen.
Wir müssen Zeit sparen!
Nutze deine Zeit!
Dafür investiere ich keine Zeit.
Mir läuft die Zeit davon!
Ich möchte gern eine Auszeit nehmen.
Ich hätte gern eine Zeitmaschine.

7 Zum Abschied: „ZEIT zum Mitnehmen“. AB 7–9

Machen Sie einen Zettel wie im Beispiel und schreiben Sie „Gutscheine“: Jede/r darf einen „Gutschein“ mitnehmen.

ZEIT zum Mitnehmen

Einen Nachmittag Aprikosen-marmelade kochen mit Susan

Eine Stunde online Deutsch üben mit Frederic

Einen Cappuccino trinken mit Luise

Einen Abend Quatsch machen mit Pearl

Ein Drink um Mitter-nacht mit Adam

Wunder-kerzen anzünden mit Piotr

Bonbons kaufen gehen mit Charlotte

SCHNELLTEST LEKTION 24 → S. 136
Magazin Lektion 22, 23, 24 → S. 154

LEKTION 22

W Das politische System. Bilden Sie Wörter und ergänzen Sie.

Ab Bun dent des Ge ge gie ne ord prä Re richt rung si ten

a Bundeskanzler:in und Minister:innen bilden zusammen die ....

b Richterinnen und Richter arbeiten bei einem ....

c Alle .... einer Partei sitzen im Parlament zusammen.

d Der oder die ....:in wird in Deutschland nicht direkt von den Bürger:innen gewählt.

...... / 4 Punkte
☺ 3 – 4 Punkte
☹ 0 – 2 Punkte

G Es sieht so aus, … Schreiben Sie Sätze mit *als ob*.

a Bist du müde? (Es sieht so aus, …)

b Kann sie nicht lachen? (Man hat den Eindruck, …)

c Ist er glücklich? (Ich habe nicht das Gefühl, …)

d Haben sie keine Zeit? (Es wirkt so, …)

a Es sieht so aus, als ob du müde wärst.

...... / 3 Punkte
☺ 2 – 3 Punkte
☹ 0 – 1 Punkte

K Eine Preisträgerin beschreiben. Ergänzen Sie.

Wangari Maathai hat 1984 den „Alternativen Nobelpreis" und 2004 den Friedensnobelpreis b e k o m m e n (a). Sie hat 1977 eine Umweltschutzorganisation gegründet, bei der Frauen in trockenen Gebieten neue Bäume pflanzten. Wangari Maathai war in Afrika eine der E .... (b), die Umweltschutz mit Frauenpolitik verbunden hat. Die Initiative hatte über Kenia hinaus eine große W .... (c): Mich be .... (d), dass sie mit der Idee so viele Menschen für aktiven Umweltschutz begeistern konnte. Das gibt mir H .... (e), weil wir mit solchen Initiativen eine bessere Welt gestalten können.

...... / 4 Punkte
☺ 3 – 4 Punkte
☹ 0 – 2 Punkte

LEKTION 23

W Fragen und Antworten zu Deutschland. Ordnen Sie zu. Zwei Wörter passen nicht.

~~Bevölkerung~~ Frieden Verfassung Bundesländer Denkmal Revolution Grenze

a ○ Wie groß ist die Bevölkerung von Deutschland? – □ Über 84 Millionen Menschen.

b ○ Wie viele .... hat Deutschland heute? – □ 16.

c ○ Seit wann gibt es in Deutschland ....? – □ Seit 1945.

d ○ Wie lang war die innerdeutsche ....? – □ 1.400 km.

e ○ Welches Natur-................ erinnert an DDR und BRD? – □ Das Grüne Band.

...... / 4 Punkte
☺ 3 – 4 Punkte
☹ 0 – 2 Punkte

G Was wäre passiert, wenn …? Ergänzen Sie die Verben in der richtigen Form.

a Wenn ich letzte Woche nicht so viel gearbeitet hätte, hätte ich keine Kopfschmerzen bekommen. (arbeiten / bekommen)

b Wenn ich keine Kopfschmerzen ...., dann .... ich auch nicht zum Arzt .... (haben / gehen)

LÖSUNGEN → S. 223

c Wenn ich nicht beim Arzt ...., dann .... ich Tina dort nicht .... (sein / kennenlernen)

d Wenn wir danach nicht zusammen einen Ausflug ...., dann .... wir uns nicht .... (machen / sich verlieben)

..... / 6 Punkte
4 – 6 Punkte
0 – 3 Punkte

K Ein gemeinsamer Ausflug. Sortieren Sie.

◯ ▫ Abgemacht! Dann fahren wir an den Schliersee. Kannst du recherchieren, wo wir am besten übernachten?
◯ ▫ Natürlich. Und ich besorge auch gleich die Tickets.
◯ ○ Das klingt auch gut, meinetwegen können wir auch dorthin fahren.
1 ○ Ich würde am Wochenende am liebsten an den Chiemsee fahren. Was hältst du davon?
◯ ○ Klar, das kann ich gern machen. Würdest du dich dann erkundigen, wie wir am besten dorthin kommen?
◯ ▫ Keine schlechte Idee, aber wie wäre es denn, wenn wir an den Schliersee fahren? Dort soll es besonders schön sein!

..... / 5 Punkte
3 – 5 Punkte
0 – 2 Punkte

LEKTION 24

W Ruhe oder Stress? Was passt nicht? Streichen Sie.

a Stress: ~~sich amüsieren~~ die Gelassenheit erschöpft sein sich Sorgen machen
b Ruhe: die Eile sich hetzen vergnügt sein sich erholen

..... / 3 Punkte
2 – 3 Punkte
0 – 1 Punkte

G Ergänzen Sie die Verben im Futur.

besuchen werden machen ~~fliegen~~ reisen

○ Nächstes Jahr werde ich für sechs Monate nach Argentinien fliegen. (a)
▫ Wow! Und was .... du dort ....? (b)
○ Ich .... dort einen Spanischkurs .... (c) und ich .... hoffentlich auch ein bisschen .... (d).
▫ Ach, das .... sicher eine ganz tolle Zeit .... (e)

..... / 4 Punkte
3 – 4 Punkte
0 – 2 Punkte

K Welche Antwort passt? Kreuzen Sie an.

1 ○ Ich glaube, ich werde diesen Job niemals bekommen!
a ▫ Dazu gibt es meiner Meinung nach keine Alternative. ◯
b ▫ Mach dir keine Sorgen! Dass du den Job nicht bekommst, halte ich für eher unwahrscheinlich. ◯

2 ○ Petra wird mich sicher doch nicht heiraten!
a ▫ Das solltest du dir fest vornehmen! ◯
b ▫ Ich verspreche dir, dass du bald glücklich verheiratet sein wirst! ◯

3 ○ Ich fürchte, ich werde das Studium nicht schaffen!
a ▫ Ich schätze, dass du nächstes Jahr deine Prüfung machst. ◯
b ▫ Das scheint mir realistisch. ◯

..... / 3 Punkte
2 – 3 Punkte
0 – 1 Punkte

LÖSUNGEN → S. 223

Verben

Konjugation: Konjunktiv II der Vergangenheit mit *haben* und *sein* L23

	haben im Konjunktiv II +	Partizip	sein im Konjunktiv II +	Partizip
ich	hätte	erholt, gebaut, geschrieben, geschützt, ...	wäre	gegangen, gewesen, ...
du	hättest		wär(e)st	
er / es / sie	hätte		wäre	
wir	hätten		wären	
ihr	hättet		wär(e)t	
sie / Sie	hätten		wären	

Irreale Bedingungen und ihre Konsequenzen in der Vergangenheit stehen im **Konjunktiv II der Vergangenheit.**
Wenn hier nicht diese Grenze gewesen wäre, hätte sich die Natur nicht so gut erholt.

Konjugation: Futur I L24

	werden +	Infinitiv
ich	werde	machen, gehen, kommen, ...
du	wirst	
er / es / sie	wird	
wir	werden	
ihr	werdet	
sie / Sie	werden	

Im Deutschen wird das **Präsens + Zeitangabe** (*morgen, am Wochenende, ...*) verwendet, wenn man über Zukünftiges spricht, das sicher passiert.
In einer Woche haben Sie Ihren 90. Geburtstag.

Das **Futur I** benutzt man im Deutschen bei:

Vermutungen / Vorhersagen	Ich schätze, es wird wohl eine Feier ... geben. Da werden doch sicher viele Gäste kommen!
Vorsätzen / Versprechen	Ich werde jeden Morgen dankbar dafür sein, dass ... Die Urenkelkinder haben mir versprochen, dass sie ... singen werden.
Aufforderungen	Du wirst jetzt dein Zimmer aufräumen!

Sätze und Satzverbindungen

Konnektor *als ob* mit Konjunktiv II der Gegenwart L22

irrealer Vergleich / irreale Vorstellung		
Hauptsatz	**Nebensatz**	
		Ende
Petra Kelly lebt,	als ob ihre Tage 48 Stunden	hätten.
Es sieht aus,	als ob die Grünen-Abgeordneten auf ein alternatives Fest	gehen würden.

Konjunktiv II der Vergangenheit mit *wenn*-Satz L23

Irreale Bedingungen in der Vergangenheit		
Wenn hier nicht diese Grenze	gewesen wäre,	(dann) hätte sich die Natur nicht so gut erholt.
Wenn ich mehr für die Prüfung	gelernt hätte,	(dann) hätte ich sie vielleicht bestanden.

eine Aussage interpretieren L22

Für mich bedeutet das, dass ...
Ich verstehe das so: ...
Ich denke dabei an ...
Mich erinnert das an ...

eine persönliche Einschätzung geben L22

Es sieht (nicht) so aus / Es wirkt (nicht) so, als ob ...

Ich habe / Man hat (nicht) den Eindruck / das Gefühl, als ob ...

eine/n Preisträger/in beschreiben L22

... hat den Preis für ... bekommen.
... war eine / einer der Ersten, die / der ...
Neu / Das Besondere daran war / ist, dass ...
... hatte in ... eine große Wirkung.
... hatte Einfluss auf ...

eine persönliche Bewertung ausdrücken L22

Mich beeindruckt / fasziniert, dass ...

Ich bewundere, dass / wenn ...

... gibt mir Hoffnung / macht mir Mut, weil ...

sich auf ein Ausflugsziel einigen L23

Ich würde am liebsten ... Was haltet ihr davon?

Ich habe gehört, dass ... besonders schön ist.

Keine schlechte Idee, aber wie wäre es denn, wenn wir ... oder ...

Das klingt auch gut, meinetwegen können wir ....

Gut, dann sind wir uns ja einig. Wir ... also ...
Abgemacht! Dann ...

einen Ausflug planen und Aufgaben verteilen L23

Lasst uns die Aufgaben verteilen.

Würdest du dich bei ... erkundigen?

Hat jemand Lust, ... vorzubereiten / zu besorgen?

Wer kann recherchieren, wo / wie wir am besten / was wir ...?

ein Ausflugsziel in der Natur beschreiben L23

... liegt im Norden / an der Küste / in der Nähe von ...
Es gibt (hohe) Berge / (breite) Flüsse / (tiefe) Seen / (dichte) Wälder / ...
Die Landschaft ist sehr abwechslungsreich / ...
Die Gegend ist traumhaft schön / ein Naturparadies.
... ist ein Lebensraum für zahlreiche Tiere / Pflanzen / Insekten / ...

Aussagen über die Zukunft formulieren L24

Ich schätze, dass du nächstes Jahr / ...
Dass ... halte ich für sehr wahrscheinlich / eher unwahrscheinlich.
Dazu gibt es meiner Meinung nach keine Alternative.
Ab morgen / In Zukunft ...
Das solltest du dir fest vornehmen.
Ich verspreche dir, dass du ...

Magazin

HÖREN

1 Sehen Sie die Bilder an und lesen Sie den Text. Was meinen Sie? Wie wird man Tätowiererin oder Tätowierer? Sprechen Sie im Kurs.

> Ich glaube, zuerst muss man gut zeichnen lernen. Vielleicht in einer Kunstschule.

2 13 **2** Hören Sie Teil 1 des Interviews und machen Sie Notizen.

Larissa:

(1): Kunstgeschichte
In den Ferien: (2) in einem Tattoo-Studio
Aufgaben im Studio: am Anfang nur (3), viel (4)
Erstes Tattoo: nach (5)
Erfolgreich: nach (6) Jahren

1 *Studium*
2 ...

3 Was muss eine Tätowiererin / ein Tätowierer können? Wie muss sie / er sein? Was meinen Sie? Machen Sie zu zweit eine Top-3-Liste.

1 *eine ruhige Hand haben*
2 ...

2 14 **4** Hören Sie Teil 2 des Interviews.

a Ergänzen Sie Ihre Liste in 3.
b Welche Menschen kommen in Larissas Studio? Sprechen Sie.

5 Was möchten Sie noch über Larissa wissen? Schreiben Sie zu zweit Fragen. Tauschen Sie mit einem anderen Paar, beantworten Sie die Fragen und spielen Sie dann das Interview.

> Hallo Larissa, was war dein lustigstes Tattoo?

Unter die Haut

Immer wenn es wärmer wird, sind auf den Straßen die vielen unterschiedlichen Tattoos zu sehen, die immer mehr Menschen haben: Blumen oder andere Naturmotive, Figuren aus Märchen, Tiere – in Bunt oder Schwarz-Weiß. Einige davon sind wahre Kunstwerke. Doch wer bringt sie eigentlich unter die Haut? Mittlerweile gibt es viele junge Tätowiererinnen. Eine von ihnen ist Larissa Kluge. Die 27-Jährige hat seit zwei Jahren ihr eigenes Tattoo-Studio – und das mit großem Erfolg.

„Wir haben uns sofort verstanden"

Eine enge Freundschaft zwischen Menschen verschiedener Generationen ist selten. Dass sie aber sehr gut möglich ist, zeigen Hilda Müller und Julia Blume. Zwischen ihnen liegen fast zwei Generationen.

Auf dem runden Holztisch in der hellen Küche steht ein großer Topf mit Tomatensoße. Hilda Müller, 73 Jahre alt, und Julia Blume, 32 Jahre alt, haben sie gerade zusammen gekocht. Jetzt servieren sie die Soße mit Spaghetti. Die Tomaten und das Gemüse in der Soße kommen aus dem Gemeinschaftsgarten. Dort haben Hilda und Julia sich kennengelernt. Sieben Jahre ist das her. Seitdem sind sie eng befreundet.

Der Garten ist ihr gemeinsames Interesse. Aber beide gehen auch gern spazieren, sie spielen einmal pro Woche Karten und machen zusammen Ausflüge. Finden sie es nicht komisch, dass vierzig Jahre zwischen ihnen liegen? „Nein", sagen beide gleichzeitig. „Hilda weiß sehr viel über das Leben und interessiert sich aber auch für neue Dinge", sagt Julia. „Außerdem ist sie ein bisschen verrückt." Da müssen beide lachen. „Wir haben den gleichen Humor", ergänzt Hilda. „Julia ist witzig und eine sehr offene und kommunikative Person. Das gefällt mir."

Eigentlich sind die beiden Nachbarinnen. Sie wohnen in einem Mietshaus mit einem großen Garten davor. „Irgendwann hat Julia mich angesprochen und etwas zu meinen schönen Tomaten gefragt", erinnert sich Hilda. Aus einer Frage wurde ein langes Gespräch. „Wir haben uns sofort verstanden", sagt Julia. Am Anfang ist Hilda mit Julias Hund spazieren gegangen, wenn Julia im Büro war. Als Dankeschön hat sie Hilda mit dem Auto zum Einkaufen gefahren, zum Arzt oder zu ihren Kindern, die weiter weg wohnen. So hat ihre Freundschaft angefangen und nach einiger Zeit haben sie auch andere Dinge gemeinsam unternommen.

„Zum Glück gibt es Julia in meinem Leben", sagt Hilda und erzählt, dass sie im letzten Herbst zusammen auf dem Oktoberfest in München waren und Kettenkarussell gefahren sind. „Das war fantastisch", sagt sie. „Ohne Julia würde ich solche Erlebnisse gar nicht mehr haben."

LESEN

1 Sehen Sie das Bild an. Was meinen Sie? Wer sind die beiden Frauen?

> Ich glaube, das sind eine Großmutter und ihre Enkelin.

2 Lesen Sie den Text. Wo, wann und wie haben sich die beiden Frauen kennengelernt? Machen Sie Notizen und sprechen Sie.

Wo? ...
Wann? ...
Wie? ...

3 Lesen Sie den Text noch einmal, Partner/in A notiert Informationen zu Hilda, Partner/in B zu Julia. Vergleichen Sie dann Ihre Notizen und sprechen Sie.

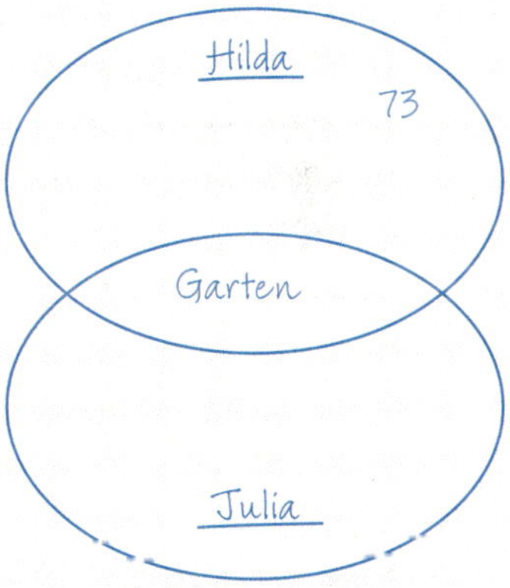

4 Welchen Menschen gibt es zum Glück in Ihrem Leben? Erzählen Sie zu dritt.

> Zum Glück gibt es meine Freundin Sonia in meinem Leben, weil sie sehr witzig ist und wir viel gemeinsam unternehmen.

> Wo habt ihr euch denn kennengelernt?

> Seit wann kennt ihr euch?

HÖREN

1 Sehen Sie die Bilder an und lesen Sie den Text. Arbeiten Sie dann zu viert. Schließen Sie die Augen. Sie sind im Wald. Was sehen / hören / denken / machen Sie? Sprechen Sie.

> Bei uns in Kanada gibt es ja manchmal wilde Tiere.

> Wald ist doch langweilig, da passiert doch nichts.

2 15 **2** Hören Sie das Gespräch zum Thema „Waldschule“ und sortieren Sie die Aussagen.

- (5) Erfolg ist, wenn die Kinder wiederkommen möchten.
- ( ) Die Waldschule ist auch in den Ferien geöffnet.
- ( ) Zeit in der Natur ist gut für Kinder.
- ( ) Manche Kinder haben Angst vor dem Wald.
- ( ) Kita-Gruppen und Schulklassen kommen für 3 – 4 Stunden.
- ( ) Thema ist oft die aktuelle Jahreszeit.

3 Planen Sie zu zweit einen Vormittag in der Waldschule. Was möchten Sie mit den Kindern machen? Notieren Sie Ideen, die Spaß machen! Erzählen Sie dann Ihre Ideen den anderen im Kurs.

- Basteln mit Holz
- Nüsse verstecken wie Eichhörnchen
- ...

Zurück zur Natur

Auf Bäume klettern, über Wiesen laufen, Insekten beobachten – draußen in der Natur zu spielen, ist gut für die Entwicklung von Kindern. Es hilft, wichtige Fähigkeiten und auch Wissen über Pflanzen und Tiere aufzubauen. Manche Kinder verbringen aber nur selten Zeit in der Natur und wissen wenig über sie. Das gilt besonders für Kinder aus der Stadt. Waldschulen möchten sie mit der Natur in Kontakt bringen. In einer davon arbeitet Peter Carstens.

Viel Arbeit – wenig Geld

Sie arbeiten selbstständig und haben keine Mitarbeiter*innen. Deshalb nennt man sie „Ein-Personen-Unternehmen“ oder „Solo-Selbstständige“. Die meisten von ihnen arbeiten viel, verdienen aber wenig – wie der Übersetzer Alex Moser aus Wien.

In einer Ecke seines Schlafzimmers führt Alex Moser gerade ein wichtiges Kundengespräch. Er sitzt an seinem Schreibtisch, schaut auf den Bildschirm und spricht per Videoanruf mit einer Hotelbesitzerin aus Kärnten. Der Schreibtisch im Schlafzimmer ist sein Arbeitsplatz und die Hotelbesitzerin eine wichtige Kundin. Alex Moser übersetzt regelmäßig für sie. Er ist selbstständiger Übersetzer und arbeitet von zu Hause, allein.

Meist übersetzt Alex Moser vom Deutschen ins Englische. Er ist mit beiden Sprachen in Wien aufgewachsen. Dass er Englisch fast fließend spricht, aber auch in der österreichischen Kultur zu Hause ist, ist ein großer Vorteil. Alex Moser ist 35 Jahre alt und hat Übersetzer für Deutsch, Englisch und Japanisch studiert. Japanisch war ihm am Anfang wichtig. Denn wer eine nicht-europäische Sprache kann, verdient meistens mehr. „Ich war sogar ein Jahr in Japan“, erzählt er, „habe aber damals schon gemerkt, dass ich die Sprache nie perfekt können werde.“ Deshalb hat er entschieden, sich auf ein bestimmtes Thema zu spezialisieren: Tourismus. Also hat er auch noch Tourismus studiert.

Er arbeitet für Reiseunternehmen und verschiedene Hotels in den Alpen. „Ich übersetze vor allem Marketing-Texte“, sagt er. „Da braucht man sehr gute Übersetzungen von Menschen.“ Das sind zum Beispiel Websiten, kleine Werbezeitschriften oder Social-Media-Posts. Das kann eine Übersetzungssoftware noch nicht so gut.

Als Selbstständiger bekommt Alex Moser keinen Lohn wie ein Arbeitnehmer, sondern ein Honorar. „Von diesem Geld muss ich dann noch Steuern und meine Krankenversicherung zahlen“, sagt er. „Eigentlich müsste ich davon auch für das Alter sparen. Doch dafür reichen die Honorare nicht.“ Um genug zu verdienen, arbeitet Alex Moser oft auch abends oder am Wochenende.

Moser mag seine Arbeit, die Sprachen und den Kontakt zu den Kund:innen. „Aber leider sind die Honorare viel zu niedrig“, sagt er. „Ich will auch nicht mehr abends und an Wochenenden arbeiten müssen.“ Bald möchte er eine Familie gründen, das würde jetzt nicht gehen. Gerade hat ein Reiseunternehmen ihm eine Teilzeit-Stelle angeboten. Dann würde er jeden Monat einen Lohn bekommen und hätte finanzielle Sicherheit. Gleichzeitig könnte er aber auch noch übersetzen. „Das ist ein tolles Angebot“, sagt er. „Da muss ich nicht lange nachdenken.“

LESEN

1 Sehen Sie das Bild und die Überschrift an. Was meinen Sie? In welchen Berufen hat man viel Arbeit und verdient wenig Geld? Sammeln Sie im Kurs.

Lehrer!

Warum Lehrer? Lehrer arbeiten viel und verdienen auch viel.

Aber bei uns in Polen verdienen Lehrer nicht viel.

2 Lesen Sie den Text. Partner/in A liest bis Zeile 19, Partner/in B liest von Zeile 20 bis zum Ende. Machen Sie Notizen und erzählen Sie.

Partner/in A
Arbeitsplatz:
Studium: Übersetzer für ...

Partner/in B
Kunden:
Honorar:
Pläne:

3 Was würden Sie arbeiten, wenn Geld kein Problem wäre? Erzählen Sie in der Gruppe.

Ich würde total gern als Gärtnerin arbeiten.

Als Gärtnerin? Warum denn das?

HÖREN

2 🔊 16 **1** Lesen Sie den Text und hören Sie dann. Was passt zu wem? Markieren Sie in drei Farben: Anne – Malik – Marko.

a Warum Sabbatical?
- mehr Zeit für Hobbys
- gesundheitliche Probleme
- wollte studieren

b Wie lange?
- vier Monate
- ein halbes Jahr
- fast ein Jahr

c Was gemacht?
- gereist und sich sozial engagiert
- war beim Psychologen
- Studienabschluss gemacht

d nach dem Sabbatical?
- besseren Job gefunden
- anfangs schwierig
- kann besser mit Stress umgehen

2 Gründe für ein Sabbatical

a Sehen Sie die Statistik an. Was passt zu Ihnen? Sprechen Sie zu zweit und notieren Sie dann Stichwörter auf Kärtchen.

> Ich würde einen Malkurs machen! Ich male so gern und habe nie genug Zeit dafür!

mehr Zeit für Hobbys – Malkurs

b Sammeln Sie die Kärtchen und machen Sie eine Kursstatistik. Was würde der Kurs machen? Sprechen Sie im Kurs.

> Wow, so viele wollen mehr Zeit mit der Familie verbringen, das habe ich nicht erwartet.

DAS SABBATICAL

EINE AUSZEIT AUF ZEIT

Viele Deutsche wünschen sich ein Sabbatical, also eine Auszeit von ihrem Beruf. Mal eine Zeit lang ganz was anderes machen und dann wieder zurück an den Arbeitsplatz. Mittlerweile ermöglichen das viele Arbeitgeber:innen und immer mehr Angestellte in Deutschland haben das schon ausprobiert. Studien sagen nämlich auch, dass die meisten nach dem Sabbatical glücklicher waren, mehr Energie hatten und sich weniger gestresst fühlten. Und das ist natürlich auch gut für die Firma!

Nina Metz

Nachgefragt! „Wie war Ihr Sabbatical?“

Nina Metz spricht heute mit Hörer:innen über ihre Erfahrungen im Sabbatical. Rufen Sie an und erzählen Sie uns über Ihre Auszeit vom Beruf!

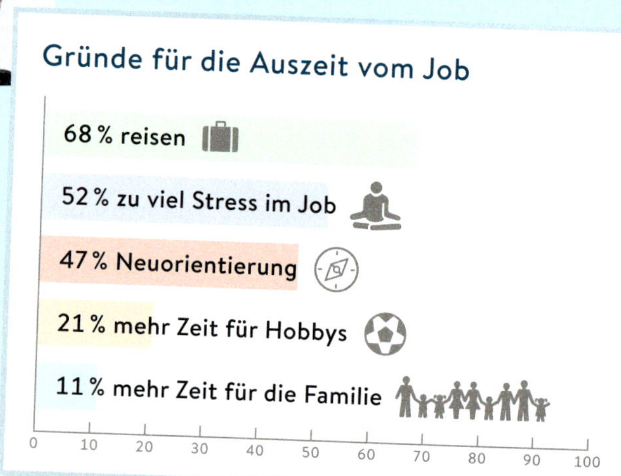

Warum Nichtstun gut für die Gesundheit ist

Wann haben Sie das letzte Mal nichts getan? Wann haben Sie einfach auf einer Bank gesessen und längere Zeit in den Himmel geschaut? Nichts zu tun, fällt vielen Menschen in Deutschland schwer. Die meisten haben sich so sehr an einen ständig vollen Terminkalender gewöhnt, dass sie gar nicht wissen, wie es geht: das Nichtstun. Dabei ist es wichtig für Körper und Seele.

Aus der Wissenschaft ist schon länger bekannt: Das menschliche Gehirn braucht Zeiten der Ruhe. Denn erst dann kann es Erlebnisse, Gelerntes oder Erinnerungen verarbeiten, Gedanken ordnen und Gefühle wirklich fühlen. Vor allem negative Gefühle brauchen Platz, um sich zu verändern und schließlich auch aufzulösen. Wer ständig arbeitet und sich nicht regelmäßig entspannt, wird eher psychisch krank. Und noch etwas haben Studien gezeigt: Personen, die ihre Gedanken auch mal wandern lassen, sind kreativer, sie haben mehr gute Ideen und können danach wieder besser arbeiten. Immer beschäftigt zu sein, schadet auch der körperlichen Gesundheit: Es ist schlecht für das Herz, die Fettverbrennung und auch für das Immunsystem.

Aber wie können Sie das Nichtstun in den Alltag einbauen? Zum Beispiel durch ein festes tägliches Ritual. Am besten wählen Sie einen ruhigen Ort, an dem Sie sich wohlfühlen, wie etwa eine Bank im Garten oder einen bequemen Stuhl am Fenster. Machen Sie es sich gemütlich und lassen Sie Ihre Gedanken wandern. Vielleicht spüren Sie den Wind im Gesicht, hören die Blätter der Bäume rascheln oder riechen die Kräuter aus dem Garten. Wichtig ist, dass Sie nichts schaffen oder erledigen müssen. Beginnen Sie mit einer Auszeit von fünf Minuten und verlängern Sie die Zeit immer ein bisschen weiter. Die genaue Dauer ist nicht wichtig. Das Wichtigste ist, dass Sie sich jeden Tag mindestens eine Auszeit nehmen.

Wer das komplette Nichtstun schwierig findet, kann auch leichter beginnen: Sie können frühstücken, ohne nebenbei aufs Smartphone zu schauen, im Park spazieren gehen oder auf dem Weg zur Arbeit in der U-Bahn mal nichts lesen. Auch eine kurze Meditation oder ein paar Minuten Yoga können Ihnen helfen, sich zu entspannen – und bereiten Sie auf den nächsten Schritt vor: das absolute Nichtstun.

LESEN

1 Sehen Sie das Bild an und lesen Sie den Artikel bis Zeile 6. Wann haben Sie das letzte Mal nichts getan?

> Nichts getan? Das kann ich gar nicht, ich hab dafür keine Zeit.

2 Lesen Sie den Text weiter. Partner/in A liest bis Zeile 17 und notiert Gründe, Partner/in B liest ab Zeile 18 und notiert Tipps für das Nichtstun. Sprechen Sie dann.

3 Wie finden Sie die Tipps? Sprechen Sie im Kurs.

> Ich habe auch ein tägliches Ritual. Ich ...

4 Machen Sie eine Nichtstun-Challenge. Eine Woche lang, jeden Tag fünf Minuten nichts tun! Sammeln Sie zu viert Ideen.

Mo	Di
Wolken beobachten	Sterne anschauen

5 Lesen Sie die Vorschläge der anderen. Sprechen Sie über einen Vorschlag, der Ihnen gefällt.

> Also, Wolken beobachten finde ich toll!

HÖREN

1 Sehen Sie das Bild an und lesen Sie den Text. Wann haben Sie das letzte Mal in der Arbeit ein Lob bekommen? Sprechen Sie in der Gruppe.

> Letzte Woche! Da habe ich ein großes Projekt abgeschlossen.

> Mein Chef lobt mich nie, das finde ich schade.

2 Richtig loben!

2 17 **a** Hören Sie: Welche Tipps gibt Frau Winter? Kreuzen Sie an.

- ◯ Regelmäßig loben ist wichtig.
- ◯ Lob muss ehrlich und klar sein.
- ◯ Man sollte auch das ganze Team loben.
- ◯ Man sollte nur das Ergebnis loben.
- ◯ Loben Sie auch persönliche Eigenschaften.
- ◯ Man sollte nicht vergleichen.
- ◯ Loben Sie so viel wie möglich!

b Arbeiten Sie zu zweit. Sprechen Sie mit Ihrer Partnerin / Ihrem Partner über die Tipps.

> Vergleiche sind doch gut! Ich möchte besser als die anderen sein. Das motiviert mich!

3 Loben Sie eine Person im Kurs.

Schreiben Sie alle Namen auf einen Zettel. Jede/r zieht einen Namen und schreibt für diese Person etwas Positives auf den Zettel. Suchen Sie Ihren Namen und lesen Sie Ihr Lob.

Liebe / Lieber ..., mit dir ist Deutsch lernen nie langweilig!

Richtig loben

– aber wie?

„Gut gemacht!" – Das hören wir gern! Positives Feedback, Lob und Anerkennung machen uns glücklich. Wenn wir gelobt werden, arbeiten wir mehr und besser. Und wir arbeiten vor allem auch lieber und haben mehr Spaß bei der Arbeit!

Aber wie lobt man richtig und was sollte man beim Loben beachten?

Wir sprechen heute mit Sophie Winter, Abteilungsleiterin in einem großen Unternehmen.

Nachhaltig

IN DER KÜCHE! – SO GEHT'S!

Nachhaltig leben im Alltag – das wollen wir alle. Aber wo und wie kann man anfangen? Wir sagen: in der Küche! Hier finden Sie ein paar einfache und praktische Tipps für eine umweltfreundliche Küche, probieren Sie sie aus!

1

___

Kennen Sie das? Manchmal schmecken Tomaten nach Sommer und manchmal einfach nur nach nichts. Wahrscheinlich haben Sie die leckere Sommer-Tomate im Sommer gekauft und sie kam frisch vom Feld. Wenn man Obst und Gemüse aus der Region und in der richtigen Jahreszeit kauft, schmeckt es einfach besser und hat noch dazu viel mehr Vitamine. Außerdem spart man CO_2 beim Transport und Energie bei der Produktion.

2

___

In der Küche produzieren wir viel Abfall, vor allem Verpackungsmüll. Auf Märkten oder in Unverpackt-läden findet man Produkte, die nicht verpackt sind. Man bringt selbst seine Verpackung mit: eine Stofftasche für Gemüse oder ein Marmeladenglas für den Reis. So kann man auch kleine Mengen kaufen, genau so viel, wie man gerade braucht. Und man wirft kein Essen weg, weil man zu viel eingekauft hat.

3

___

Sie essen gerne Fondue, aber nur 2- oder 3-mal im Jahr? Dann teilen Sie Ihr Fondue-Set doch mit Ihren Freund:innen oder Nachbar:innen! Viele Küchengeräte benutzt man nur selten, da ist es billiger und spart Elektromüll, wenn man die Geräte gemeinsam mit anderen kauft oder nur ausleiht. In vielen Städten gibt es inzwischen sogar Leihläden, wo man zum Beispiel auch Eismaschinen und Fritteusen findet.

4

___

Wussten Sie, dass ein Hamburger mehr als 2000 Liter Wasser in der Produktion benötigt und dass dabei auch viel CO_2 entsteht? Wenn Sie mehr Gemüse essen, tun Sie der Umwelt etwas Gutes und auch Ihrem Körper: Experten empfehlen nämlich nur 1- bis 2-mal pro Woche Fleisch auf dem Teller.

LESEN

1 Überfliegen Sie die Texte und ordnen Sie vier Überschriften zu.

- Weniger Fleisch essen
- Müll vermeiden
- Nachhaltige Materialien
- Teilen oder ausleihen
- Regional und saisonal
- Müll richtig trennen

2 Arbeiten Sie zu zweit. Partner/in A liest die Texte 1 + 2, Partner/in B die Texte 3 + 4. Sprechen Sie über Ihre Texte.

> Regionales und saisonales Obst kaufen: Das bedeutet ... Also, man soll zum Beispiel eine Tomate in Deutschland im Sommer kaufen. Dann ...

> Ja, aber es ist auch oft teurer. Das kann sich nicht jeder leisten.

3 Nachhaltig im Alltag! Was machen Sie?

a Arbeiten Sie in Gruppen. Notieren Sie: Was machen Sie? Machen Sie dann einen Kursspaziergang und kommentieren Sie die Ideen der anderen.

> *Ich nehme immer eine Kaffeetasse von zu Hause mit*

> Das mache ich auch, aber ich vergesse meine Tasse leider oft!

b Welcher Tipp hat Ihnen besonders gut gefallen?

> Marina verpackt ihre Geschenke in Zeitungspapier! Gute Idee!

HÖREN

1 Sehen Sie das Bild an und lesen Sie den Text und die Wortwolke. Was meinen Sie? Wie sollte ein Bedienungsroboter sein? Markieren Sie in der Wortwolke in zwei Farben: Das kann er sicher super. / So ist er. / Damit hat er sicher Schwierigkeiten. Sprechen Sie dann zu zweit.

> Also, er ist sicher auf jeden Fall höflich und nett.

> Ja, und ich denke, er kann auch Tipps geben.

4 ◀)) 15 **2** Wie ist der Roboter? Hören Sie und vergleichen Sie mit Ihren Vermutungen in 1. Sprechen Sie dann mit einem anderen Paar.

> Also, höflich ist er schon, finde ich.

> Und er kann auch Tipps geben. ...

3 Rollenspiel: Sie sind in einem Restaurant / Café. Der Bedienungsroboter hat ein Problem. Wählen Sie ein Problem. Schreiben Sie zu viert ein ähnliches Gespräch und spielen Sie dann.

- □ So hier ist Ihr Essen!
- ◇ Oh. Dankeschön, aber das haben wir gar nicht bestellt.
- △ Wir haben ...
- □ Tut mir leid. Das ist mir jetzt total peinlich. Entschuldigung. Ich hab Sie mit Tisch 7 verwechselt.
- ○ Moment mal. Ich kümmere mich darum ...

Fast wie ein Mensch
Roboter als Bedienung

Roboter sind in vielen Situationen bereits Teil unseres Lebens: Sie bauen Autos zusammen, führen Gespräche und machen für uns Musik oder die Heizung an. Sie kümmern sich um ältere Menschen und bedienen in Restaurants. Bald werden sie dabei nicht mehr aussehen wie große Plastik-Spielzeuge auf Rollen mit eingebautem Bildschirm, sondern genauso wie Menschen. Auch ihre Sprache und ihr Verhalten wird uns immer ähnlicher.

genauso wie ein Mensch aussehen
lachen
Speisen und Getränke bringen
Tipps / Empfehlungen und Informationen zum Essen geben
Gefühle zeigen
Fragen beantworten
sprechen
Spaß verstehen
Bestellungen aufnehmen
höflich und nett sein
...
witzig sein

WISSENSCHAFT IM ALLTAG

Warum wir Videos von süßen Tieren so sehr lieben

Ein Beitrag von Sarah El-Gindi, Psychologin an der Universität Berlin

1 Wer sieht zwei Kätzchen nicht gern dabei zu, wenn sie spielen? Oder kleinen Affen, wenn sie durch die Bäume springen? Oder einem Hundebaby, wenn es die Welt entdeckt? – Videos von süßen Tieren im Internet werden millionenfach geklickt. Menschen sitzen stundenlang vor dem Bildschirm und schauen ein Video nach dem anderen. Warum wir so gern kleine Tiere ansehen, ist einfach zu beantworten: Es liegt in der Natur des Menschen.

2 Bestimmte Merkmale an menschlichen Babys, wie zum Beispiel die großen Augen und der relativ große Kopf, führen dazu, dass in Erwachsenen ein automatisches Programm gestartet wird. Sie möchten die Babys anfassen, sich um sie kümmern und sie beschützen. Nur so können kleine Kinder überleben. Viele kleine Tiere haben die gleichen Merkmale im Aussehen und lösen die gleichen Reaktionen aus. Denn auch sie haben große Augen oder einen relativ großen Kopf. Das finden wir ganz besonders niedlich. Genauso wie eine kleine Nase und kleine Ohren.

3 Es gibt aber noch andere Gründe, warum so viele Menschen diese Videos lieben. Wissenschaftliche Studien haben gezeigt: Nachdem Menschen Tiervideos geschaut haben, fühlen sie sich weniger gestresst. Das überrascht nicht. Denn diese Videos lassen uns den Alltag vergessen. Sie nehmen uns mit in eine schöne und lustige Welt. Aus anderen Studien weiß man: Im Gehirn wird der Stoff Dopamin produziert, wenn wir Videos von niedlichen Tieren ansehen. Das macht ein kurzes Glücksgefühl. Weil es aber nur kurzzeitig ist, wollen wir mehr davon. Deshalb schauen wir sofort das nächste Video und das nächste und das nächste.

4 Die Beliebtheit der Tiervideos hat auch eine soziale Seite. Denn wir leiten die Videos gern an Freunde und Familie weiter, reden und lachen gemeinsam über die niedlichen Tiere. So teilen wir positive Gefühle und das stärkt unsere Verbindung zu anderen Menschen. Und es gibt noch etwas: Auf der ganzen Welt geht es den Menschen ähnlich: Sie sind begeistert, wenn sie sehen, wie ein kleiner Hase ein Salatblatt isst oder ein kleines Schaf über eine Wiese läuft. Man kann sagen: Die Videos von niedlichen Tieren sprechen eine universelle Sprache. Meistens ganz ohne Worte.

LESEN

1 Lesen Sie die Überschrift und sehen Sie die Fotos an. Sehen Sie gern Tierfotos oder -videos in sozialen Netzwerken an? Warum (nicht)? Sprechen Sie im Kurs.

> Naja. Tierfotos finde ich nicht so spannend. Sind mir eher egal.

> Oja! Und wie! Ich liebe Hundebabys und könnte stundenlang Hundevideos anschauen.

2 Arbeiten Sie zu zweit. Lesen Sie den Text. Partner/in A liest die Abschnitte 1 + 2, Partner/in B die Abschnitte 3 + 4. Wie finden Sie die Informationen?

> Also, es ist sogar wissenschaftlich bewiesen, dass Tierfotos glücklich machen. Das Gehirn ... Total interessant!

> Echt? Wirklich interessant!

3 Was machen Sie in sozialen Netzwerken, um den Alltag zu vergessen? Sprechen Sie zu viert und präsentieren Sie dann Ihre Tipps im Kurs.

> Ich schau mir oft Kochvideos an. Wir haben auch eine Familiengruppe. Da leite ich immer die Tipps weiter. Manchmal probieren wir die Rezepte auch zusammen aus und kochen sogar online.

HÖREN

1 Sehen Sie die Bilder an und lesen Sie den Text. Was ist das Problem? Warum? Nennen Sie die Gründe.

(Audio 4/16) **2** Arbeiten Sie zu zweit. Hören Sie den ersten Teil der Reportage. Partner/in A notiert Informationen zu „IT for future“ und Partner/in B zu „Anna Schmidt“. Tauschen Sie. Hören Sie dann noch einmal und ergänzen Sie.

IT for future
- Programmierkurse

Anna Schmidt
- hat Informatik studiert

(Audio 4/17) **3** Hören Sie die Reportage zu Ende und ergänzen Sie dann die Informationen zu den beiden Frauen.

4 Kennen Sie weitere Stereotype zu Jungen und Mädchen?

a Wofür interessieren sich Mädchen und Jungen nicht? Was meinen Sie? Machen Sie zu zweit Notizen.

Jungen	Mädchen
Nähen, Stricken, ...	Autos, Video- und Computerspiele
...	...

b Sprechen Sie dann mit einem anderen Paar.

> Ein Stereotyp ist, dass Mädchen sich nicht so sehr für Autos interessieren.

5 Arbeiten Sie zu dritt. Recherchieren Sie über M. Hamilton oder A. Lovelace. Präsentieren Sie dann im Kurs.

> Stellt euch vor, Ada Lovelance durfte nicht studieren. ...!

Mädchen der 4. Klasse in einem Computerkurs von *IT for future*

Die Programmiererinnen von gestern und morgen

Wussten Sie, dass eine Frau das erste Rechenprogramm geschrieben hat, das man mit heutigen Computerprogrammen vergleichen kann? Und auch in der Anfangszeit der elektronischen Computer gab es bedeutende Frauen, die diese programmiert haben. Erstaunlich, dass es oft heißt: Mädchen interessieren sich nicht für Technik und Computer. Das tun sie auch heute noch. Wenn sie noch klein sind, finden genauso viele Mädchen wie Jungen das Thema interessant. Doch: Je älter sie werden, desto mehr nimmt das Interesse ab. Das hat verschiedenen Gründe: Stereotypen, keine Vorbilder, eine Umgebung, die ihnen sagt, dass sie es nicht können. All das haben Forschende herausgefunden. Initiativen nur für Mädchen wollen das ändern und wieder mehr Mädchen für Informatik und Computer begeistern.

Ada Lovelace,

……………………………………,

programmierte …………… das erste Rechenprogramm.

Margaret Hamilton,

……………………………………,

programmierte …………… die Flugsoftware für die Landung auf dem Mond.

„Ich mach das mit links“

In Hip-Hop-Songs geht es normalerweise um teure Klamotten, Geld und schöne Frauen. Beim Berliner Rapper Graf Fidi ist das ganz anders.

Er rappt über den Alltag von Menschen mit Behinderung, über die Reaktion der Leute und die Vorurteile. Hans-Friedrich Baum, so der richtige Name des Rappers, hat am rechten Arm nur einen Finger und eine Gehbehinderung. Er kann nur kurze Strecken laufen und wenige Treppenstufen steigen. Für längere Strecken benutzt er einen Rollstuhl oder ein Fahrrad mit drei Rädern. In seinen Videos sieht man keine großen Autos, sondern zum Beispiel, wie er auf seinem dreirädrigen Fahrrad langsam durch die Straßen Berlins fährt und wie er im Song „friendly cripple“ rappt: „Ich bin kein verbitterter Behinderter, eher so der Lebemann von nebenan, mit dem man was erleben kann“ und „Ich setz mich ein, bring Inklusion zur Diskussion“. Inklusion bedeutet, dass alle Menschen am Leben in der Gesellschaft teilnehmen dürfen, ganz egal, wie sie aussehen, welche Sprache sie sprechen oder ob sie eine Behinderung haben. Das ist die Botschaft von Graf Fidi.

Rapmusik hat er mit 16 Jahren durch seinen besten Freund entdeckt und war sofort begeistert. „Mir war schnell klar, dass ich auf diese Art am besten zurückschlagen kann“, sagt Graf Fidi. „Rap-Texte zu schreiben, war für mich damals wie Tagebuchschreiben.“ In dem Song „Mitten im Leben leben“ verarbeitet er zum Beispiel, dass er in der Schule wegen seiner Behinderung gemobbt wurde.

Graf Fidi, ein Rapper mit Botschaft

Seine Karriere als Rapper kam erst richtig in Fahrt, als er im Bachelor Soziale Arbeit studierte. An seiner Fachhochschule ärgerte er sich ständig, dass man nur über Treppen in den großen Vorlesungssaal kam. Er kontaktierte die Leitung der Hochschule und schlug vor, einen Aufzug einzubauen. Unmöglich, hieß es dort, kein Geld. Über seinen Ärger hat er einen Song geschrieben und mit Freundinnen und Freunden dazu ein witziges Video gedreht. Darin rappt er zum Beispiel: „Ich steh vor der Treppe, da oben geht es zum Audimax. Ich habe gleich eine Vorlesung, ich muss da rauf, verdammt. Ich schau mich um, ein Fahrstuhl ist hier Fehlanzeige.“ Verbreitet hat er das Video über das Internet. Kurze Zeit später wollte der Direktor doch mit ihm reden – und letzten Endes wurde ein Fahrstuhl eingebaut.

Das war der Moment, sagt Graf Fidi, wo er gemerkt hat, dass er mit seiner Musik etwas bewegen kann. Er rappt zwar auch zu anderen Themen, hat sich aber auf das Thema Inklusion spezialisiert. „Ich sehe es als meine Aufgabe, Fragen zu beantworten und Menschen ohne Behinderung zu erklären, wie ich lebe“, sagt er. „Und weil ich teilweise im Rollstuhl sitze und weil ich sechs Finger habe, wissen die Leute, dass ich weiß, wovon ich spreche.“ Er veröffentlicht Musik, tritt in Clubs und auf Festivals auf – vor Menschen mit und ohne Behinderung. Außerdem arbeitet er als Medienpädagoge mit Menschen mit Behinderung und gibt Workshops an Schulen. Dort entwickelt er mit den Jugendlichen eigene Rap-Texte – und auch die handeln nicht von großen Autos oder coolen Marken, sondern von dem, was Jugendliche so bewegt: Fußball, Computerspiele, Freunde treffen und auch gesellschaftlich wichtige Themen wie der Klimawandel.

LESEN

1 Lesen Sie die Überschrift und sehen Sie das Foto an. Was meint Graf Fidi mit „Ich mach das mit links“? Was meinen Sie?

> Eigentlich ist das eine Redewendung und bedeutet, glaub ich, …

2 Arbeiten Sie in Gruppen. Ein Paar beantwortet Frage 1, das andere Paar Frage 2. Tauschen Sie dann und lesen Sie noch einmal. Ergänzen Sie, wenn nötig.

1 Was erfahren wir über ihn? Was macht / arbeitet er?
2 Welche Themen spricht er an? Welche Botschaft hat er?

> 1 Mit 16 das Rappen entdeckt, …

> 2 Inklusion, …

3 Welche Lieder von Graf Fidi gefallen Ihnen besonders gut?

a Recherchieren Sie zu dritt. Spielen Sie dann im Kurs ein Lied vor und erzählen Sie kurz, worum es im Text geht.

> Wir mögen den Song *Lebenselixier*. Dort geht es darum, wie wichtig Wasser für alle auf der Welt ist.

> Aber er spricht auch viele andere Themen an: Klimaschutz, Gleichberechtigung und vieles mehr.

b Wählen Sie im Kurs die fünf schönsten Songs und machen Sie eine Playlist für Ihre nächste Kursparty.

HÖREN

1 Lesen Sie den Text: Hören oder lesen Sie deutsche Nachrichten? Wo? Finden Sie das einfach? Sprechen Sie im Kurs.

> Ich lese Nachrichten fast nur in den sozialen Medien, da sind sie kurz und ich kann sie ganz gut verstehen.

4 ◀)) 18 **2** Hören Sie den Radiobeitrag und machen Sie Notizen zu den Fragen.

- Merkmale?
  Nicht so viele Fremdwörter, ...
- Für wen?
- Schwierigkeiten beim Schreiben?
- Feedback?

3 Arbeiten Sie zu zweit. Lesen Sie die Notizen Ihrer Partnerin / Ihres Partners und hören Sie noch einmal. Ergänzen Sie dann, wenn nötig.

> Also, man verwendet nicht so viele Fremdwörter, oder man muss sie erklären.

4 Wo wäre einfache Sprache noch sinnvoll? Sammeln und sprechen Sie zu dritt. Präsentieren Sie dann Ihre Ergebnisse im Kurs.

Führungen in Museen, Formulare, ...

> Ich war mal in einem Museum in Berlin. Und da gab es Führungen in leichter Sprache. Für mich war das toll, weil ich viel mehr verstanden habe.

> Tolle Idee! Das wusste ich nicht, dass es so etwas gibt.

Nachrichten leicht verständlich

Nachrichten über aktuelle Ereignisse warten überall auf uns: auf dem Startbildschirm des Handys, auf Social-Media-Plattformen, auf News-Websiten, im Fernsehen oder Radio. Allerdings können einige Menschen das Standarddeutsch dieser Nachrichten gar nicht oder nur schwer verstehen. Das sind zum Beispiel Menschen, die nur schlecht lesen und schreiben können oder welche mit Lernschwierigkeiten. Für sie gibt es eine besondere und leicht verständliche Form des Deutschen, die sogenannte einfache Sprache. Einige Nachrichtenkanäle bieten speziell für diese Zielgruppe Nachrichten in einfacher Sprache an.

Arbeitsmarkt heute

„Heute müssen die Unternehmen sich bei den Auszubildenden bewerben.“

Ein Interview von Rafi Ahmadi

Immer mehr junge Menschen studieren – und immer weniger machen eine Ausbildung. Vor allem im Handwerk fehlt der Nachwuchs. So bleiben jedes Jahr rund ein Viertel der Ausbildungsplätze zur Bäckerin oder zum Bäcker unbesetzt. Bei Bäckermeisterin Nadine Weber ist das anders: Sie beschäftigt fünf Bäckerinnen und Bäcker und hat jedes Jahr zwei Auszubildende.

Frau Weber, Sie haben kein Nachwuchsproblem. Sie bekommen jedes Jahr mehr Bewerbungen, als Sie Ausbildungsplätze haben. Wie haben Sie das geschafft?

Ich habe einfach erkannt, dass man die Jugendlichen nur für eine Ausbildung gewinnt, wenn man ihnen neue Angebote macht. Früher konnten die Unternehmen auswählen, da gab es sehr viele, die einen Ausbildungsplatz gesucht haben. Heute ist das anders. Es gibt viel weniger junge Menschen und sie wählen jetzt uns aus. Wir müssen uns bei ihnen bewerben und ihnen etwas bieten. Zuerst einmal zahle ich ein höheres Ausbildungsgehalt. Das ist bei den meisten immer noch viel zu niedrig und reicht gar nicht zum Leben aus.

Ich kann mir vorstellen, dass Geld allerdings nicht alles ist. Wie sieht es mit den Arbeitszeiten aus?

Das ist ein großes Problem in unserer Branche. In Bäckereien beginnt man in der Regel um zwei oder drei Uhr nachts mit der Arbeit. So ein Leben möchten viele junge Menschen nicht mehr, das kann ich gut verstehen. In meiner Bäckerei fangen wir später an. Dafür habe ich Arbeitsabläufe geändert und biete jetzt weniger Produkte an. Meine fünf Angestellten kommen um 5.30 Uhr und 6 Uhr, die Azubis müssen erst um 7 Uhr anfangen. Das finden alle sehr angenehm. Dass wir später anfangen, geht aber nur, weil wir ein kleiner Betrieb sind.

Was können Ausbildungsbetriebe noch tun, um Jugendliche zu gewinnen?

Neben dem Gehalt und der Arbeitszeit finden junge Menschen eine gute Arbeitsatmosphäre sehr wichtig. Es gibt aber immer noch Betriebe, die ihre Auszubildenden schlecht behandeln und sie als billige Arbeitskräfte sehen. „Lehrjahre sind keine Herrenjahre“, heißt es dann. Aber das ist völlig veraltet. Man sollte die Jugendlichen übrigens auch möglichst früh ansprechen und ihnen zeigen, was Auszubildende in einer Bäckerei erwartet. Am besten macht man das über Social-Media-Plattformen.

Wie schauen Sie in die Zukunft?

Ich bin sehr zufrieden und hoffe, dass bald mehr Bäckereien es machen wie ich. Denn es stimmt nicht, dass die Jugend keine Lust auf das Bäcker-Handwerk hat. Es ist ein guter Beruf und man sieht am Ende des Tages, was man gemacht hat. Das finden auch junge Menschen gut. Doch sie haben eine bestimmte Vorstellung davon, was ein guter Arbeitsplatz ist.

LESEN

1 Lesen Sie den Text bis Zeile 6. Was bedeutet der Titel? Sprechen Sie im Kurs.

> Es gibt jedes Jahr 25 % Ausbildungsplätze, die frei sind. Deshalb ...

2 Arbeiten Sie zu viert. Lesen Sie das Interview. Was macht Frau Weber, um Azubis zu finden? Markieren Sie die vier Fragen. Jede/r liest eine Antwort und berichtet dann den anderen.

> Frau Weber hat kein Problem, Azubis zu finden, weil ...

3 Sie interessieren sich für einen Ausbildungsplatz bei Frau Weber. Stellen Sie Frau Weber Fragen und schreiben Sie zu zweit ein Interview. Spielen Sie dann das Gespräch.

○ Frau Weber, ich interessiere mich für einen Ausbildungsplatz bei Ihnen. Wie sind denn da die Arbeitszeiten? Wann ...
□ ...

4 Welche Erfahrungen haben Sie oder Personen gemacht, die Sie kennen? Machen Sie Notizen zu den Fragen und sprechen Sie in der Gruppe.

- Ist es schwierig, einen Ausbildungsplatz zu finden?
- Welche Ausbildungen sind (nicht) beliebt? Warum?
- Was bieten die Betriebe den Auszubildenden?

HÖREN

1 Lesen Sie den Text und die Bildunterschriften und sehen Sie die Bilder an. Kennen Sie weitere Berufe, die es fast nicht mehr gibt? Sprechen Sie im Kurs.

> Bei uns gibt es nur noch ganz wenige Schneidereien. Die Leute kaufen Kleidung fast nur noch im Geschäft.

> In Marokko werden Produkte aus Leder gemacht ...

4 🔊 19-22 **2** Hören Sie und machen Sie Notizen.

1 Großvater

Karina:
- ihr (1) hat den Betrieb gegründet.
- (2) teure Uhren.
- für den Job braucht man ruhige Hände und viel (3).

Patrick:
- stellt kein (4) her, sondern dekorative Gegenstände.
- den Familienbetrieb gibt es seit (5) Jahren.
- verkauft sogar bis nach (6).

Günther:
- Glasbläser seit (7) Jahren.
- verdient (8).
- stellt selbst circa (9) Produkte her.

Laura:
- repariert vor allem individuelle und (10) Schuhe.
- mit (11) die Ausbildung begonnen.
- arbeitet circa (12) bis ein Paar Schuhe fertig ist.

3 Hören Sie noch einmal und notieren Sie, was Sie interessant finden. Sprechen Sie dann in der Gruppe.

> Ich finde interessant, dass Patrick der jüngste Holzspielzeugmacher ist.

A Karina Schwarz Uhrmacherin

B Patrick Uhlig Holzspielzeugmacher

C Günther Müller-Litz Glasbläser

D Laura Berg Schuhmacherin

Aus der Zeit gefallen – seltenes HANDWERK

Es gibt Berufe, die vor gar nicht langer Zeit in Deutschland noch alltäglich waren, mittlerweile jedoch sehr selten sind. Das sind vor allem Handwerksberufe, von denen einige vielleicht bald ausgestorben sein werden. Was früher von diesen Berufsgruppen hergestellt wurde, konnten Maschinen irgendwann schneller, in größerer Stückzahl und vor allem viel günstiger produzieren. Hinzu kommt: Auch heute sind handwerkliche Produkte aus Deutschland viel teurer, als wenn sie günstig in anderen Ländern der Welt hergestellt werden. Wer allerdings eine Nische bedient, kann auch in Deutschland noch Kundinnen und Kunden finden, die für gutes Handwerk gern mehr zahlen. Wir haben vier Personen gefragt: Warum lieben sie ihren Beruf? Seit wann machen sie ihn? Was machen sie genau?

Drei Dinge sind sicher im Leben

von Mariana Leky

Mein zehnjähriger Sohn nimmt im Deutschunterricht gerade Sprichwörter durch und kommt nach Hause mit der Idee, die Nachbarn nach ihren Lieblingssprichwörtern zu fragen. Weil er heute etwas schüchtern ist, bittet er mich mitzukommen. (...)

Wir fragen zuerst Achim, den Cafébesitzer unten im Haus, nach seinem Lieblingssprichwort. Er muss nicht lange nachdenken: *Alte Füchse gehen schwer in die Falle*. Er sagt das, weil er schon wieder versucht, sich das Rauchen abzugewöhnen. Achim ist Mitte vierzig. Er raucht bereits seit dem Schulhof, und er will es schon lange lassen. Er hat sich akupunktieren, hypnotisieren und mit Nikotinpflastern bekleben lassen, er hat versucht, die Zigarette durch eine Karotte, eine Salzstange und einen Bleistift zu ersetzen, er hat sogar, auf Anraten eines Coaches, angefangen, einen Abschiedsbrief an seine Zigaretten zu schreiben (der Brief blieb unvollendet, weil Achims Sucht behauptet, Schreiben gehe nur mit Rauchen). Die Sucht, der steinalte, räudige Fuchs, lässt alle Fallen links liegen.
»Dankeschön«, sagt mein Sohn und schreibt Achims Sprichwort auf. Es ist das einzige, das er ohne ein eingeklammertes Fragezeichen dahinter notiert.

Als Nächstes klingeln wir beim Ehepaar Schwerters, das vor Kurzem silberne Hochzeit gefeiert hat. Die beiden wirken, als hätten sie bereits hinter der Tür gestanden und nur auf uns gewartet, denn sie sind randvoll mit Sprichwörtern. »*Ein Heute ist besser als zwei Morgen*«, sagt Herr Schwerters, »persisches Sprichwort.« Mein Sohn runzelt die Stirn. »Das stimmt aber nicht, wenn man morgen Fußballtraining hat«, findet er. (...)

»Ich weiß auch noch eins«, sage ich, während wir vor der Tür von Herrn Wiesberg warten, »*Sag niemals nie*.« - »Das hab ich schon«, sagt mein Sohn. *Sag niemals nie* ist das Lieblingssprichwort meines Onkels Ulrich. Er wollte sich immer ein Plakat des gleichnamigen James-Bond-Films über seine Behandlungscouch hängen, aber leider fand meine Tante das unpassend. Mein Onkel griff zu diesem Sprichwort, wenn es galt, jemanden von irgendwoher runter- oder hochzuholen. Wenn jemand behauptete, ab heute nie wieder glücklich oder nie wieder unglücklich zu werden.
Herr Wiesberg holt erst mal eine Tüte Gummibärchen und bietet uns und sich selbst reichlich daraus an. Herr Wiesberg arbeitet beim Finanzamt. »*Zwei Dinge sind sicher im Leben*«, zitiert er, mit dem Mund voller Gummibärchen, »*eins davon ist die Steuer*.«
»Und das andere?«, fragt mein Sohn.
Herr Wiesberg hört auf zu kauen und schaut mich unsicher an, er weiß nicht, ob mein Sohn bereits darüber informiert ist, dass wir alle sterben müssen.
Ich sage: »Der Tod«, und Herr Wiesberg sagt gleichzeitig: »Gummibärchen.« Mein Sohn guckt verunsichert, und Herr Wiesberg und ich sagen, wieder gleichzeitig: »Beides.«
Herr Wiesberg räuspert sich. »Ich habe mich versprochen«, sagt er, »ich meinte natürlich: *drei* Dinge.«

Auf dem Treppenabsatz begegnen wir Herrn Pohl und seinem Hund Lori.
»Wir wollten gerade bei Ihnen klingeln«, sagt mein Sohn. »Ich mache eine Umfrage. Was ist Ihr Lieblingssprichwort?«
»*Tempus fugit*«, sagt Herr Pohl spontan, »die Zeit fliegt. Das lässt sich sehr schön an dir beweisen«, sagt er zu meinem Sohn, »gestern saßt du noch im Kinderwagen, heute machst du schon Umfragen.«
Und wieder guckt mein Sohn kritisch, und ich ahne, was hinter seiner zehnjährigen Stirn gedacht wird: Das stimmt nicht, wenn man auf das nächste Fußballtraining wartet, es stimmt nicht, wenn man angehalten ist, sein Zimmer aufzuräumen, und beim Matheüben stimmt es schon mal gar nicht.
Ich schaue meinem Sohn, der eben noch im Kinderwagen saß, beim Notieren zu. Die Zeit fliegt, schreibt er, und dann, in Klammern, zwei Fragezeichen dahinter. Herr Pohl und ich sind noch ungefähr zweieinhalb Köpfe größer als mein Sohn. Von hier aus können wir sie fliegen sehen, die Zeit.

LESEN

1 Lesen Sie den Text. Welche Sprichwörter haben die Personen? Notieren Sie.

Achim: Alte Füchse gehen ..., Ehepaar Schwerters: ..., Herr Wiesberg: ..., Onkel Ulrich: ..., Herr Pohl: ...

2 Arbeiten Sie zu fünft: Wie erklären die Personen ihre Sprichwörter? Wählen Sie ein Sprichwort, lesen Sie dann den Textabschnitt und erklären Sie den anderen das Sprichwort.

Achims mag das Sprichwort: „Alte Füchse gehen ...". Also ich verstehe das so: Wenn man alt ist oder viel Lebenserfahrung hat, ...

3 Und was ist Ihr Lieblingssprichwort oder -motto?

a Wählen Sie ein Sprichwort oder ein Motto auf Deutsch oder in einer anderen Sprache. Überlegen Sie sich dann eine Erklärung dazu.

b Machen Sie einen Kursspaziergang und „klingeln" Sie bei Ihren Kurskolleginnen / Kurskollegen. Tauschen Sie sich aus und gehen Sie dann weiter. Notieren Sie drei Sätze.

Auf Japanisch gibt es das Sprichwort „nana korobi ya oki", das bedeutet: „Siebenmal hinfallen, achtmal aufstehen." Ich finde das schön, denn es heißt, man soll niemals aufgeben. Man soll keine Angst vor Fehlern haben.

c Sammeln Sie im Kurs. Machen Sie eine Liste mit den schönsten Sätzen.

ZU LEKTION | ZU AUFGABE

01 1b → S. 11

Wie reagieren Sie, wenn …? WIEDERHOLUNG

a Lesen Sie den Fragebogen und kreuzen Sie an oder ergänzen Sie: Was passt zu Ihnen?

WIE REAGIEREN SIE, WENN …

1 **Sie jemanden in einem Online-Kurs erkennen?**

- ○ Ich lächle und winke.
- ○ Ich schreibe sofort eine Nachricht im Privatchat.
- ○ Ich freue mich still und leise.
- ○ ……………………

2 **Sie sich nicht mehr an den Namen einer Person erinnern?**

- ○ Ich benutze einfach irgendeinen Namen.
- ○ Ich entschuldige mich und frage nach dem Namen.
- ○ Ich vermeide den Namen und sage einfach „du".
- ○ ……………………

3 **Sie auf der Straße eine unbekannte Person grüßt?**

- ○ Ich grüße freundlich zurück.
- ○ Ich frage, ob wir uns kennen.
- ○ Ich schaue schnell weg.
- ○ ……………………

4 **Sie auf einer Party jemanden kennenlernen möchten?**

- ○ Ich tue so, als ob wir uns kennen.
- ○ Ich begrüße die Person und stelle mich vor.
- ○ Ich warte, bis mich die Person anspricht.
- ○ ……………………

b Fragen Sie Ihre Partnerin / Ihren Partner und sprechen Sie.

Was machst du, wenn dich auf der Straße eine unbekannte Person grüßt?

Wenn mich auf der Straße eine unbekannte Person grüßt, frage ich, ob wir uns kennen. Und du?

Also, ich schaue schnell weg, weil mir das total peinlich ist.

G

		Ende
Ich grüße freundlich zurück,	wenn mich auf der Straße eine unbekannte Person	grüßt.

G

	Ende		Position 2	
Wenn mich auf der Straße eine unbekannte Person	grüßt,	(dann)	freue	ich mich einfach.

einhundertsechsundfünfzig

7 → S. 13

Immer wenn du „und“ gesagt hast, …

a Arbeiten Sie zu zweit. Was war gestern? Schreiben Sie einen Fantasiebericht in der *Ich*-Form (ca. 100 Wörter).

Gestern bin ich erst um 10 Uhr aufgestanden.
Ich habe geduscht und dann habe ich richtig gut gefrühstückt:
Kaffee und Orangensaft, Brot mit Käse und sogar ein Ei …

b Erfinden Sie einen „Code“: Bei welchen Code-Wörtern machen Sie diese Zeichen? Notieren Sie in der Tabelle. Ein Code-Wort kann mehrmals oder nur einmal vorkommen.

Zeichen		Code-Wort
	die Augen zumachen	*und*
	den Kopf schütteln	
	kurz aufstehen	
	lächeln	
	die Hand heben	

c Arbeiten Sie mit einem anderen Paar zusammen. Eine/r von Ihnen liest den Text vor, die / der andere macht die Zeichen dazu. Das andere Paar beobachtet und rät: Welches Zeichen gehört zu welchem Wort? Tauschen Sie dann die Rollen.

02 3b → S. 16

Rollenspiel: Ich finde die Wohnung ganz schön, aber …

a Arbeiten Sie zu zweit. Lesen Sie die Situation und die Wohnungsanzeige. Wählen Sie dann eine Rolle (Partner/in A oder Partner/in B). Machen Sie sich Notizen zu Ihrer Rolle: Was möchten Sie sagen?

SITUATION

Sie (Partner/in A und Partner/in B) sind schon lange gute Freundinnen / Freunde. Sie möchten nun zusammen in eine Wohnung ziehen. Sie haben eine günstige Wohnung gefunden, die aber nicht sehr groß ist. Sie müssen sich bis morgen entscheiden, ob Sie die Wohnung nehmen oder nicht.

Hübsche kleine 1,5 Zimmer-Wohnung, 40 m², kleine Einbauküche, mit Dusche / WC, am Stadtrand von Berlin. S-Bahnstation in 15 Min. mit dem Rad zu erreichen.
GÜNSTIG!

Kontakt:
reischenberger@immogünstig.de

PARTNER/IN A

Sie finden die Wohnung ganz schön, aber Sie haben Zweifel, weil …
- ein Zimmer sehr klein ist.
- es keinen Balkon gibt.
- …

PARTNER/IN B

Sie würden die Wohnung sofort nehmen, denn …
- sie ist sehr günstig.
- Sie haben schon so lange nach einer gemeinsamen Wohnung gesucht.
- …

b Welche Sätze wollen Sie verwenden? Markieren Sie.

Zweifel ausdrücken	Zuversicht ausdrücken
Versteh mich nicht falsch, aber …	Ich bin optimistisch, dass …
Ich hab' da so meine Zweifel, dass …	Ich bin (total) überzeugt, dass das richtig ist.
Man darf (auch / dabei) nicht vergessen, dass …	Das kann ich mir gut vorstellen. / Ich kann mir gut vorstellen, dass …
Ich weiß nicht, ob das gut ist.	
Das müssen wir uns wirklich gut überlegen.	

c Spielen Sie das Gespräch.

- Partner/in A: Ich finde die Wohnung ganz schön, aber ich hab' da so meine Zweifel, dass sie groß genug ist.
- Partner/in B: Ja, aber ich kann mir gut vorstellen, dass …

6b → S. 18

Schreibspiel WIEDERHOLUNG

a Arbeiten Sie zu dritt. *Weil, deshalb* oder *denn*? Ergänzen Sie die Tabellen.

Hauptsatz		Hauptsatz		
	(Position 0)		Position 2	
Ich bin sehr gern allein,		....	brauche	ich nicht viele Freunde.
		darum daher deswegen		
Ich brauche nicht viele Freunde,	....	ich	bin	sehr gern allein.

Hauptsatz	Nebensatz	
		Ende
Ich brauche nicht viele Freunde,	.... ich sehr gern allein	bin.

b Arbeiten Sie zu dritt. Jede/r schreibt einen Satz (1, 2 oder 3) auf einen Zettel und gibt den Zettel weiter. Schreiben Sie den Satz neu. Benutzen Sie einen anderen Konnektor (*darum, daher*, ...) und geben Sie den Zettel weiter. Welche Gruppe schreibt in zehn Minuten die meisten Sätze?

1 Ich finde Ehrlichkeit sehr wichtig, darum sage ich meinen Freunden immer die Wahrheit.
Ich sage meinen Freunden immer die Wahrheit, weil ich Ehrlichkeit sehr wichtig finde.

2 Ich rufe meine beste Freundin dreimal in der Woche an, weil ich sie oft vermisse.
Ich vermisse meine beste Freundin oft, ...

3 *Ich habe fast 100 Freunde, denn ich bin nicht gern allein.*
Ich bin nicht gern allein, ...

SCHON FERTIG?
Überlegen Sie sich drei weitere Sätze. Spielen Sie noch eine Runde.

02 7a → S. 18

Freundschaft heißt für mich … ZWISCHENSCHRITT

a Arbeiten Sie allein oder zu zweit. Lesen Sie die Fragen 1–6 und die Aussagen A–F und ordnen Sie zu: Welche Aussage zum Thema „Freundschaft“ passt zu welcher Frage?

1 Kann man Freundinnen / Freunde haben, die viel älter / jünger sind als man selbst?
2 Kann man mehrere Freundinnen / Freunde haben?
3 Kann man mit einem Tier befreundet sein?
4 Kann man mit jemandem befreundet sein, den man nur virtuell kennt?
5 Wie viele Freundinnen / Freunde kann man maximal haben?
6 Kann man ein Leben lang mit jemandem befreundet sein?

A

In Freundschaften muss man investieren. Eine gute Freundschaft gibt es nicht umsonst, denn Verbundenheit gibt es nicht einfach so. Deswegen sollte man meiner Meinung nach nicht zu viele Freundinnen haben.

B

90 % von allen Kontakten, die ich habe, sind aus meiner Generation. Meine Freundinnen und Freunde sind in einer ähnlichen Lebenssituation und haben ähnliche Probleme. Darum kann ich mir eine Freundschaft mit einer viel jüngeren oder älteren Person nicht vorstellen.

C

Warum sind virtuelle Freundschaften eigentlich schlechter als reale Freundschaften? Man kann sich beim Gamen oder in sozialen Netzwerken kennenlernen und viel Spaß miteinander haben. Ich habe viele virtuelle Freundinnen und Freunde, denn ich finde es ganz schön, wenn ich mich nicht dauernd mit Leuten treffen muss.

D

Ich habe rund 270 Freunde in sozialen Netzwerken. Aber ich habe nur drei beste Freunde und fünf wirklich enge Freunde. Nur mit meinen besten Freunden spreche ich über unsere persönlichen Gefühle und Probleme.

E

Ich bin der Meinung, dass auch Tiere echte Freunde sein können. Sie sind – wie wir Menschen auch – gern mit anderen zusammen und zeigen auch ihre Gefühle. Wir empfinden weniger Stress, wenn wir gute soziale Kontakte haben. Das funktioniert meiner Meinung nach auch im Kontakt mit Tieren.

F

Meine Freundin und ich sind schon seit der Grundschulzeit beste Freundinnen. Wir sind uns gar nicht so ähnlich, aber das macht nichts – ja, wir feiern sogar unsere Unterschiede. Übrigens: Die meisten Menschen haben ihre engsten Freundinnen und Freunde schon in der Schulzeit kennengelernt. Das habe ich irgendwo mal gelesen.

b Welche Aussagen und Argumente finden Sie interessant? Markieren Sie. Gehen Sie dann zurück auf Seite 18.

03 5c → S. 21

Gedichtewerkstatt WIEDERHOLUNG

a Arbeiten Sie zu viert. Lesen Sie die Wörter in den Wortwolken und schreiben Sie ein Gedicht: „Das ist unser Ding!" wie im Beispiel auf Seite 162. Verwenden Sie so viele Adjektive wie möglich. Tauschen Sie dann mit einer anderen Gruppe.

spannend · alt · nett · lecker · einsam · schön · toll · neu · laut · groß · gemütlich · gut · lieb · warm · lang · ganz · lustig · salzig · früh · deutsch · kalt · schrecklich · süß · wunderschön · witzig · blau · …

etwas unternehmen · lesen · liegen · sehen · hören · spielen · trinken · lernen · feiern · fahren · planen · joggen gehen · schicken · kaufen · kochen · streicheln · schauen · spazieren gehen · essen · …

Buch · Bild · Essen · Gitarre · Freundinnen / Freunde · Stadt · Wiese · Sessel · Arbeitstag · Lieder · Sprache · Mutter · Länder · Sofa · Fahrrad · Auto · Tasse Tee · Familie · Sprachnachrichten · Chips · Spiele · Nachbarin / Nachbar · Kinder · Film · Kleid · Party · Eis · Videos

Strand

Katzen · Meer · Decke · …

stundenlang · nach einem Arbeitstag · im Herbst · im Frühling · am Morgen · am Abend · im Winter · an einem Sommerabend · …

Das ist unser Ding!

Mit meinen lieben Kindern an einem einsamen Strand spazieren gehen,
an warmen Sommerabenden mit guten Freunden ein leckeres Eis essen,
im kalten Winter unter einer warmen Decke einen spannenden Film sehen,
witzige Videos an meine ganze Familie schicken,
mit meiner neuen Freundin auf das blaue Meer schauen,
die süßen Katzen auf dem alten Sofa streicheln,
mit der netten Nachbarin eine große Party planen,
und die wunderschöne, schreckliche deutsche Sprache lernen. 😉

SCHON FERTIG?

Schreiben Sie noch ein Gedicht. Das ist gar nicht mein Ding!

Das ist gar nicht mein Ding!
Im Regen mit meinem nassen Hund spazieren gehen,
langweilige Grammatiktabellen ausfüllen,
...

G

	◆ maskulin	◆ neutral	◆ feminin	◆ Plural
Nominativ	der lange Arbeitstag	das spannende Buch	die neue Gitarre	die netten Freundinnen
Akkusativ	den gemütlichen Sessel	das blaue Meer	die deutsche Sprache	die süßen Katzen
Dativ	im kalten Winter	auf dem alten Sofa	mit der netten Nachbarin	mit den guten Freunden

= -e

= -en

G

	◆ maskulin	◆ neutral	◆ feminin	◆ Plural
Nominativ	ein lustiger Film	ein tolles Kleid	eine warme Tasse Tee	- schöne Lieder
Akkusativ	einen spannenden Film	ein leckeres Eis	eine große Party	- witzige Videos
Dativ	an einem einsamen Strand	bei einem guten Essen	unter einer warmen Decke	an - warmen Sommerabenden

= -en

G

	◆ Plural: Negativ- und Possessivartikel
Nominativ	keine lauten Partys
Akkusativ	keine lustigen Spiele
Dativ	mit meinen lieben Kindern

auch so: mein-, dein-, sein-, ...

b Lesen Sie Ihr Gedicht vor. Die anderen notieren: Welche Zeile hat Ihnen besonders gut gefallen?

03 **6b** → S. 22

Meine SUPERKRÄFTE – Jahras Checkliste

a Lesen Sie Jahras Checkliste und kreuzen Sie an: Was passt zu Ihnen?

Meine SUPERKRÄFTE – Jahras Checkliste

Finde heraus, was du liebst und was du gut kannst. Du lernst dich so besser kennen und ich dich auch! In einem gemeinsamen Gespräch finden wir dann heraus, was dich glücklich macht! Ich bin gespannt auf deine Antworten. Viel Spaß damit!

		😃	😐	☹️
1	Ich bin teamfähig, denn ich arbeite gern mit anderen zusammen, habe viele Ideen und freue mich über die Ideen der anderen.			
2	Wenn jemand Hilfe braucht, bin ich gern bereit zu helfen.			
3	Ich kann gut mit Menschen umgehen. Menschen interessieren mich und ich bin gern mit Menschen zusammen.			
4	Wenn es Konflikte gibt, dann spreche ich die an. Man muss darüber reden!			
5	Wenn es ein Problem gibt, bleibe ich ruhig und finde Lösungen.			
6	Ich bin handwerklich begabt und arbeite gern mit meinen Händen.			
7	Ich bin eine gute Zuhörerin / ein guter Zuhörer und kann andere gut verstehen, wenn sie ein Problem haben. Und ich gebe ihnen meist gute Tipps.			
8	Ich kann gut rechnen.			
9	Ich kann mich gut motivieren, auch wenn ich mal keine Lust habe.			
10	Ich bin gut organisiert und arbeite gründlich.			
11	Ich arbeite gern alleine. Und ich liebe die Arbeit am Computer.			
12	Man kann mir vertrauen. Ich erzähle Neuigkeiten nicht weiter.			
13	Ich kann viele Dinge parallel machen.			
14	Bei technischen Fragen kommen immer alle zu mir.			
15	Ich verstehe Zusammenhänge schnell.			

b Wo haben Sie 😃 angekreuzt? Wählen Sie Ihre drei wichtigsten Stärken und machen Sie Notizen. Gehen Sie dann zurück auf Seite 22.

Meine Superkräfte
1 Ich kann gut rechnen.
2 Ich bin handwerklich begabt.
3 Ich arbeite gern alleine und liebe die Arbeit am Computer

SCHON FERTIG?
Finden Sie weitere Stärken und ergänzen Sie Ihre Checkliste.

04 3b → S. 28

Was machen Sie, damit ...?

a Arbeiten Sie in Gruppen. Jede Gruppe ergänzt <u>einen</u> Wortigel mit Tipps.

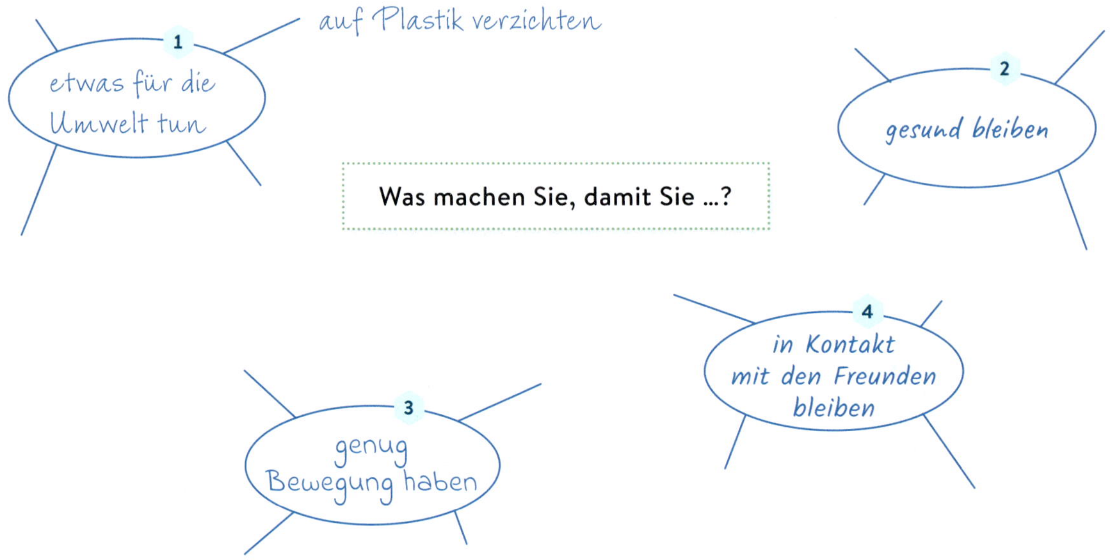

b Bilden Sie neue Gruppen mit jeweils einer Person aus jeder Gruppe. Jeder Wortigel muss vertreten sein. Erzählen Sie: Welche Tipps haben Sie gesammelt? Bilden Sie Sätze mit *damit*.

> Damit wir etwas für die Umwelt tun, verzichten wir auf Plastik. Wir fahren auch weniger Auto, damit wir ...

c Wählen Sie für alle vier Fragen das beste Beispiel und machen Sie ein Plakat.

5b → S. 29

Würfelspiel: *damit* oder *um … zu*?

Arbeiten Sie in Gruppen. Würfeln Sie und ziehen Sie mit Ihrer Spielfigur. Werfen Sie dann eine Münze und bilden Sie einen Satz. Der Satz ist richtig? Sie bekommen einen Punkt. Wer hat die meisten Punkte?

Ergänzen Sie den Satzanfang mit *damit*.

Ergänzen Sie den Satzanfang mit *um … zu*.

Ich hole meine Tochter jeden Tag von der Schule ab, damit sie nicht allein nach Hause gehen muss.

START

1. Ich hole meine Tochter jeden Tag von der Schule ab, …
2. Ich mache jeden Tag eine Stunde Sport, …
3. Ich kaufe meinen Kindern keine Süßigkeiten, …
4. Ich kaufe meinem Opa ein Smartphone, …
5. Ich mache drei Wochen Urlaub, …
6. Ich lebe in der Stadt, …
7. Ich mache eine Weiterbildung, …
8. Ich lese meiner blinden Nachbarin Bücher vor, …
9. Ich kaufe mir eine Zange, …
10. Ich brauche eine gute Pfanne, …
11. Meine Mutter nimmt jeden Tag Vitamine, …
12. Ich schreibe meinem Kollegen jeden Tag eine E-Mail, …

ZIEL

+ SCHON FERTIG?

Schreiben Sie weitere Satzanfänge. Ihre Partnerin / Ihr Partner ergänzt mit *damit* oder *um … zu*.

G

Menschen brauchen tatsächlich lange, damit sie auf eine alte Gewohnheit verzichten.

= Menschen brauchen tatsächlich lange, um auf eine alte Gewohnheit zu verzichten.

Ich hole meine Tochter jeden Tag von der Schule ab, damit sie nicht allein nach Hause gehen muss.

~~um zu~~

04 **7b** → S. 30

1 06

Eine Präsentation hören ZWISCHENSCHRITT

a Hören Sie eine Präsentation zu dem Projekt in 7a. In welcher Reihenfolge wird über die Themen gesprochen? Ordnen Sie die Folien.

(2)

Autofahrer:innen: > 50 %
lieber mit dem Fahrrad zum Arbeitsplatz

( )

» kostenloses Leih-E-Bike 

» kostenlose Ausrüstung 

» der richtige Weg 

( )

Vielen Dank!

( )

85 %
freiwillig weiter mit dem Rad

( )

Studie: Mit dem Fahrrad zur Arbeit!

( )

400 Teilnehmer:innen

15 Projektgruppen

1–7 Monate

b Lesen Sie die Sätze und ordnen Sie zu. Hören Sie dann noch einmal und vergleichen Sie. Gehen Sie dann zurück auf Seite 30.

Gibt es / Habt ihr noch Fragen oder Anmerkungen? Es geht um (das Thema) ...

~~Wir kommen zum Schluss. Wir wollten noch sagen ...~~ Vielen Dank für eure Aufmerksamkeit!

Ich erzähle euch jetzt etwas über ...

eine Präsentation einleiten / halten	eine Präsentation abschließen
Ich spreche über ...	Wir kommen zum Schluss. Wir wollten noch sagen ...
Zuerst möchte ich über ... reden, dann über ...	

einhundertsechsundsechzig

8a → S. 30

Eine Präsentation halten

a Arbeiten Sie zu zweit. Machen Sie eine kleine Präsentation zum Thema: „Fahrradfreundliche Projekte“. Recherchieren Sie: In welchen Städten weltweit gibt es fahrradfreundliche Projekte, die Sie interessant finden?

Was für ein Schulweg!
Bei der Aktion *bicibús** fahren die Kinder in Barcelona jeden Freitag zusammen mit dem Fahrrad zur Schule. Der Autoverkehr steht still.
* Fahrradbus
Eine Reportage von Dilek Sanchez

Neuer Rekord für Weßling
Beim diesjährigen Stadtradeln fuhren letzte Woche 450 Bürger:innen insgesamt 104.124 Kilometer in unserer Gemeinde.

b Bereiten Sie die Präsentation vor. Erstellen Sie Folien und notieren Sie Stichpunkte. Gehen Sie dann zurück auf Seite 30.

1

Was für ein Schulweg!

» Aktion *bicibús* (Fahrradbus)
» Barcelona
» Schulkinder

05 1d → S. 31 PARTNER/IN A

Ich würde gern … WIEDERHOLUNG

a Arbeiten Sie zu zweit. Sagen Sie Ihrer Partnerin / Ihrem Partner, was Sie gern machen würden. Ihre Partnerin / Ihr Partner macht einen Vorschlag. Fragen Sie nach weiteren Informationen (Zeitpunkt, Kosten, Programm …) und machen Sie Notizen.

mein Wunsch	Vorschlag
mit der ganzen Familie einen netten Tag auf dem Land verbringen	*Sommerfest im Uckerdorf: …*
mehr Informationen über biologische Landwirtschaft haben	
im Urlaub aktiv sein	

- Partner/in A: Ich würde gern mit der ganzen Familie einen netten Tag auf dem Land verbringen. Was würdest du mir empfehlen? Hast du einen Tipp für mich?
- Partner/in B: Ihr könntet zum Sommerfest im Uckerdorf kommen. Da gibt es …
- Partner/in A: Interessant! Wann findet das Fest statt?
- Partner/in B: Am Sonntag, 24. Juli, ab elf Uhr. Ach ja! Es gibt nur wenige Parkplätze. Ihr solltet am besten nicht mit dem Auto kommen.

G

Wünsche mit Konjunktiv II	Bitte um Rat mit Konjunktiv II
Ich würde gern … (verbringen). Ich hätte / wäre gern …	Was würdest du mir empfehlen?

b Ihre Partnerin / Ihr Partner äußert einen Wunsch. Lesen Sie die Anzeigen hier und auf Seite 169 und machen Sie einen Vorschlag. Geben Sie weitere Informationen.

1

www.uckerdorf.de

15.6. – 22.6., ganztags

„Wir bauen ein Erdhaus“

Workshop für alternatives Bauen
140 € / Person, inkl. Unterkunft (Schlafsaal / Zeltplatz) und Essen (dreimal tgl. in der Kantine)
Wir bauen ein Haus aus Naturmaterialien, halb unter der Erde.
Mehr Infos und Anmeldung

Achtung: Findet nur bei gutem Wetter statt. Bitte informiert euch hier.

2

www.uckerdorf.de

Mo – Fr, 5. – 9. Dezember, 14:00 – 19:00 Uhr

Themenwoche „Miteinander reden"

Fortbildung zur friedlichen Kommunikation in privaten und beruflichen Beziehungen
80 € / Person inkl. Mittagessen in der Kantine
Leitung: Antonio Cavallucci und Dr. Margarethe Klinke

Mehr Infos und Anmeldung

Achtung: Ihr könnt im Uckerdorf übernachten und in der Kantine essen. Bei Interesse schreibt bitte eine E-Mail an info@uckerdorf.de.
Die Gästezimmer sind immer schnell besetzt!

3

www.uckerdorf.de

Jeden ersten Freitag im Monat, 15:00 – 18:00 Uhr

Info-Nachmittag „Entdecke das Uckerdorf"

Projektvorstellung und Führung durchs Uckerdorf
Kostenlos, keine Anmeldung nötig

Achtung: Im Winter und Frühling ist die Erde oft sehr nass. Bitte kommt mit guten Schuhen!

G

Vorschläge / Ratschläge mit Konjunktiv II
Du könntest ... (mitmachen).
Du solltest ... (informieren).

- Partner/in B: Ich würde gern einmal lernen, wie man ein alternatives Haus baut. Was würdest du mir empfehlen? Hast du einen Tipp für mich?
- Partner/in A: Du könntest beim Workshop „Wir bauen ein Erdhaus" mitmachen. Da baut man ...
- Partner/in B: Interessant! Wie viel kostet der Workshop?
- Partner/in A: 80 € pro Person. Ach ja! Der Workshop findet nur bei gutem Wetter statt. Du solltest dich vorher kurz informieren, ob das Wetter gut ist.

05 5b → S. 34

Rätsel: Wenn ich ein „Dingsda“ wäre, …

a Arbeiten Sie in Gruppen. Wählen Sie drei Tiere und schreiben Sie zu jedem Tier ein Rätsel. Die Fragen unten helfen Ihnen dabei.

A

◆ Löwe, -n

B

◆ Schwein, -e

C

◆ Hase, -n

D

◆ Affe, -n

E

◆ Goldfisch, -e

F

◆ Ente, -n

G

◆ Fliege, -n

H

◆ Giraffe, -n

I

◆ Mücke, -n

J

◆ Krokodil, -e

K

◆ Schildkröte, -n

L

◆ Huhn, ¨-er

Wo würden Sie leben?
in Afrika · im Aquarium · auf Bäumen · auf dem Bauernhof · auf dem Feld · in der Luft · im Wald · am / im Wasser · im Wasser und / oder an Land · im Zoo · ...

Wovon würden Sie sich ernähren?
von Bananen · von Blut · von Essensresten · von Fleisch · von Obst · von Salat · ...

Was würden Sie den ganzen Tag machen?
mich ausruhen · Essen suchen · fressen · fliegen · im Wasser / ... liegen · schlafen · schwimmen · spazieren gehen · spielen · ...

Was könnten Sie besonders gut?
Eier legen · im Kreis schwimmen · klettern · laut schreien · Menschen und Tiere nerven · riechen · schnell laufen · stechen · tauchen · weit sehen · ...

Wovor hätten Sie Angst?
vor Fröschen · vor Hunden · vor Katzen · vor Krokodilen · vor den Menschen · vor niemandem · vor Vögeln · ...

Wenn ich ein „Dingsda“ wäre, würde ich in Afrika leben. Ich würde ...

b Wählen Sie eine Aufgabe.

Lesen Sie Ihre Rätsel im Kurs vor. Die anderen raten.

- Wenn ich ein „Dingsda“ wäre, würde ich in Afrika leben. Ich würde mich den ganzen Tag ausruhen und Fleisch fressen. Ich hätte vor niemandem Angst.
- Löwe!
- Nein. Ich würde im Wasser leben.
- Krokodil!
- Richtig.

oder

Hängen Sie Ihre Rätsel im Kurs auf. Die anderen lesen die Rätsel und schreiben dazu, welches Tier gemeint ist.

06 **6** → S. 37

obwohl oder *trotzdem?* WIEDERHOLUNG

a Lesen Sie die Sätze und ergänzen Sie *obwohl* oder *trotzdem* in den Tabellen.

		Position 2	
1 Ich konnte kein Deutsch.	....	bin	ich vor vier Jahren nach Deutschland gekommen.

			Ende
2 Vor vier Jahren bin ich nach Deutschland gekommen,	....	ich kein Wort Deutsch	konnte.

b Arbeiten Sie zu zweit. Lesen Sie die Aussagen. Partner/in A schreibt die Sätze 1–3 mit *obwohl* und die Sätze 4–6 mit *trotzdem*. Partner/in B schreibt die Sätze 1–3 mit *trotzdem* und die Sätze 4–6 mit *obwohl*.

1 Wir lernen viel voneinander. Der Altersunterschied ist groß.
2 Ich hatte Angst. Ich habe etwas Neues gewagt.
3 Ich habe eine Website erstellt. Ich kenne mich nicht gut mit Computern aus.
4 Ich hab' noch nie ein Live-Video gemacht. Ich freu mich darauf.
5 Er hat schon total viel Erfahrung. Er ist erst 28.
6 Das war unser erstes Live-Video. 70 Leute haben zugeschaut.

A
1 Wir lernen viel voneinander, obwohl der Altersunterschied groß ist.
2 ...

B
1 Der Altersunterschied ist groß. Trotzdem lernen wir viel voneinander.
2 ...

c Tauschen Sie Ihre Zettel und korrigieren Sie, wenn nötig.

06 9 → S. 38

Man muss auch sehen, dass ...

a Schreibkarussell. Arbeiten Sie zu dritt. Lesen Sie die Beiträge. Jede/r in der Gruppe schreibt einen Kommentar zu einem Text und gibt dann den Zettel nach links weiter.

www.etwasneueswagen.de

1 

Alina, 25: Mein Freund und ich überlegen, ob wir ins Ausland gehen sollen. Wir wollen irgendwohin, wo es viel Sonne gibt. 😉 Und dort dann arbeiten und leben. Aber natürlich bin ich mir auch unsicher. Hier einfach alles aufgeben? Was meint ihr? Sollen wir es wagen?

2 

Alexey, 54: Ich bin seit vielen Jahren selbstständig und habe jetzt ein tolles Angebot bekommen, in einer großen Firma angestellt zu sein. Aber ich bin mir nicht sicher. Weniger Freiheit, aber mehr Sicherheit! Was denkt ihr? Soll ich das machen?

3 

Edwina, 28: Habt ihr schon mal mit einem Freund oder einer Freundin zusammengearbeitet? Meine Freundin und ich wollen vielleicht ein Start-up gründen, wollen aber unsere Freundschaft nicht kaputt machen. Was denkt ihr? Ist das Risiko zu groß?

KOMMENTIEREN

K

etwas kritisch bewerten	Mut machen
Also, ich bin mir nicht sicher, ob das klappt, denn ...	Ich bin (absolut) sicher, dass es gelingen wird, denn ...
Man muss auch sehen, dass ...	Ich kann gut verstehen, dass ..., aber ...
Ich denke, dass das kaum möglich ist, denn ...	Ich bin davon überzeugt, dass das alles gut gehen wird!
Also, ich bezweifle, dass ...	Das wird schon gut gehen!
	Da bin ich sehr zuversichtlich!

Hi, Alina!
Ganz ehrlich? Ich denke, dass das kaum möglich ist, denn ...

b Jede/r schreibt einen weiteren Kommentar. Das Schreibkarussell ist zu Ende, wenn alle in der Gruppe zu jedem Post einen Kommentar geschrieben haben.

Hi, Alina!
Ganz ehrlich? Ich denke, dass das kaum möglich ist, denn ...
Das wird schon gut gehen! Ich denke, ...

c Welchen Kommentar finden Sie besonders interessant? Warum? Sprechen Sie im Kurs.

07 **2a** → S. 44

Unterwegs

Fragespiel: Sehen Sie das Bildlexikon an und spielen Sie dann zu dritt.

oder

Arbeiten Sie zu dritt. Sehen Sie das Bildlexikon an und lesen Sie die Spielanleitung und die Fragen. Jede/r sucht sich drei Fragen aus, die besonders interessant sind. Sprechen Sie.

FRAGESPIEL

- Sie brauchen:
- Stellen Sie Ihre Figuren auf das Feld „Start“. Der / Die jüngste Spieler/in beginnt und wirft die Münze.

  Gehen Sie zwei Felder vor. Gehen Sie ein Feld vor.
- Wenn Sie auf einem Feld sind, antworten Sie maximal 30 Sekunden lang auf die Frage. Die anderen machen kurze Notizen.
- Das Spiel endet, wenn der / die erste Spieler/in wieder auf dem Feld „Start“ angekommen ist.

1 2 3 4 5 6

START 7 8 9

16 15 14 13 12 11 10

1 Haben Sie unterwegs schon einmal jemanden kennengelernt? Sind Sie noch in Kontakt?
2 Welche prominente Person hätten Sie gern als Reisebegleitung und warum?
3 Was war Ihre unangenehmste Fahrt / Reise und warum?
4 Mit welchem Verkehrsmittel sind Sie am liebsten unterwegs?
5 Was wäre für Sie eine Traum-Unterkunft?
6 Finden Sie, dass es an manchen Orten zu viele Touristinnen / Touristen gibt?
7 Sie sind in einer fremden Stadt: Was für eine Übernachtung wäre Ihnen am liebsten? Bei Freunden oder Familie, im Hotel, im Zelt, in einer Ferienwohnung, ...?
8 Möchten Sie eine Hochzeitsreise machen oder haben Sie eine gemacht? Wohin?
9 Wie informieren Sie sich auf Reisen? Haben Sie einen Reiseführer?
10 Was in Ihrem Zuhause vermissen Sie am meisten, wenn Sie unterwegs sind?
11 Was würden Sie lieber machen: einen Erholungs- oder einen Abenteuerurlaub?
12 Sind Sie schon einmal getrampt? Wenn ja: Wie war das? Wenn nein: Warum nicht?
13 Was ist Ihr schönstes Souvenir einer Reise / eines Ausflugs?
14 Wohin möchten Sie unbedingt mal reisen?
15 Was nehmen Sie immer mit, wenn Sie unterwegs sind? Warum?
16 Was ist die schönste Sehenswürdigkeit, die Sie je gesehen haben?

Okay. Ich bin auf Feld 1. Ja, ich habe unterwegs schon mal jemanden kennengelernt! Und zwar: meine spätere Frau! Ich war vor ein paar Jahren im Zug unterwegs zurück nach Sevilla – das ist meine Heimatstadt – und neben mir saß eine sehr sympathische junge Frau ... Wir haben uns die ganze Fahrt lang super unterhalten und haben dann Nummern ausgetauscht ... Ja, und dann – das habe ich ja schon erzählt!

Wow, das ist ja toll! So eine schöne Geschichte!

07 3d → S. 44

Was machen Sie gern allein, zu zweit …?

a Arbeiten Sie zu zweit. Lesen Sie und ergänzen Sie: Was machen Sie gern allein (A), zu zweit (Z) oder in der Gruppe (G)? Notieren Sie dann noch drei Aktivitäten und Ihre Antworten.

Aktivität	Ich	Meine Partnerin / Mein Partner
verreisen	Z	G
spazieren gehen		
Sport machen		
einen spannenden Film schauen		
einen Ausflug machen		
arbeiten		
in eine Ausstellung gehen		
einkaufen gehen		
kochen		
im Restaurant essen		
in einen Club gehen		
Musik hören		

b Fragen Sie dann Ihre Partnerin / Ihren Partner, ergänzen Sie die Informationen und sprechen Sie.

- Marie, ich verreise nicht gern allein, und du?
- Ich auch nicht. Am liebsten fahre ich mit meinen Freunden weg. Ich habe eine sehr nette Clique und wir haben schon öfter zusammen eine Campingreise gemacht. Und du? Mit wem verreist du am liebsten?
- Ich fahre am liebsten mit meiner Freundin weg. Wir kennen uns schon seit zehn Jahren und wir sind ein gutes Team. Letztes Jahr waren wir zusammen für eine Woche bei Freunden in Paris.

5a → S. 45

Mein Forumsbeitrag

a Einen Forumsbeitrag vorbereiten. Wählen Sie eine Stadt, in die Sie schon einmal gereist sind. Notieren Sie auf Zetteln drei Fakten über die Stadt und drei persönliche Bewertungen / Erfahrungen.

Lüneburg
sehr hübsche Stadt

ca. 50 Kilometer von Hamburg entfernt

hat Universität, Daniel Libeskind (bekannter Architekt): Zentralgebäude entworfen

wahnsinnig schöne Cafés und Bars, viele sympathische junge Leute

Der zentrale Platz „Am Sande": gehört zu bedeutendsten mittelalterlichen Plätzen in D.

Altstadt: leider immer viel zu viele Touristinnen / Touristen

b Arbeiten Sie zu zweit. Mischen Sie Ihre sechs Zettel und tauschen Sie dann Ihre Notizen. Ihre Partnerin / Ihr Partner markiert in zwei Farben: Was ist Fakt? Was ist Ihre persönliche Bewertung / Erfahrung? Gehen Sie dann zurück auf Seite 45.

Lüneburg
sehr hübsche Stadt

hat Universität, Daniel Libeskind (bekannter Architekt): Zentralgebäude entworfen

Altstadt: leider immer viel zu viele Touristinnen / Touristen

Der zentrale Platz „Am Sande": gehört zu bedeutendsten mittelalterlichen Plätzen in D.

wahnsinnig schöne Cafés und Bars, viele sympathische junge Leute

ca. 50 Kilometer von Hamburg entfernt

08 4b → S. 49

Satzkarussell

a Arbeiten Sie zu viert. Jede/r in der Gruppe wählt ein Thema (1–4) und schreibt die Satzanfänge auf einen Zettel, ergänzt einen Satz mit einem Infinitiv mit *zu* und gibt den Zettel weiter. Das Satzkarussell ist zu Ende, wenn alle in der Gruppe drei Sätze geschrieben haben.

1

Beschwerde

Leider haben Sie vergessen, ...
Ich bitte Sie, ...
Ich fordere Sie auf, ...

2

Liebesgedicht

Es macht mich glücklich, ...
Ich finde es so toll, ...
Ich kann mir gar nicht vorstellen, ...

3

Rede

Wir müssen endlich anfangen, ...
Wir müssen keine Angst haben, ...
Es ist unsere Pflicht, ...

4

Absage

Leider habe ich keine Zeit, ...
Es ist wirklich schwierig, ...
Ich habe nicht so große Lust, ...

1 Beschwerde

Leider haben Sie vergessen, die Gebrauchsanweisung für die Kaffeemaschine mitzuschicken.

Ich bitte Sie, die Gebrauchsanweisung noch zu schicken.

Ich fordere Sie auf, das so schnell wie möglich zu tun.

b Welcher Text gefällt Ihnen am besten? Lesen Sie ihn im Kurs vor.

6b → S. 50

Diskussionsrunde

a Arbeiten Sie in Gruppen. Sammeln Sie Argumente für eine Rolle aus 6a auf Seite 50. Notieren Sie und entscheiden Sie dann: Wer von Ihnen nimmt an der Diskussion teil?

Bürgermeisterin
Freiwilliges Soziales Jahr: attraktiver für junge Leute machen
bessere Bezahlung
...

- Okay, wir haben die Rolle der Bürgermeisterin. Was für Argumente haben wir?
- Ich finde das Argument in Artemis' Kommentar gut: ...

b Bilden Sie neue Gruppen und spielen Sie zu viert die Diskussion. Jede Rolle muss vertreten sein. Verwenden Sie die Sätze aus 5 auf Seite 50.

Wir müssen das Freiwillige Soziale Jahr attraktiver machen. Junge Leute wollen eine gute Bezahlung.

Da muss ich widersprechen ...

Darf ich direkt etwas dazu sagen? ...

Entschuldigung, wenn ich unterbreche, aber da bin ich ganz anderer Meinung ...

c Was hat Ihnen gut gefallen? Geben Sie allen aus der Diskussionsrunde ein positives Feedback.

Ich finde, Tessa hat die Rolle der Kindergärtnerin gut gespielt. Sie hat mich wirklich überzeugt.

...

09 3a → S. 53

Ein Auslandssemester ist (nicht) für jede/n das Richtige. ZWISCHENSCHRITT

a Arbeiten Sie zu viert. Jede/r liest eine Aussage (A – D) auf Seite 178. Lesen Sie dann die Sätze 1 – 8 und entscheiden Sie: Wer berichtet das? Ergänzen Sie. Je zwei Sätze passen zu einer Person.

1 Johannes hat etwas verpasst.
2 .... hat in schwierigen Situationen Hilfe bekommen.
3 .... hat am Anfang Familie und Freunde vermisst.
4 .... hat den Auslandsaufenthalt nicht anstrengend gefunden.
5 .... hat viele Leute kennengelernt.
6 .... hat den Aufenthalt und die Zeit davor als persönliche Herausforderung erlebt.
7 .... wollte etwas für den Lebenslauf tun.
8 .... hat die Freiheit genossen.

A

Marlen

Zuerst hatte ich richtig Heimweh. Ich war weit weg von meinen Leuten, alleine in einem kleinen Apartment und habe mich einfach nur einsam gefühlt. Aber dann habe ich ein Zimmer in einer WG gefunden. Wir waren zu siebt: alles internationale Studierende. Wir hatten so viel Spaß zusammen und jetzt habe ich Kontakte in alle Teile der Welt. So ein Auslandssemester ist einfach eine super Chance!

B

Johannes

Ich hatte eigentlich von Anfang an nicht viel Lust, so lange von zu Hause wegzugehen. Aber alle haben gesagt, dass man für Bewerbungen später einfach Auslandserfahrung braucht. Also habe ich es gemacht. Genau als ich weg war, hat mir meine Traumfirma in Deutschland dann einen tollen Praktikumsplatz angeboten. Am Ende hat auch noch meine Freundin Schluss gemacht. Das war wirklich alles ganz schön hart für mich. Ein Auslandssemester ist nicht für jede/n das Richtige.

C

Ruth

Viele haben Angst, dass sie sich im Ausland fremd fühlen: Man versteht ja oft nicht alles ganz genau und man kann vielleicht auch nicht alles sagen, man erlebt Missverständnisse und macht „interkulturelle Erfahrungen“, die nicht immer nur schön sind. Ich finde das aber überhaupt nicht schlimm. Im Gegenteil: Ich fühle mich gern als Besucherin und beobachte alles genau. Das Auslandssemester war für mich deshalb eine sehr entspannte Zeit und ich habe mich unglaublich frei gefühlt.

D

Björn

Ich wollte schon immer unbedingt nach Albanien und habe den Aufenthalt dort ganz allein organisiert. Schon die Vorbereitung war ein Abenteuer für mich und ich bin stolz, dass ich es geschafft habe. Natürlich hat nicht alles perfekt geklappt: Als ich angekommen bin, hatte ich zum Beispiel noch keine Unterkunft. Aber ein Mitarbeiter von der Uni hat sofort ein Zimmer für mich gefunden. Ich habe echt stressige Momente erlebt, aber es gab auch immer Leute, die mir geholfen haben!

b Tauschen Sie dann in der Gruppe Ihre Ergebnisse aus und ergänzen Sie die fehlenden Namen.

c Welche Erfahrungen (1–8) könnten auch zu Ihnen passen? Warum? Sprechen Sie. Gehen Sie dann zurück auf Seite 53.

Wenn ich im Ausland studieren würde, würde ich auch meine Familie vermissen ...

09 **5c** → S. 54

Eine (halb-)formelle E-Mail schreiben

a Arbeiten Sie zu zweit. Lesen Sie die Situationen A und B. Wählen Sie dann eine Situation und machen Sie Notizen zu den Punkten 1–4.

Situation A:
Sie bekommen eine E-Mail von einer Mitarbeiterin der Sprachenschule: Frau Simic bittet Sie, dass Sie bei einem Info-Nachmittag über Ihre Erfahrungen mit dem Deutschlernen berichten. Die Veranstaltung findet am Mittwoch ab 17 Uhr statt. Ihr Deutschkurs dauert aber bis 18 Uhr.

Situation B:
Sie bekommen eine E-Mail von einer Universität in Österreich, wo Sie früher einen Deutschkurs gemacht haben: Herr Laurenz sucht nach Teilnehmer:innen für eine Online-Umfrage zum Thema „Sprachkenntnisse im Alltag". Die Voraussetzung ist, dass man das Sprachniveau B1 abgeschlossen hat. Sie machen Ihre B1-Prüfung aber erst in einem Monat.

1. Betreff der E-Mail:
2. Sie entschuldigen sich höflich. Grund:
3. anderer Vorschlag:
4. weitere Fragen:

b Beantworten Sie zu zweit die E-Mail. Verwenden Sie Ihre Notizen aus **a** und die Ausdrücke im Kasten. Vergessen Sie nicht die Anrede und die Grußformel am Schluss.

eine (halb-)formelle E-Mail schreiben	sich höflich entschuldigen	etwas begründen
Anrede: Sehr geehrte Frau ..., ... / Sehr geehrter Herr ..., ... / Sehr geehrte Damen und Herren, ... **Schluss:** Mit freundlichen Grüßen	... leider ... Es tut mir leid, aber ...	Wegen ... ..., weil ... ... Deshalb ...

Alternativen vorschlagen	weitere Fragen stellen	sich bedanken
Ich kann ... voraussichtlich ... Wäre das für Sie in Ordnung? Ich könnte ... Wäre das möglich?	Ich hätte noch eine weitere Frage: ...? Außerdem wollte ich Sie fragen, ob / wann ...	Vielen Dank für ... Besten Dank (im Voraus)!

c Tauschen Sie Ihre Texte mit einem anderen Paar. Lesen Sie die E-Mail der anderen und schreiben Sie Kommentare.

Betreff: Teilnahme an Umfrage

Sehr geehrter Herr Laurenz,
Vielen Dank für Ihre E-Mail. Leider kann ich an der Umfrage nicht teilnehmen, weil ich ...

Ich glaube, nach der Anrede schreibt man klein. weiter.

10 3c → S. 60 PARTNER/IN A

Wer sagt was über seine Arbeit?

a Was denkt Linus? Ergänzen Sie: *seit* oder *bis*?

Linus

1 Seit ich diesen Job habe, freue ich mich jeden Morgen auf die Arbeit.

2 .... meine Chefin mir immer wieder Feedback gibt, arbeite ich viel motivierter.

3 Ich arbeite jeden Tag, ... ich meine Ziele erreicht habe.

4 Besonders glücklich bin ich mit meiner Arbeit, ... ich öfter im Homeoffice arbeiten kann.

5 Ich möchte in diesem Unternehmen arbeiten, ... ich in Rente gehe!

b Und was denkt Theo? Fragen Sie Ihre Partnerin / Ihren Partner und ergänzen Sie die fehlenden Informationen.

Theo

Seit wann?	Seit er einen neuen Chef hat,	fühlt Theo sich überhaupt nicht mehr wohl.
Seit wann?	Die Zusammenarbeit funktioniert nicht mehr gut,	....
Bis wann?	Er wartet nur noch,	....
Seit wann?	.... ,	ist er total unmotiviert.
Bis wann?	Er zählt die Tage,	....

c Ihre Partnerin / Ihr Partner stellt Fragen zu Linus. Antworten Sie.

SCHON FERTIG?

Schreiben Sie Sätze über sich selbst. Verwenden Sie *seit* und *bis*.

Ich arbeite bei IT-Purlitz, seit ich meine Ausbildung fertig gemacht habe.

5b → S. 62

„Tipp-Generator“

Arbeiten Sie zu zweit. Schreiben Sie Tipps für das Berufsleben. Erfinden Sie auch eigene Sätze. Welches Paar hat zuerst zehn Tipps geschrieben?

TIPP-GENERATOR

das Licht im Büro ausmachen	bevor	eine Teamsitzung haben
den Computer einschalten	während	ein Bewerbungsgespräch haben
nicht aufs Handy schauen		Mittagspause haben
sich vorbereiten		mit Kolleginnen / Kollegen reden
keine Mails lesen		Kaffee kochen
sich von den Kolleginnen / Kollegen verabschieden		arbeiten
keine Musik hören		ein Meeting haben
konstruktiv sein		nach Hause gehen
keine privaten Telefongespräche führen		Feierabend haben
freundlich sein		mit der Chefin / dem Chef sprechen
nachdenken		...
...		

1 Machen Sie im Büro das Licht aus, bevor Sie nach Hause gehen.
2 Schalten Sie den Computer ein, bevor ...
3 ...

10 6b → S. 62

Eine Statistik

a Arbeiten Sie zu zweit. Sehen Sie die Statistik an. Was meinen Sie? Ergänzen Sie die Statistik.

sympathische Kolleginnen und Kollegen | höheres Gehalt | flexible Arbeitszeiten | Kinderbetreuung | Angebote zur beruflichen Weiterbildung

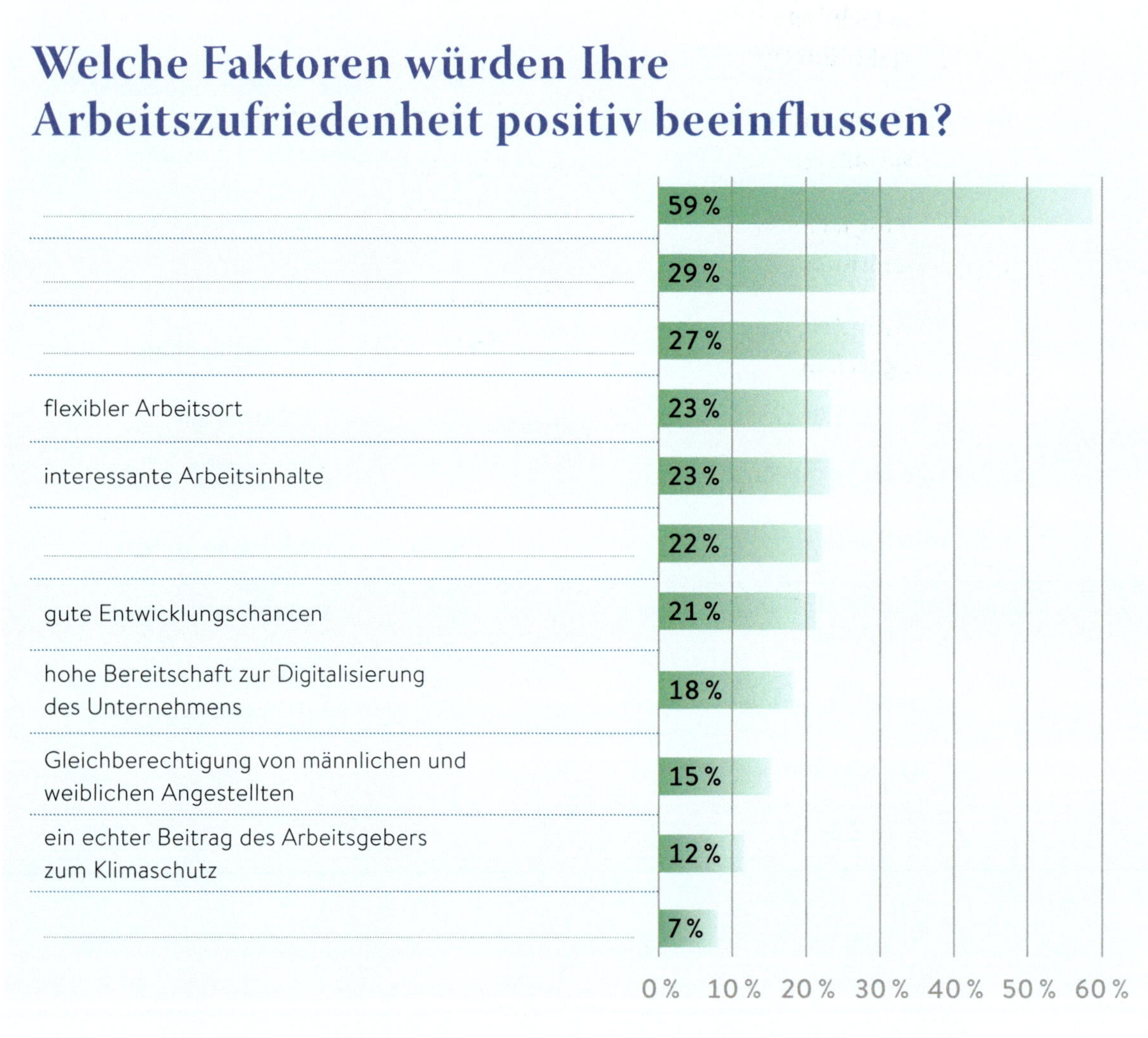

2 08 **b** Hören Sie und vergleichen Sie.

c Vergleichen Sie nun die Statistik mit Ihren Notizen in 6a auf Seite 62. Haben Sie dieselben Faktoren gesammelt? Sprechen Sie.

> Wir hatten den Punkt „kompetente Chefinnen und Chefs“ notiert. Der kommt in der Statistik gar nicht vor.

> Ja, komisch! Allerdings fehlt in unserer Sammlung der Punkt „Gleichberechtigung“. Der ist aber auch wichtig!

11 **2a** → S. 63

Eine Matte, die meine Lieblings-Influencerin empfiehlt, … WIEDERHOLUNG

Lesen Sie die Wortwolke und schreiben Sie einen Relativsatz zu jedem der Produkte 1–4. Tauschen Sie dann die Zettel mit Ihrer Partnerin / Ihrem Partner und schreiben Sie ihre / seine Sätze zu Ende.

Meine Lieblings-Influencerin empfiehlt ihn / es / sie.

Jemand verkauft ihn / es / sie secondhand.

Ich habe ihn / es / sie nicht ausprobiert.

Er / Es / Sie kostet / kosten 30 Euro.

Er / Es / Sie ist / sind nicht ganz perfekt.

Er / Es / Sie ist / sind aus recyceltem Material hergestellt.

Ich habe ihn / es / sie nur im Internet gesehen.

…

1 Einen Stift,
2 Ein Handy, …
3 Eine Matte,
4 Schuhe,

} würde ich sofort / vielleicht / eher nicht / sicher nicht / niemals kaufen.

1 Einen Stift, der 30 Euro kostet, *würde ich niemals kaufen.*
2 Ein Handy, …
3 …

	Nominativ	Akkusativ
◆	Einen Stift, der 30 Euro kostet, …	Einen Stift, den meine Lieblings-Influencerin empfiehlt, …
●	Ein Handy, das …	Ein Handy, das …
◆	Eine Matte, die …	Eine Matte, die …
◆	Schuhe, die 30 Euro kosten, …	Schuhe, die …

SCHON FERTIG?

Schreiben Sie Sätze über weitere Produkte.

Eine Jacke, die meine Freundin auch hat, würde ich eher nicht kaufen.

11 5a → S. 65

Das ist mir wichtig.

Lesen Sie den Fragebogen, kreuzen Sie an und notieren Sie Beispiele.
Gehen Sie dann zurück auf Seite 65.

Verbraucher-Umfrage:

WIE WICHTIG SIND IHNEN DIESE PUNKTE BEIM KAUF VON PRODUKTEN?

Das Produkt ...	unwichtig	wichtig	extrem wichtig
... hat eine gute Qualität.			
... sieht gut aus.			
... ist günstig.			
... ist nicht ungesund. Glasflasche			X
... ist aus nachhaltigem Material.			
... ist vegan.			
... kann man recyceln.			

6b → S. 65 PARTNER/IN A

Wie heißt das noch mal?

Schreiben Sie zuerst Relativsätze zu Ihren Gegenständen. Fragen Sie dann Ihre Partnerin / Ihren Partner und ergänzen Sie die fehlenden Informationen.

A

◆ Stofftaschentuch

das Stück Stoff / mit dem Stück Stoff putzt man sich die Nase

Das Stück Stoff, mit dem man sich die Nase putzt.

B

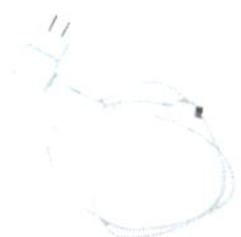

◆ Ladegerät

C

◆ ......

das lange dünne Ding / an das Ding hängt man nasse Wäsche

......

D

◆ Tastatur

E

◆ ......

die Papierstückchen / ohne die Papierstückchen kommt die Post nicht an

......

F

◆ Streichhölzer

G

◆ ......

der weiche Gegenstand / mit dem Gegenstand kann man Bleistift wegmachen

......

H

◆ Mülltonne

I

◆ ......

der Gegenstand aus Stoff / in dem Gegenstand kann man etwas transportieren

......

J

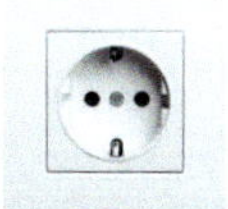

◆ Steckdose

K

◆ ......

Schachtel / in der Schachtel kauft man Schuhe

......

L

◆ USB-Stick

11

- Partner/in A: Wie heißt noch mal das Stück Stoff, mit dem man sich die Nase putzt?
- Partner/in B: Meinst du vielleicht ein Stofftaschentuch?

- Partner/in B: Wie heißt noch mal der Gegenstand, mit dem man das Handy auflädt?
- Partner/in A: Meinst du vielleicht ein Ladegerät?

G

	Präposition + Dativ
◆	der Gegenstand, in dem ...
◆	das Ding, auf dem ...
◆	die Schachtel, in der ...
◆	die Stückchen, mit denen ...

G

	Präposition + Akkusativ
◆	das Ding, an das ...
◆	die Stückchen, ohne die ...

12 **6c** → S. 69 PARTNER/IN A

Picknick am See

a Arbeiten Sie zu zweit. Lesen Sie eine Information vor. Ihre Partnerin / Ihr Partner nennt die Folge. Schreiben Sie dann gemeinsam einen Satz mit *sodass* oder *so ..., dass*.

1 Es war Traumwetter. → ...
2 Finn ist spät angekommen. → ...
3 Henry hat den Grill vergessen. → ...
4 Ainhoas Kuchen war lecker. → ...

- Partner/in A: Es war Traumwetter. Ja ... und?
- Partner/in B: Wir haben ein Picknick am See gemacht.

1 Es war Traumwetter, sodass wir ein Picknick am See gemacht haben.

b Ihre Partnerin / Ihr Partner liest eine Information vor. Nennen Sie die Folge. Schreiben Sie dann gemeinsam einen Satz mit *sodass* oder *so ..., dass*.

5 ... → Wir konnten den See als Kühlschrank benutzen.
6 ... → Es war den Kindern nicht langweilig.
7 ... → Alle haben richtig Durst bekommen.
8 ... → Wir haben am Ende noch richtig Party gemacht.

- Partner/in B: Das Wasser war kalt. Ja ... und?
- Partner/in A: Wir konnten den See als Kühlschrank benutzen.

5 Das Wasser war so kalt, dass wir den See als Kühlschrank benutzen konnten.

G

		Ende
Es war Traumwetter,	sodass wir ein Picknick am See	gemacht haben.
Das Wasser war so kalt,	dass wir den See als Kühlschrank	benutzen konnten.

SCHON FERTIG?
Was ist sonst noch passiert? Schreiben Sie weitere Sätze mit *sodass* oder *so ..., dass*.

13 **3b** → S. 77 PARTNER/IN A

Enten können sowohl schnell schwimmen als auch weit fliegen.

Arbeiten Sie zu zweit. Sehen Sie das Bild an und sprechen Sie mit Ihrer Partnerin / Ihrem Partner. Verwenden Sie:

schnell schwimmen / weit fliegen → *sowohl … als auch …* ODER *nicht nur …, sondern auch …*

~~Hunger~~ / ~~Durst~~ haben → *weder … noch …*

- Partner/in A: Nummer 1: Enten können sowohl schnell schwimmen als auch weit fliegen.
- Partner/in B: Nummer 2: Schau mal, der Mann, der da joggt, ist …
- Partner/in A: Nummer 3: Der Mann hat …

+ SCHON FERTIG?

Bilden Sie weitere Sätze zum Bild.

14 4c → S. 81

Vier gewinnt! Im Job-Center

Arbeiten Sie zu zweit. Wählen Sie ein Feld und ein Wort aus dem Kasten und ergänzen Sie. Der Satz ist richtig? Dann dürfen Sie das Feld markieren. A macht einen Kreis ◯, B macht ein Kreuz ✕. Wer hat zuerst eine Reihe mit vier Feldern markiert?

alles vieles etwas das nichts überall dort was wo

Achtung! Manchmal passen mehrere Wörter, kontrollieren Sie mit der Lösung unten.

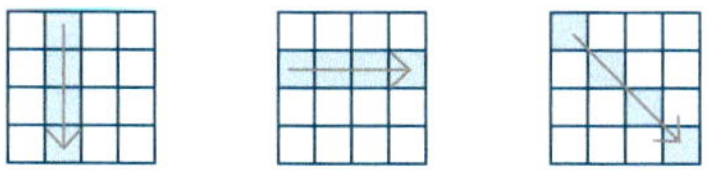

- Partner/in A: Nummer 1 ist „Ein Job als Hebamme ist genau das, was ich jetzt machen möchte."
- Partner/in B: Super! Richtig! Und Nummer 16 ist „Ich würde gern vieles, was ich bis jetzt gelernt habe, anwenden können.
- Partner/in A: Ja, „vieles" stimmt, man kann aber auch „alles" oder „das" sagen.

1 Ein Job als Hebamme ist genau ……, …… ich jetzt machen möchte.	2 Ich bewerbe mich nur ……, …… ich halbtags arbeiten kann.	3 ……, …… wir im Bewerbungstraining geübt haben, hilft mir bei der Bewerbung.	4 Ich suche eine Arbeitsstelle, …… ich zweimal pro Woche von zu Hause arbeiten kann.
5 Mein Wunsch ist, …… zu machen, …… kreativ ist.	6 ……, …… ich bis jetzt gemacht habe, hat mich begeistert.	7 Ich möchte …… arbeiten, …… ich meine Aufgaben selbstständig organisieren kann.	8 Leider hat mich ……, …… ich in meinem letzten Job machen musste, gelangweilt.
9 Ich habe wirklich …… ausprobiert, …… mir das Jobcenter angeboten hat.	10 Das Beste für mich wäre ein Job in Zürich, …… ich viele internationale Kundinnen und Kunden habe.	11 ……, …… ich sehr wichtig finde, ist eine gute Arbeitsatmosphäre.	12 Ich möchte …… machen, …… mit Computern zu tun hat.
13 Mein Traum ist eine Firma, …… es viele Karrieremöglichkeiten gibt.	14 Ich finde wirklich …… interessant, …… mit Technik zu tun hat.	15 Ich kann …… arbeiten, …… es einen guten Internetanschluss gibt.	16 Ich würde gern ……, …… ich bis jetzt gelernt habe, anwenden können.

1 das, was 2 dort, wo 3 Vieles / Alles / Das / Nichts, was 4 wo 5 etwas …, was
6 Alles / Vieles / Das / Nichts, was 7 dort …, wo 8 alles / vieles / das, was 9 alles / vieles …, was
10 wo 11 Etwas, was 12 etwas / nichts …, was 13 wo 14 alles / vieles / nichts …, was
15 überall / dort …, wo 16 vieles / alles / das, was

14 **7a** → S. 82

Ein Drehbuch für ein Bewerbungsvideo schreiben

a Lesen Sie die Stellenanzeigen auf Seite 191 und überfliegen Sie dann Merles Drehbuch für ein Bewerbungsvideo. Für welche Stelle bewirbt sich Merle?

Mein Bewerbungsvideo – Text und Ideen

Stehe vor meiner Universität und spreche in die Kamera. Dann gehe ich langsam zum Haupteingang.

Guten Tag, mein Name ist Merle Weißegger und ich habe Internationales Projektmanagement in Stuttgart studiert. Mit diesem Video möchte ich mich für die Stelle als Projektmanagerin bewerben. Ich habe schon bei einigen Praktika Erfahrungen im Projektmanagement gesammelt. In Ihrer Firma möchte ich gern meine Fähigkeiten weiterentwickeln und alles, was ich an der Universität gelernt habe, anwenden.

Im Internet habe ich gesehen, dass Sie viel mit internationalen Kundinnen und Kunden arbeiten. Das interessiert mich besonders und ich denke, meine Sprachkenntnisse können hier sehr hilfreich sein.

„Guten Tag!", „Good morning!" und „Bonjour!" fliegen ins Bild.

Außerdem bin ich sehr organisiert und es fällt mir selbstverständlich leicht, mit anderen zusammenzuarbeiten und gemeinsam Ziele zu erreichen.

Szene fliegt ins Bild: Tor beim Fußballspiel, Mannschaft freut sich

In meiner Freizeit beschäftige ich mich gern mit dem Computer und engagiere mich bei einem Nachbarschaftsverein, wo ich die Leute bei der Planung von Veranstaltungen unterstütze. Es macht mir große Freude, Menschen aus verschiedenen Kulturen kennenzulernen und bei der Lösung von Problemen zu helfen.

Ich bin für jede neue Herausforderung offen und davon überzeugt, dass ich gut in Ihr Unternehmen passe. Sehr gern würde ich meine Kenntnisse und Fähigkeiten in Ihr Team einbringen.

Kamera auf mein Gesicht

Vielen Dank für Ihre Aufmerksamkeit und ich freue mich darauf, Sie bei einem Vorstellungsgespräch persönlich kennenzulernen.

1 **Projektmanager (m/w/d) bei *Win! – Die Agentur***
Deine Aufgaben:
- Projektleiter*in unterstützen
- selbstständig Abläufe planen
- Kommunikation mit Kund*innen

2 **Artist (m/w/d) im Zirkus „Magorio"**
Deine Aufgaben:
- für Programm trainieren
- bei der Organisation unterstützen
- im Team neues Programm entwickeln

3 **Praktikum im Kindergarten „Gänseblümchen"**
Deine Aufgaben:
- Kinder im Team betreuen
- Ausflüge und Feste organisieren
- regelmäßig an Besprechungen teilnehmen

b Arbeiten Sie zu zweit und lesen Sie Merles Drehbuch in a nun genau. Partner/in A markiert: Warum möchte Merle für diese Firma arbeiten? Partner/in B markiert: Welche Kenntnisse und Fähigkeiten hat Merle? Sprechen Sie dann.

○ Partner/in A: Merle möchte für die Firma arbeiten, weil sie an der Uni Pojektmanagement studiert hat.
□ Partner/in B: Sie hat schon Erfahrungen bei Praktika gesammelt.

c Lesen Sie das Drehbuch in a noch einmal und ergänzen Sie dann zu zweit die Sätze im Kasten.

K

sagen, warum man für eine Firma arbeiten möchte	über Kenntnisse und Fähigkeiten sprechen
In Ihrer ______ möchte ich gern meine Fähigkeiten weiterentwickeln.	Ich habe schon bei einigen Praktika ______ gesammelt.
______ habe ich gesehen, dass …	______ bin ich sehr …
Ich bin davon überzeugt, dass ich ______ in Ihr Unternehmen ______.	Es fällt mir selbstverständlich ______, …
Sehr gern würde ich meine ______ und ______ in Ihr Team einbringen.	In meiner Freizeit ______ ich mich gern mit …
	Es macht mir große ______, …
	Ich bin für jede neue ______ offen.

eine Bewerbung abschließen
Vielen Dank für Ihre ______.
Ich freue mich (darauf), Sie bei einem ______ persönlich kennenzulernen.

d Lesen Sie die Anzeigen in a noch einmal. Für welche Stelle würden Sie sich gern bewerben? Warum? Sprechen Sie zu zweit. Gehen Sie dann zurück auf Seite 82.

Ich würde mich im Kindergarten bewerben, ich arbeite gern mit Kindern!

15 4b → S. 84

Ein Tag mit Robot Erwin

a Arbeiten Sie zu zweit: Stellen Sie sich vor, Sie haben einen Roboter mit Namen Robot Erwin. Dieser Roboter kann alles machen, was Sie möchten. Sammeln Sie: Was würden Sie Robot Erwin machen lassen, was machen Sie lieber selbst?

Das macht Robot Erwin. Frühstück vorbereiten aufräumen E-Mails beantworten Fahrräder reparieren ...

Das machen wir selbst. duschen Computerspiele spielen spazieren gehen ...

Robot Erwin: Frühstück vorbereiten ...

Wir: duschen ...

b Schreiben Sie einen Text über einen Tag in Ihrem Leben mit Robot Erwin. Ihre Notizen aus **a** helfen Ihnen dabei. Verwenden Sie *lassen*.

Wir lassen Robot Erwin das Frühstück vorbereiten, während wir duschen. Dann lassen wir Robot Erwin aufräumen. In dieser Zeit spielen wir Computerspiele. Während wir spazieren gehen, lassen wir Robot Erwin unsere E-Mails beantworten und ...

c Tauschen Sie Ihren Text mit einem anderen Paar und geben Sie ein Feedback.

Ihr lasst Robot Erwin eure E-Mails beantworten? Das ist ja eine tolle Idee!

7c → S. 85

Gedanken zum Thema „Liebe"

a Lesen Sie die Aussagen zum Thema „Liebe und Beziehungen". Welcher Aussage (1 – 4) stimmen Sie zu? Wählen Sie eine Aussage und gehen Sie in die passende Ecke.

1 Zwischen Menschen und humanoiden Robotern könnten Liebesbeziehungen eines Tages Realität werden.

2 Intensive Beziehungen zwischen Menschen und humanoiden Robotern? Das könnte gefährlich werden!

3 Eine perfekte Partnerin / Einen perfekten Partner gibt es nicht.

4 Glücklich werden kann man nur mit einem Menschen, der einem sehr ähnlich ist.

b Diskutieren Sie in Ihrer Gruppe und notieren Sie Gedanken und Begründungen für „Ihre" Aussage. Berichten Sie dann im Kurs.

Aussage 1
- künstliche Intelligenz (KI): schnelle Entwicklung
-> es gibt bald humanoide Roboter

Wir glauben, dass es bald humanoide Roboter gibt. Die künstliche Intelligenz entwickelt sich so schnell.

16 5c → S. 94

Satzpuzzle: Je mehr Geld ich habe, …

a Ergänzen Sie die fehlenden Teile der Sätze. Verwenden Sie *je* oder *desto / umso*. Schreiben Sie alle Satzteile jeweils auf einen Zettel wie im Beispiel.

Je mehr Geld ich habe, …

Je länger ich über etwas nachdenke, …

… desto fröhlicher bin ich.

Je schwieriger etwas ist, …

Je älter ich werde, …

… desto mehr strenge ich mich an.

… umso mehr kaufe ich ein.

… umso besser kann ich mich erinnern.

Je mehr Geld ich habe, | umso mehr kaufe ich ein.

+ SCHON FERTIG?
Schreiben Sie für Ihr Puzzle noch mehr Sätze mit *Je …, desto / umso …* auf Zettel.

b Tauschen Sie die Zettel mit Ihrer Partnerin / Ihrem Partner und machen Sie das Satzpuzzle. Hat Ihre Partnerin / Ihr Partner Ihre Sätze richtig ergänzt?

Je mehr Geld ich habe, | umso mehr kaufe ich ein.

– Je mehr Geld ich habe, umso mehr kaufe ich ein.

– Richtig!

G

Vergleich	
je + Komparativ	desto / umso + Komparativ
Je mehr man recherchiert,	desto schwieriger wird die Entscheidung.
Je billiger,	umso besser.

6b → S. 94

Entscheidungshilfe geben

a Lesen Sie Situation 0 und sehen Sie die Bilder an. Welches Fahrrad würden Sie Zer-Rur empfehlen? Sprechen Sie zu dritt.

Zer-Rur

0 Zer-Rur möchte ein Fahrrad kaufen, mit dem sie viel transportieren kann (z. B. ihre Einkäufe für die ganze Woche). Das Rad sollte nicht zu wertvoll sein, damit sie es ohne Probleme auf der Straße abstellen kann.

A 2.500 €

B

8.100 €

C 299 €

Meiner Meinung nach kommt Fahrrad B für Zer-Rur nicht infrage. Sie kann also entweder Fahrrad A oder Fahrrad C kaufen. A ist zwar nicht ganz billig, aber man kann damit wirklich viel transportieren. Ich würde ihr deshalb Fahrrad A empfehlen.

Ich sehe das ein bisschen anders. Wenn ich Zer-Rur wäre, würde ich Fahrrad C kaufen. Man kann zwar nicht so viel damit transportieren, aber dafür ist es nicht so wertvoll.

Stimmt. Ich würde auch eher Fahrrad C als Fahrrad A auf der Straße abstellen!

b Arbeiten Sie zu dritt. Jede/r liest eine Situation (1 – 3) und bewertet die Alternativen A – C: Welche Möglichkeit kommt auf keinen Fall infrage? Welche Vor- und Nachteile haben die anderen beiden Alternativen? Machen Sie Notizen.

Kalan

1 Kalan möchte sich in Siegen eine sportliche Freizeitaktivität suchen. Am liebsten ist er morgens aktiv. Gleichzeitig möchte er beim Sport unbedingt Leute kennenlernen.

A

B

C

Nadine

2 Nadine braucht einen Ort, wo sie für ihre Abschlussprüfung lernen kann. Besonders gut kann sie sich in der Natur konzentrieren. Sie reagiert sehr empfindlich auf Lärm.

A

◆ Cafeteria

B

◆ Stadtbibliothek

C

◆ Stadtpark

Helge

3 Helge lebt allein und möchte sich ein Haustier kaufen, sodass ihn jemand begrüßt, wenn er nach Hause kommt. Er hat unregelmäßige Arbeitszeiten und ist manchmal mehr als 24 Stunden unterwegs.

A

◆ Fische

B

◆ Hund

C

◆ Katze

Situation 1
C kommt auf keinen Fall infrage, Fußball findet abends statt.
A Vorteile: kann man immer und überall machen, ...

c Lesen Sie den anderen die Situation vor und erklären Sie Ihre Empfehlung. Benutzen Sie *entweder … oder* und *zwar …, aber*. Sind alle einverstanden? Sprechen Sie.

17 4b → S. 98

Wie lernt man ...?

a Lesen Sie die Fragen und machen Sie Notizen.

Frage	Ich	Meine Partnerin / Mein Partner
Wie ernährt man sich gesund?	sich vegetarisch ernähren	
Wie wird man eine erfolgreiche Malerin / ein erfolgreicher Maler?		
Wie lernt man am besten eine Sprache?		
Wie pflegt man am besten seine Freund-schaften?		
Wie tut man etwas für die Umwelt?		
Wie spart man am besten Benzin?		
Wie kocht man die beste Suppe der Welt?		
Wie wird man Millionärin / Millionär? 		
Wie findet man eine neue Wohnung?		
Wie lernt man neue Leute kennen?		
Wie wird man Anwältin / Anwalt? 		
Wie lernt man Flöte spielen? 		
Wie geht man mit einem Misserfolg um? 		

G

miss + Nomen	→ Nomen
der Erfolg	→ der Misserfolg = kein Erfolg

G

miss + Verb	→ Verb
trauen	→ misstrauen = kein Vertrauen haben
verstehen	→ missverstehen = falsch verstehen

b Fragen Sie dann Ihre Partnerin / Ihren Partner und notieren Sie. Bilden Sie jeweils Sätze mit *indem*.

Frage	Ich	Meine Partnerin / Mein Partner
Wie ernährt man sich gesund?	sich vegetarisch ernähren	viele Früchte und Gemüse, wenig Zucker (Gebäck, Schokolade)
Wie wird man eine erfolgreiche Malerin /		

- Wie ernährt man sich deiner Meinung nach gesund?
- Indem man sich vegetarisch ernährt. Und was denkst du?
- Ich glaube, man ernährt sich gesund, indem man viele Früchte und Gemüse und wenig Zucker isst, also kein Gebäck oder Schokolade.

+ SCHON FERTIG?

Überlegen Sie sich weitere Fragen mit „Wie ...?" und beantworten Sie sie. Bilden Sie Sätze mit *indem*.

5b → S. 98

Wie erstelle ich einen Audioguide? ZWISCHENSCHRITT

a Lesen Sie die Tipps und markieren Sie in zwei Farben:
Welche Tipps beziehen sich auf Inhalt und Sprache des Audioguides?
In welchen Tipps geht es um die Technik und die Art der Aufnahme?

10 Tipps

„Wie erstelle ich einen Audioguide?"

1. Recherchieren Sie genau und überprüfen Sie die Informationen, die Sie geben möchten.
2. Machen Sie eine Gliederung. Audioguides haben meistens mehrere Teile.
3. Schreiben Sie den Text in einfachen und kurzen Sätzen.
4. Schreiben Sie den Text auf und kontrollieren Sie ihn vor der Aufnahme.
5. Beginnen Sie mit einer Begrüßung und sprechen Sie das Publikum immer wieder direkt an.
6. Ein Audioguide wird von einer oder von mehreren Personen gesprochen.
7. Überprüfen Sie Ihre Aufnahme: Kann man alles gut verstehen?
8. Nehmen Sie den Text mehrmals auf und wählen Sie die beste Variante.
9. Wenn Sie mehrere Teile aufgenommen haben, können Sie sie mit einer App schneiden und zusammenfügen.
10. Sie können auch Musik dazwischen schneiden oder dazu spielen.

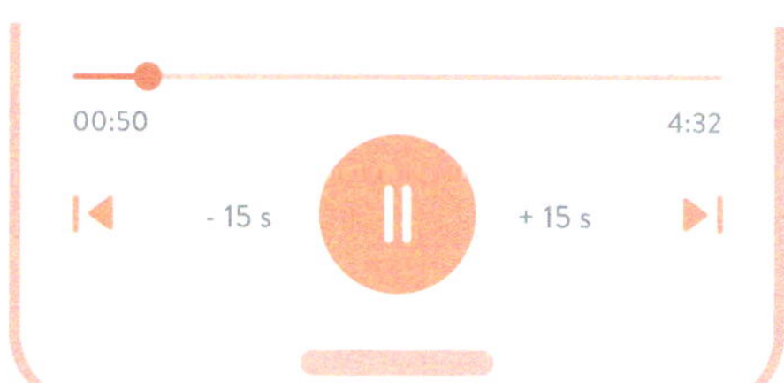

b Welche Tipps finden Sie besonders wichtig? Markieren Sie.
Gehen Sie dann zurück auf Seite 98.

18 **5d** → S. 102 PARTNER/IN A

Viel zu tun im Krankenhaus!

a Schreiben Sie zuerst Fragen mit *nachdem* zu Ihren Personen.

Was hat denn Dr. Anita Bresky gemacht, nachdem sie ein Kommunikationstraining geleitet hatte?

Dr. Anita Bresky

ein Kommunikationstraining geleitet

mit einer Journalistin gesprochen

Dr. Arne Behrens

die Untersuchungsergebnisse erklärt

Schmerzmittel verschrieben 

Tim Wasche

eine Wunde versorgt 

Ferhat Kaya

einen Arzt bei Krankenbesuchen begleitet 

für eine Prüfung gelernt

Galina Iwanowna

mit Angehörigen geredet

Dr. Stefan Knuppe

mit dem erkälteten Patienten gesprochen 

 ein Rezept für Nasentropfen geschrieben 

Sibylle Franz

eine Kommunikationssituation in einer Arztpraxis gespielt 

Dr. Gabriela Bandel

viele Patienten gegen Grippe geimpft 

sich beim Yoga vom Stress erholt

Dr. Daan Jansen

einen Patienten untersucht

Dr. Cosmin Stoica

im Krankenwagen mitgefahren

einen Notfall behandelt

Enrico Fumagalli

in die Umkleide gegangen

Réka Szabó

am Vormittag auf der Kinderstation geholfen

am Nachmittag in der Notaufnahme gearbeitet

b Fragen Sie dann Ihre Partnerin / Ihren Partner und ergänzen Sie die fehlenden Informationen.

- Partner/in A: Was hat denn Dr. Anita Bresky gemacht, nachdem sie ein Kommunikationstraining geleitet hatte?
- Partner/in B: Nachdem sie ein Kommunikationstraining geleitet hatte, hat sie mit einer Journalistin gesprochen.

...

- Partner/in B: Was hat denn Dr. Arne Behrens gemacht, nachdem er die Untersuchungsergebnisse erklärt hatte?
- Partner/in A: Nachdem er die Untersuchungsergebnisse erklärt hatte, hat er ein Schmerzmittel verschrieben.

19 **5b** → S. 109 PARTNER/IN A

Checkliste: Ein Stipendium beantragen

a Was ist schon erledigt worden? Fragen Sie Ihre Partnerin / Ihren Partner und haken Sie auf der Liste ab. ✓ Was ist noch nicht gemacht worden? Machen Sie ein Kreuz. ✗

Stipendium für einen Sprachkurs
- ✓ den Antrag für das Stipendium stellen
- ○ Kopien von den Deutschkurs-Zeugnissen abgeben
- ○ das Formular ausfüllen
- ○ eine Eingangsbestätigung ausstellen
- ○ den Antrag genehmigen

- Partner/in A: Ist der Antrag für das Stipendium schon gestellt worden?
- Partner/in B: Ja, der Antrag ist schon gestellt worden.

b Was ist schon erledigt worden? ✓ Was ist noch nicht gemacht worden? ✗ Sehen Sie die Checkliste an und antworten Sie Ihrer Partnerin / Ihrem Partner.

Stipendium für eine Weiterbildung
- ✗ den Antrag für das Stipendium ausfüllen
- ✓ das Formular unterschreiben
- ✗ alle Dokumente abgeben
- ✓ einen Termin auf der Behörde vereinbaren, um die Abgabefrist zu verlängern
- ✓ das Stipendium genehmigen

- Partner/in B: Ist der Antrag für das Stipendium schon ausgefüllt worden?
- Partner/in A: Nein, der Antrag ist noch nicht ausgefüllt worden.

20 **6** → S. 114

Alltags-Challenges: Was können Sie, ohne …?

a Lesen Sie die „Alltags-Challenges“ 1 – 10 und schreiben Sie Sätze: Was können Sie (nicht)? Finden Sie noch zwei Situationen und schreiben Sie zwei weitere Sätze.

1 tippen – die Tastatur **nicht** anschauen *Ich kann (nicht) tippen, ohne die Tastatur anzuschauen.*	2 morgens aufwachen – der Wecker hat **nicht** geklingelt 	3 den Tag planen – **nicht** im Terminkalender nachsehen
4 das Geschirr wegräumen – es hört **niemand** *Ich kann (nicht) das Geschirr wegräumen, ohne dass es jemand hört.*	5 nachts auf die Toilette gehen – das Licht **nicht** anmachen	6 ein Menü kochen – die ganze Küche wird **nicht** schmutzig *Ich kann ein / kein*
7  sich schminken /  sich rasieren – **nicht** in den Spiegel sehen	8 sich duschen – die Haare werden **nicht** nass	9 einen Witz erzählen – **nicht** selbst lachen
10 lügen – **nicht** rot werden	11	12

b Wer kann das? Fragen und antworten Sie im Kurs. Kann Ihre Partnerin / Ihr Partner das? Dann notieren Sie den Namen und gehen Sie weiter zur nächsten Person. Wer findet zuerst fünf Personen?

- Kann ich dich mal was fragen? Kannst du tippen, ohne die Tastatur anzuschauen?
- Nein, leider nicht … Ich hätte auch eine Frage, Hakim: Kannst du das Geschirr wegräumen, ohne dass es jemand hört?
- Ja, das kann ich.
- Super!

4 Hakim

G

Hauptsatz		Nebensatz		
				Ende
Ich kann tippen,	ohne dass	ich	die Tastatur	anschaue.
	ohne			anzuschauen.
Ich kann das Geschirr wegräumen,	ohne dass		es jemand	merkt.
	ohne zu			

7 → S. 114 PARTNER/IN A

(An)Statt um 7:00 Uhr aufzustehen, …

Arbeiten Sie zu zweit. Lesen Sie den normalen Tagesablauf von Marie. Was macht sie an diesem Tag anders? Fragen Sie Ihre Partnerin / Ihren Partner abwechselnd und ergänzen Sie die fehlenden Informationen.

oder

Arbeiten Sie zu zweit. Lesen Sie den normalen Tagesablauf von Marie. Was macht sie an diesem Tag anders? Notieren Sie Sätze. Partner/in A zu 1, 3, 5, 7, Partner/in B zu 2, 4, 6. Fragen Sie Ihre Partnerin / Ihren Partner abwechselnd und notieren Sie.

Das macht Marie normalerweise, …	aber heute ist alles anders!
1 Marie steht um 7:00 Uhr auf.	1 Sie sieht den Sonnenaufgang an. 
2 Sie frühstückt schnell im Stehen.	2 Sie geht ins Café und liest die Zeitung.
3 Sie fährt mit dem Bus zur Arbeit.	3
4 Sie sitzt fünf Stunden vor dem Computer.	4 Sie arbeitet im Stehen und macht Gymnastik.
5 Sie isst in der Kantine.	5
6 Sie fährt um 20:30 Uhr den Computer herunter. 	6 Sie macht früher Schluss und geht ins Museum.
7 Sie schläft vor dem Fernseher ein.	7

- Partner/in A: Was macht Marie, anstatt dass sie um 7:00 Uhr aufsteht?
- Partner/in B: Anstatt um 7:00 Uhr aufzustehen, sieht sie den Sonnenaufgang an. Was macht Marie, statt dass sie schnell im Stehen frühstückt?
- Partner/in A: Statt schnell im Stehen zu frühstücken, geht sie …

Hauptsatz	Nebensatz			
				Ende
Marie sieht den Sonnenaufgang an,	(an)statt dass	sie	um 7:00 Uhr	aufsteht.
	(an)statt			aufzustehen.

20 8a → S. 114

Das würde ich lieber mal überprüfen …

Arbeiten Sie zu dritt. Lesen Sie je eine Kurznachricht und machen Sie Notizen. Fassen Sie den Inhalt in zwei Sätzen zusammen. Gehen Sie dann zurück auf Seite 114.

A

Wissenschaftler*innen warnen vor den Folgen des Klimawandels für das Leben am Nordpol: In den nächsten Jahrzehnten verschwindet das Eis, sodass die Eisbären ihren natürlichen Lebensraum verlieren. Einer Tierschutzorganisation ist es nun gelungen, eine Bärenfamilie an den Südpol zu transportieren, wo die Lebensbedingungen für die Tiere ebenfalls geeignet sind.

mehr lesen

Am Nordpol …
Eine Tierschutzorganisation …

B

Die Sportart „Tauziehen“, bei der zwei Mannschaften in entgegengesetzter Richtung an einem langen Seil ziehen, hat eine lange Geschichte und ist als Spiel und Trainingsmethode in verschiedenen Ländern der Welt beliebt. Anfang des 20. Jahrhunderts wurde dieser Sport sogar ins Programm der Olympischen Spiele aufgenommen.

mehr lesen

„Tauziehen“ …
Anfang des letzten Jahrhunderts …

C

Psychologische Experimente haben gezeigt, dass Menschen Erinnerungen löschen, wenn sie von einem Raum in einen anderen gehen (sog. Doorway-Effekt). Diese Ergebnisse werden nun zum ersten Mal in einem Gebäude umgesetzt. Die bayerische Stadt Hof fördert den Bau eines Gemeindezentrums, das im Innenbereich ganz auf Türen verzichtet.

mehr lesen

Menschen vergessen Dinge, wenn …
In Süddeutschland …

21 3b → S. 117

Ein Brief an die Schulleitung

a Lesen Sie die Forderungen der Schülerinnen und Schüler der Klasse 7b und ergänzen Sie dann den Brief.

1 Wir wollen das Klassenzimmer selbst dekorieren!

2 Längere Pausen für unsere Schultage einplanen!

3 Statt Noten lieber ein schriftliches Feedback geben!

4 MEHR ZEIT FÜR GRUPPENARBEIT ZUR VERFÜGUNG STELLEN!

5 KEINE AUFSÄTZE UND DIKTATE MEHR!

6 Handys im Unterricht benutzen!

7 Jeden Monat einen Ausflug machen!

Offener Brief an die Schulleitung

Sehr geehrte Frau Mühlenharter,
wir aus der Klasse 7b haben viele Ideen, wie wir unseren Unterricht verbessern könnten:

1. Das Klassenzimmer *darf von uns selbst dekoriert werden* (dürfen) ☆☆☆
2. Für unsere Schultage .... (sollt...) ☆☆☆
3. Statt Noten .... (könnt...) ☆☆☆
4. Für die Gruppenarbeit .... (müssen) ☆☆☆
5. Aufsätze und Diktate .... nicht .... (sollt...) ☆☆☆
6. Es wäre wichtig, dass Handys .... (können) ☆☆☆
7. Jeden Monat .... (könnt...) ☆☆☆

Wir würden uns freuen, wenn wir mit Ihnen darüber diskutieren könnten.
Mit besten Grüßen
Ihre Schülerinnen und Schüler der Klasse 7b

b Wie finden Sie die Forderungen der Klasse 7b? Malen Sie die Sternchen in **a** aus und vergleichen Sie mit Ihrer Partnerin / Ihrem Partner.

★★★ = sehr gut
★★☆ = ganz okay
★☆☆ = weniger gut
☆☆☆ = gar nicht gut

Forderung 1 finde ich sehr gut. Warum sollen die Schülerinnen und Schüler nicht ihr Klassenzimmer dekorieren? Das macht Spaß und ist motivierend!

Ich finde Forderung 1 nur ganz okay. Ist es wirklich wichtig, dass die Schülerinnen und Schüler das selbst machen? Viel wichtiger ist doch, dass ...

21 **6** → S. 118

Das deutsche Schulsystem

a Arbeiten Sie zu zweit: Sehen Sie die Beispiel-Übersicht zum deutschen Schulsystem an und beantworten Sie die Fragen.

1 Muss man in den Kindergarten gehen?
2 Was für eine Schule muss man besuchen, wenn man die Universität besuchen will?
3 Wie viele Jahre geht man in die Realschule?
4 Nach welcher Klasse kann man eine Berufsausbildung machen?

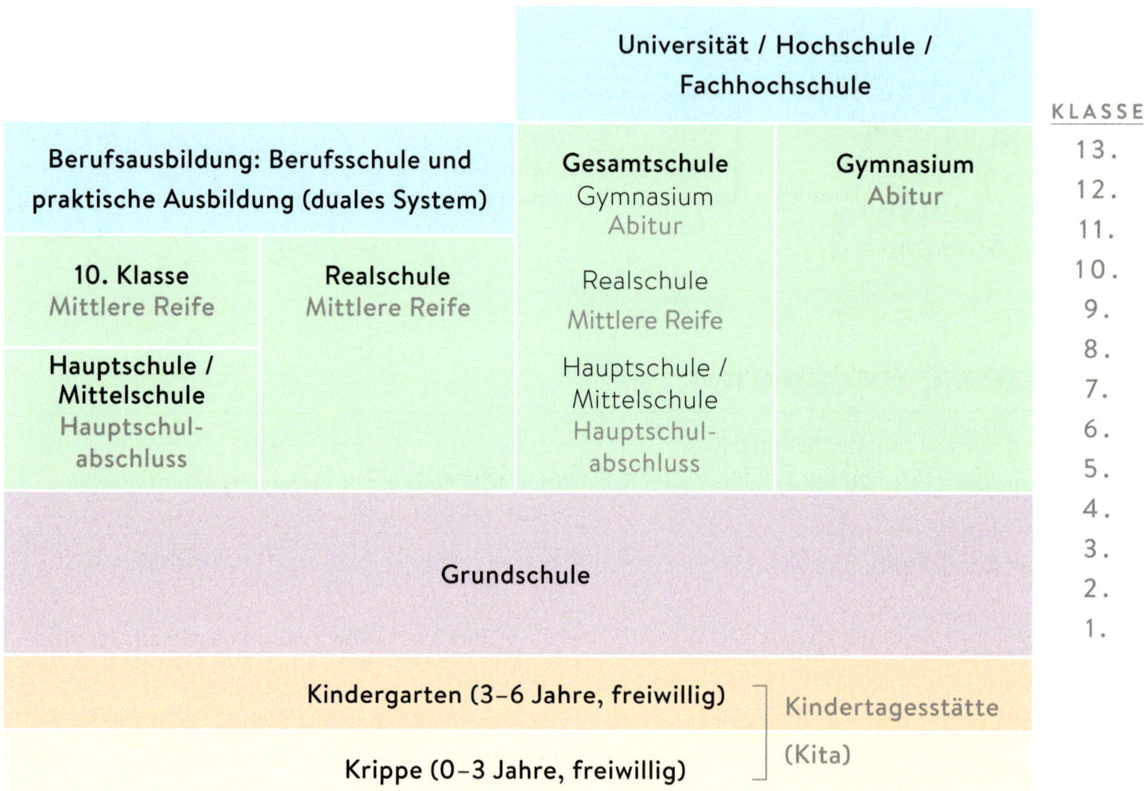

Frage 1: Hier steht „freiwillig". Man muss also ...

Ach so, das habe ich nicht gewusst.

b Jede/r schreibt noch drei Fragen zum deutschen Schulsystem. Die / Der andere antwortet mithilfe der Übersicht in **a** oder recherchiert im Internet.

- Was ist eine Kita?
- An welchen Schulen gibt es eine Abschlussprüfung?
- ...

c Welche Schulen haben Sie besucht und wie lange? Erzählen Sie in der Gruppe.

Ich bin nach sechs Jahren in der Grundschule für drei Jahre ins „Gymnasio" gegangen und dann ins „Lyzeum". Jetzt will ich ...

22 **2a** → S. 124

Das politische System in Deutschland

a Sehen Sie das Schaubild an, lesen Sie den Infotext und ergänzen Sie die Wörter aus dem Bildlexikon.

Abgeordnete Bundeskanzler Bundespräsident Bundestag Gericht
Minister Bundesregierung Richter ~~Parlament~~ Partei Wahl

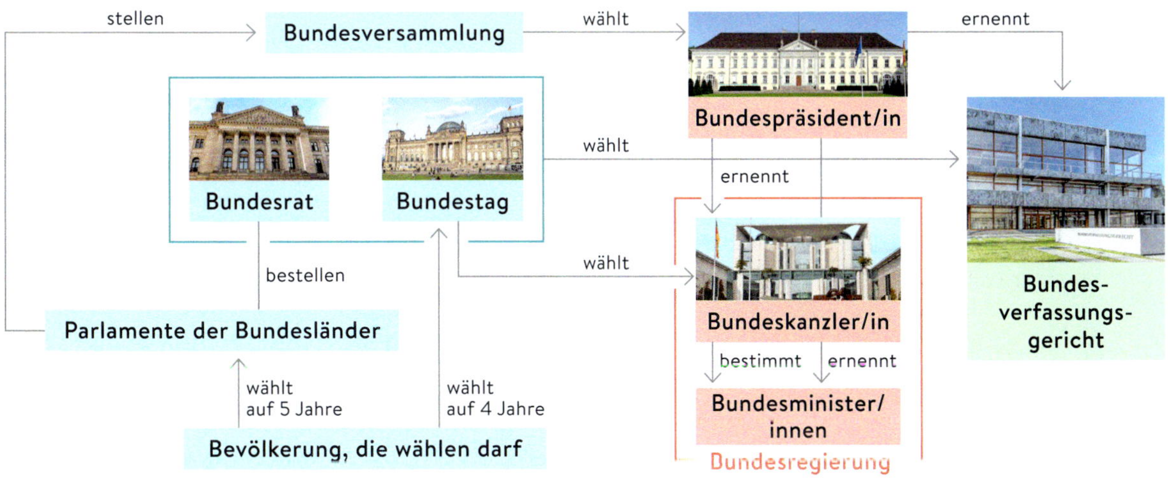

Das politische System der Bundesrepublik Deutschland (BRD)

Die Bürgerinnen und Bürger wählen zwei *Parlamente* (1): die Parlamente der 16 Bundesländer und den __________ (2). Die __________ (3) zum deutschen Bundestag findet alle vier Jahre statt. Im Bundestag sitzen 598 (oder mehr) __________ (4) der verschiedenen Parteien. Eine __________ (5) braucht mindestens 5 % aller Stimmen, damit sie Abgeordnete in den Bundestag schicken kann.
Der Bundestag wählt den / die __________/in (6). Er oder sie bestimmt dann die __________/innen (7). Bundeskanzler/in und Minister/innen sind zusammen die __________ (8).
In Deutschland wird der / die __________/in (9) nicht direkt von den Bürgerinnen und Bürgern gewählt (sondern von der Bundesversammlung, die aus Vertreter/innen von Bundestag und Bundesrat besteht).
Auch die 16 __________/innen (10) am Bundesverfassungsgericht werden gewählt. Dieses höchste deutsche __________ (11) hat seinen Sitz in Karlsruhe.

b Wie ist das politische System in anderen Ländern, die Sie kennen? Was ist ähnlich, was ist anders? Sprechen Sie mit Ihrer Partnerin / Ihrem Partner über die Fragen.

1 Wie heißt das Parlament? Wie viele Abgeordnete sitzen im Parlament?
2 Gibt es eine Kanzlerin / einen Kanzler? Wer ist in der Regierung?
3 Gibt es eine Präsidentin / einen Präsidenten? Von wem wird sie / er gewählt?
4 Wie heißt das höchste Gericht?

In Österreich heißt das Bundesparlament „Nationalrat“. Anders als in Deutschland wählen die Bürgerinnen und Bürger den Bundespräsidenten bzw. die Bundespräsidentin direkt.

In der Schweiz heißt die Regierung „Bundesrat“. Die Schweizer Bürgerinnen und Bürger wählen nicht nur die Parlamente, sondern sie können in einer Volksabstimmung auch öfter über wichtige Fragen selbst entscheiden.

22 4b → S. 125

Bilder beschreiben: Es sieht so aus, als ob …

Wählen Sie eine Person A-I und beschreiben Sie das Bild. Die Ausdrücke unten im Kasten helfen Ihnen dabei. Ihre Partnerin / Ihr Partner rät, welche Person Sie meinen.

fröhlich / gut vorbereitet / überrascht / (un)glücklich / verzweifelt / genervt / gestresst / erschöpft / ... sein

auf einem Fest / im Urlaub / in der Natur / im Deutschkurs / ... sein

Spaß haben / sich langweilen / sich freuen ... warten / ... müssen nicht schwimmen / fahren / ... können ...

A

B

C

D

E

F

G

H

I

Es sieht so aus, als ob die Person im Urlaub wäre.

Falsch ... Man hat den Eindruck, als ob es heiß wäre.

Das ist der Mann auf Bild H!

Aha! ...

K

eine persönliche Einschätzung geben

Es sieht (nicht) so aus / Es wirkt (nicht) so, als ob ...

Ich habe / Man hat (nicht) den Eindruck / das Gefühl, als ob ...

23 **2** → S. 127

Die Geschichte einer Grenze

a Arbeiten Sie zu zweit. Sehen Sie die Bilder an und lesen Sie die Texte. Ergänzen Sie in der richtigen Form. Hilfe finden Sie im Bildlexikon. Nicht alle Wörter passen.

◆ ~~Weltkrieg~~ ◆ Frieden ◆ Mauer ◆ Grenze ◆ Denkmal ◆ Bevölkerung ◆ Bundesland ◆ Zone ◆ ~~Protest~~ ◆ Verfassung ◆ Revolution ◆ Freiheit

A

1945: Als Folge des Zweiten Weltkriegs (1) wird Deutschland in eine amerikanische, eine englische, eine französische und eine sowjetische ………… (2) aufgeteilt.

B

Konrad Adenauer bei der Unterzeichnung des Grundgesetzes am 23. Mai 1949

1949: Die beiden deutschen Staaten werden gegründet: die Bundesrepublik Deutschland (BRD) und die Deutsche Demokratische Republik (DDR) – mit eigenen ………… (3).

C

Das Denkmal des deutschen Grenzpunkts Alpha

1952: Die ………… (4) nach Westdeutschland wird geschlossen. Grenzanlagen und -türme werden errichtet.

D

1961: Die ………… (5) um Westberlin wird gebaut.

E

1989: Nach monatelangen friedlichen Protesten (6) folgt die Regierung der DDR dem Wunsch der ………… (7) und öffnet die Grenze. Man spricht auch heute noch von einer friedlichen ………… (8).

F

1990: Die beiden deutschen Staaten werden wiedervereinigt: Deutschland hat jetzt fünf neue ………… (9), und im Dezember wird das erste Mal das gesamtdeutsche Parlament gewählt. Die Grenze gibt es nicht mehr. Die Reste der Mauer dienen heute als ………… (10).

b Tauschen Sie mit einem anderen Paar und vergleichen Sie. Welche Informationen waren für Sie neu / interessant? Sprechen Sie in der Gruppe.

23 5c → S. 129

Zufallsrad: Was wäre passiert, wenn …?

Arbeiten Sie zu dritt. Eine Spielerin / Ein Spieler schließt die Augen und tippt auf ein Feld des Zufallsrads. Fragen Sie Ihre Nachbarin / Ihren Nachbarn. Sie / Er antwortet. Spielen Sie fünf Runden.

◆ Sturm

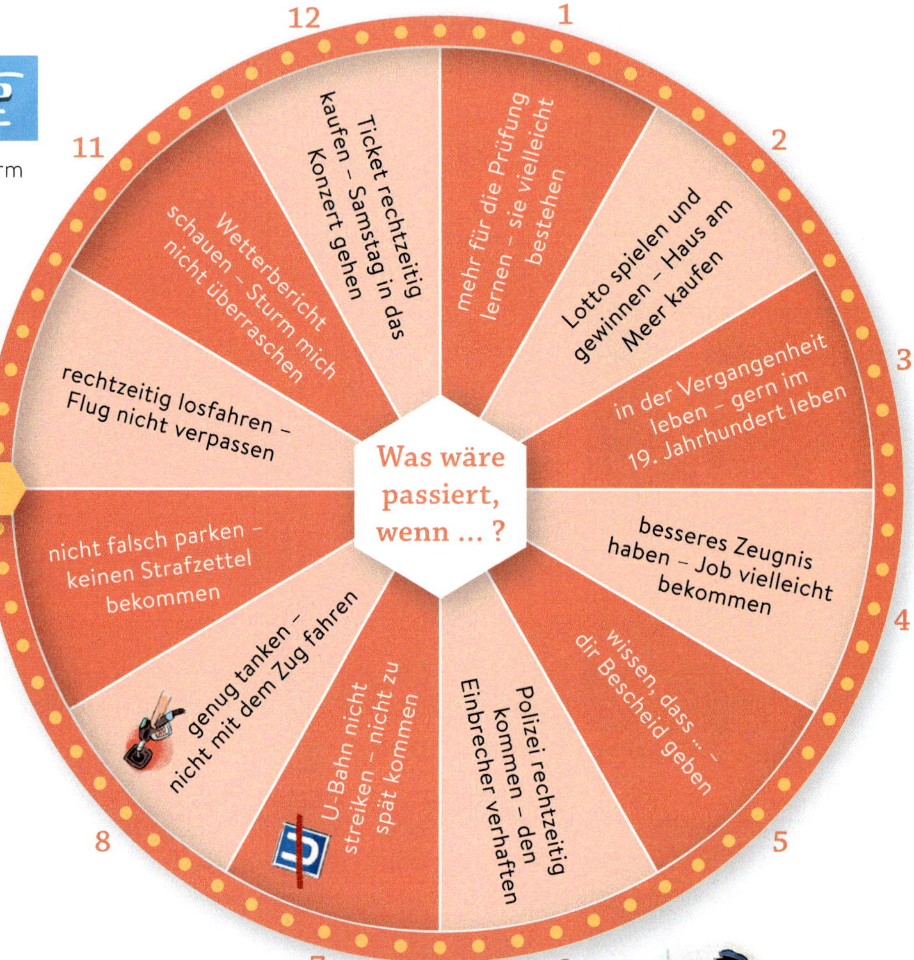

◆ Strafzettel

◆ Einbrecher verhaften

+ SCHON FERTIG?

Finden Sie eigene Sätze, die mit „Was wäre passiert, wenn …?“ beginnen, und spielen Sie weiter.

24 3b → S. 132

Was bringt Ihnen die Zukunft?

Sehen Sie das Bild an und lesen Sie die Fragen. Lesen Sie dann den Brief und schreiben Sie sich selbst eine „Flaschenpost“ über Ihre Zukunft. Ergänzen Sie die Sätze im Futur I.

oder

Sehen Sie das Bild an und lesen Sie die Fragen. Nehmen Sie dann eine Sprachnachricht oder ein Video über Ihre Zukunft auf. Verwenden Sie Sätze im Futur I.

Liebe/r ______________ (Ihr Name)

ich schätze, dass du in ... Monaten / Jahren ...
und kann mir gut vorstellen, dass ...
Das scheint mir realistisch.
Dass du jemals ..., halte ich für eher unwahrscheinlich.
Ich wünsche dir, dass du ...

Ganz sicher ... Das solltest du dir fest vornehmen.
Zukünftig ..., dazu gibt es keine Alternative.

Ich verspreche dir, dass ...

Dein/e ______________ (Ihre Unterschrift)

24 **4b** → S. 133

Mein „Zeitkreis“

a Zeichnen Sie einen „Zeitkreis“ wie im Beispiel, wählen Sie einen Werktag und füllen Sie den Zeitkreis für sich aus. Ergänzen Sie auch Wörter, die Ihre Gefühle beschreiben. Hilfe finden Sie im Bildlexikon.

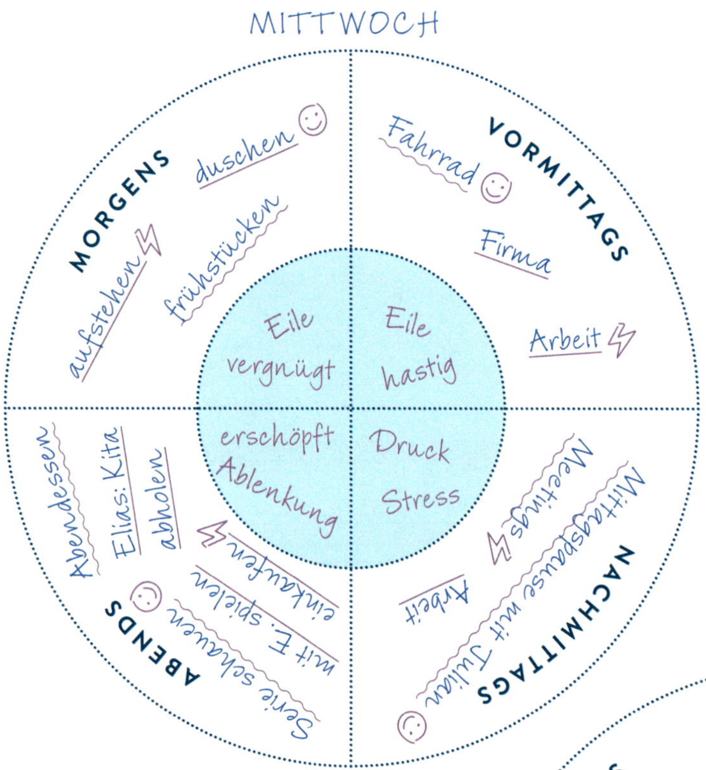

Das muss ich machen!

Das mache ich freiwillig!

Das mache ich gern. ☺

Das mache ich nicht gern. ⚡

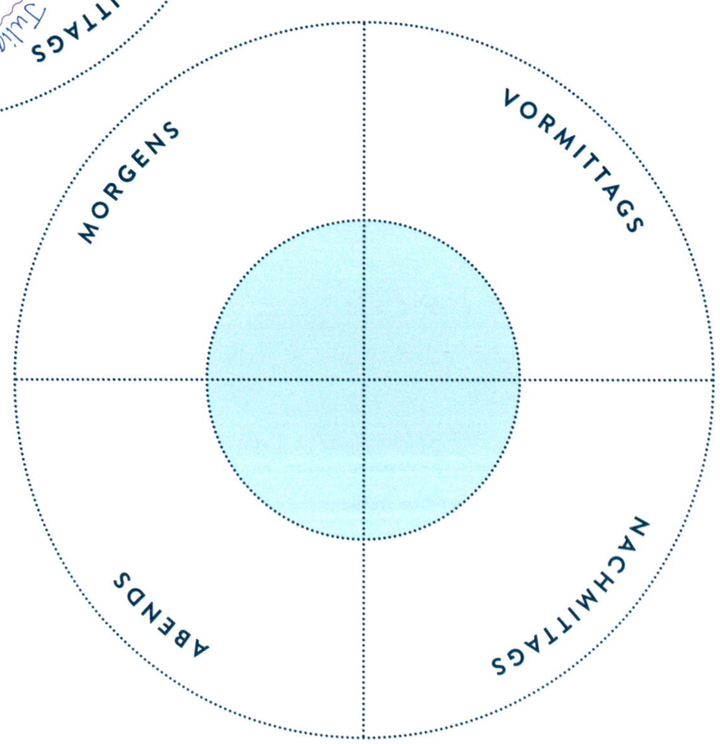

b Arbeiten Sie zu zweit. Ihre Partnerin / Ihr Partner sieht Ihren „Zeitkreis“ an und stellt Ihnen mindestens fünf Fragen. Antworten Sie.

- Elias ist dein Sohn, oder? Wer bringt ihn denn am Morgen in die Kita?
- Das macht meine Frau.
- Und auf der Arbeit hast du viel Stress und Druck …
- Ja, ich bin Software-Entwickler und habe viele Termine.

SCHON FERTIG?
Zeichnen Sie einen „Zeitkreis“ für Ihren perfekten Werktag.

AUFGABEN FÜR PARTNER/IN B

05 1d → S. 31 PARTNER/IN B

Ich würde gern ... WIEDERHOLUNG

a Arbeiten Sie zu zweit. Ihre Partnerin / Ihr Partner äußert einen Wunsch. Lesen Sie die Anzeigen und machen Sie einen Vorschlag. Geben Sie weitere Informationen.

1

www.uckerdorf.de

Sonntag, 24. Juli, ab 11 Uhr

Großes Sommerfest im Uckerdorf

Imbiss, Kaffee und Kuchen aus der Gemeinschaftsküche
Musik, Erzählstunde, Spiele und Aktionen im Uckergarten – für Groß und Klein
Wir freuen uns auf euch!

Achtung: Es gibt nur wenige Parkplätze! Wenn es geht, kommt bitte nicht mit dem Auto. Den aktuellen Bus-Fahrplan findet ihr hier.

2

www.uckerdorf.de

von März bis Oktober

Mitmach-Woche

Eine Woche mithelfen (5 Std / Tag, in der Landwirtschaft, in der Gemeinschaftsküche, in der Werkstatt ...) und das Leben im Uckerdorf kennenlernen.
Ankunft: Sonntag bis 18 Uhr, Ende: Samstag (eine Woche später), nach dem Mittagessen
70 € / Person
3 x täglich Essen in der Kantine, Unterkunft im Schlafsaal oder auf dem Zeltplatz (bitte eigenes Zelt mitbringen), inkl. Vorstellung des Projekts und Workshop zur Teamarbeit
Mehr Infos und Anmeldung

Achtung: Im Juli und August gibt es immer viele Anmeldungen! Meldet euch also früh an.

3

www.uckerdorf.de

Mittwoch, 10. September, 19:00 – 21:00 Uhr

Vortrag: Biogemüse aus dem Uckergarten (auch online)

Wir stellen unsere Landwirtschaft vor und beantworten eure Fragen!
Kostenlos, keine Anmeldung nötig

Achtung: Wenn ihr online teilnehmen wollt, schreibt bitte eine E-Mail an info@uckerdorf.de. Wir schicken euch dann den Link zur Veranstaltung.

- Partner/in A: Ich würde gern mit der ganzen Familie einen netten Tag auf dem Land verbringen. Was würdest du mir empfehlen? Hast du einen Tipp für mich?
- Partner/in B: Ihr könntet zum Sommerfest im Uckerdorf kommen. Da gibt es ...
- Partner/in A: Interessant! Wann findet das Fest statt?
- Partner/in B: Am Sonntag, 24. Juli, ab elf Uhr. Ach ja! Es gibt nur wenige Parkplätze. Ihr solltet am besten nicht mit dem Auto kommen.

G

Vorschläge / Ratschläge mit Konjunktiv II

Du könntest ... (mitmachen).
Du solltest ... (informieren).

b **Sagen Sie Ihrer Partnerin / Ihrem Partner, was Sie gern machen würden. Ihre Partnerin / Ihr Partner macht einen Vorschlag. Fragen Sie nach weiteren Informationen (Zeitpunkt, Kosten, Programm ...) und machen Sie Notizen.**

mein Wunsch	Vorschlag
einmal ein alternatives Haus bauen	*Workshop „Wir bauen ein Erdhaus": ...*
mehr Informationen über das Uckerdorf haben	
meine Kommunikation mit anderen verbessern	

- Partner/in B: Ich würde gern einmal lernen, wie man ein alternatives Haus baut. Was würdest du mir empfehlen? Hast du einen Tipp für mich?
- Partner/in A: Du könntest beim Workshop „Wir bauen ein Erdhaus" mitmachen. Da baut man ...
- Partner/in B: Interessant! Wie viel kostet der Workshop?
- Partner/in A: 80 € pro Person. Ach ja! Der Workshop findet nur bei gutem Wetter statt. Du solltest dich vorher kurz informieren, ob das Wetter gut ist.

G

Wünsche mit Konjunktiv II	Bitte um Rat mit Konjunktiv II
Ich würde gern ... (verbringen). Ich hätte / wäre gern ...	Was würdest du mir empfehlen?

10 3c → S. 60 PARTNER/IN B

Wer sagt was über seine Arbeit?

Theo

a Was denkt Theo? Ergänzen Sie: *seit* oder *bis*?

1 Seit ich einen neuen Chef habe, fühle ich mich überhaupt nicht mehr wohl.
2 Die Zusammenarbeit funktioniert nicht mehr gut, ... er mich immer nur kritisiert.
3 Ich warte nur noch, ... ich endlich in ein neues Team komme.
4 .... ich meine Aufgaben nicht mehr selbst organisieren kann, bin ich total unmotiviert.
5 Ich zähle die Tage, ... ich einen neuen Job habe.

b Ihre Partnerin / Ihr Partner stellt Fragen zu Theo. Antworten Sie.

c Und was denkt Linus? Fragen Sie Ihre Partnerin / Ihren Partner und ergänzen Sie die fehlenden Informationen.

Linus

Seit wann?	Seit er diesen Job hat,	freut Linus sich jeden Morgen auf die Arbeit.
Seit wann?	........,	arbeitet er viel motivierter.
Bis wann?	Er arbeitet jeden Tag,	....
Seit wann?	Besonders glücklich ist er mit seiner Arbeit,	....
Bis wann?	Er möchte in diesem Unternehmen arbeiten,	....

SCHON FERTIG?

Schreiben Sie Sätze über sich selbst. Verwenden Sie *seit* und *bis*.

Ich arbeite bei IT-Purlitz, seit ich meine Ausbildung fertig gemacht habe.

11 **6b** → S. 65 PARTNER/IN B

Wie heißt das noch mal?

Schreiben Sie zuerst Relativsätze zu Ihren Gegenständen. Fragen Sie dann Ihre Partnerin / Ihren Partner und ergänzen Sie die fehlenden Informationen.

A

◆ Stofftaschentuch

B

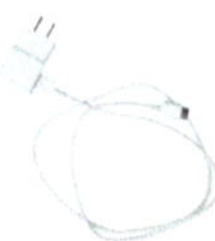

◆ Ladegerät

der Gegenstand / mit dem Gegenstand lädt man das Handy auf

Der Gegenstand, mit dem man das Handy auflädt.

C

◆ Wäscheleine

D

◆ ……

das Ding / auf dem Ding tippt man am Computer

E

◆ Briefmarken

F

◆ ……

die kleinen Holzstückchen / mit den Holzstückchen kann man Feuer machen

G

◆ Radiergummi

H

◆ ……

das Ding / in das Ding wirft man Abfall

I

◆ Tasche

J

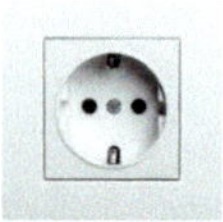

◆ ……

das Ding an der Wand / aus dem Ding kommt der Strom

K

◆ Schuhkarton

L

◆ ……

das kleine Ding / auf dem Ding kann man Dateien speichern

11

- Partner/in A: Wie heißt noch mal das Stück Stoff, mit dem man sich die Nase putzt?
- Partner/in B: Meinst du vielleicht ein Stofftaschentuch?

- Partner/in B: Wie heißt noch mal der Gegenstand, mit dem man das Handy auflädt?
- Partner/in A: Meinst du vielleicht ein Ladegerät?

G

	Präposition + Dativ
◆	der Gegenstand, in dem ...
◆	das Ding, auf dem ...
◆	die Schachtel, in der ...
◆	die Stückchen, mit denen ...

G

	Präposition + Akkusativ
◆	das Ding, an das ...
◆	die Stückchen, ohne die ...

12 **6c** → S. 69 PARTNER/IN B

Picknick am See

a Arbeiten Sie zu zweit. Ihre Partnerin / Ihr Partner liest eine Information vor. Nennen Sie die Folge. Schreiben Sie dann gemeinsam einen Satz mit *sodass* oder *so …, dass*.

1 … → Wir haben ein Picknick am See gemacht.
2 … → Von der Pizza war nichts mehr da.
3 … → Wir mussten die Würstchen roh essen.
4 … → Alle wollten das Rezept haben.

- Partner/in A: Es war Traumwetter. Ja … und?
- Partner/in B: Wir haben ein Picknick am See gemacht.

1 Es war Traumwetter, sodass wir ein Picknick am See gemacht haben.

b Lesen Sie eine Information vor. Ihre Partnerin / Ihr Partner nennt die Folge. Schreiben Sie dann gemeinsam einen Satz mit *sodass* oder *so …, dass*.

5 Das Wasser war kalt. → …
6 Am Ufer war ein Spielplatz. → …
7 Die Pommes waren salzig. → …
8 Eve hatte einen Lautsprecher dabei. → …

- Partner/in B: Das Wasser war kalt. Ja … und?
- Partner/in A: Wir konnten den See als Kühlschrank benutzen.

5 Das Wasser war so kalt, dass wir den See als Kühlschrank benutzen konnten.

G

		Ende
Es war Traumwetter,	sodass wir ein Picknick am See	gemacht haben.
Das Wasser war so kalt,	dass wir den See als Kühlschrank	benutzen konnten.

+ SCHON FERTIG?
Was ist sonst noch passiert? Schreiben Sie weitere Sätze mit *sodass* oder *so …, dass*.

13 **3b** → S. 77 PARTNER/IN B

Enten können sowohl schnell schwimmen als auch weit fliegen.

Arbeiten Sie zu zweit. Sehen Sie das Bild an und sprechen Sie mit Ihrer Partnerin / Ihrem Partner. Verwenden Sie:

gesund / lecker sein → *sowohl … als auch* ODER *nicht nur …, sondern auch*

~~sportlich~~ / ~~schnell~~ sein → *weder … noch*

- Partner/in A: Nummer 1: Enten können sowohl schnell schwimmen als auch weit fliegen.
- Partner/in B: Nummer 2: Schau mal, der Mann, der da joggt, ist …
- Partner/in A: Nummer 3: Der Mann hat …

SCHON FERTIG?

Bilden Sie weitere Sätze zum Bild.

18 **5d** → S. 102 PARTNER/IN B

Viel zu tun im Krankenhaus!

a Schreiben Sie zuerst Fragen mit *nachdem* zu Ihren Personen.

Was hat denn Dr. Arne Behrens gemacht, nachdem er die Untersuchungsergebnisse erklärt hatte?

Dr. Anita Bresky

ein Kommunikationstraining geleitet

mit einer Journalistin gesprochen

Dr. Arne Behrens

die Untersuchungsergebnisse erklärt

Schmerzmittel verschrieben

Tim Wasche

eine Wunde versorgt

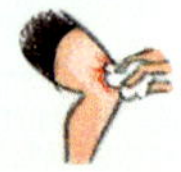

einen Verband gemacht und die Patientin beraten

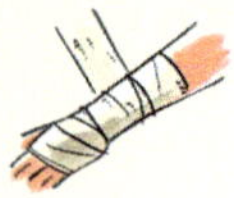

Ferhat Kaya

einen Arzt bei Krankenbesuchen begleitet

Galina Iwanowna

mit Angehörigen geredet

eine Kaffeepause gemacht

Dr. Stefan Knuppe

mit dem erkälteten Patienten gesprochen

Sibylle Franz

eine Kommunikationssituation in einer Arztpraxis gespielt

mit den Studierenden die Situation besprochen

Dr. Gabriela Bandel

viele Patienten gegen Grippe geimpft

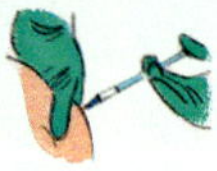

Dr. Daan Jansen

einen Patienten untersucht

dem Patienten eine Therapie empfohlen

Dr. Cosmin Stoica

im Krankenwagen mitgefahren

Enrico Fumagalli

in die Umkleide gegangen

nach Hause gefahren

Réka Szabó

am Vormittag auf der Kinderstation geholfen

b Fragen Sie dann Ihre Partnerin / Ihren Partner und ergänzen Sie die fehlenden Informationen.

- Partner/in A: Was hat denn Dr. Anita Bresky gemacht, nachdem sie ein Kommunikationstraining geleitet hatte?
- Partner/in B: Nachdem sie ein Kommunikationstraining geleitet hatte, hat sie mit einer Journalistin gesprochen.

…

- Partner/in B: Was hat denn Dr. Arne Behrens gemacht, nachdem er die Untersuchungsergebnisse erklärt hatte?
- Partner/in A: Nachdem er die Untersuchungsergebnisse erklärt hatte, hat er ein Schmerzmittel verschrieben.

19 **5b** → S. 109 PARTNER/IN B

Checkliste: Ein Stipendium beantragen

a Was ist schon erledigt worden? ✓ Was ist noch nicht gemacht worden? ✗ Sehen Sie die Checkliste an und antworten Sie Ihrer Partnerin / Ihrem Partner.

Stipendium für einen Sprachkurs
- ✓ den Antrag für das Stipendium stellen
- ✗ Kopien von den Deutschkurs-Zeugnissen abgeben
- ✓ das Formular ausfüllen
- ✓ eine Eingangsbestätigung ausstellen
- ✗ den Antrag genehmigen

- Partner/in A: Ist der Antrag für das Stipendium schon gestellt worden?
- Partner/in B: Ja, der Antrag ist schon gestellt worden.

b Was ist schon erledigt worden? Fragen Sie Ihre Partnerin / Ihren Partner und haken Sie auf der Liste ab. ✓ Was ist noch nicht gemacht worden? Machen Sie ein Kreuz. ✗

Stipendium für eine Weiterbildung
- ✗ den Antrag für das Stipendium ausfüllen
- ⬡ das Formular unterschreiben
- ⬡ alle Dokumente abgeben
- ⬡ einen Termin auf der Behörde vereinbaren, um die Abgabefrist zu verlängern
- ⬡ das Stipendium genehmigen

- Partner/in B: Ist der Antrag für das Stipendium schon ausgefüllt worden?
- Partner/in A: Nein, der Antrag ist noch nicht ausgefüllt worden.

20 **7** → S. 114 PARTNER/IN B

(An)Statt um 7:00 Uhr aufzustehen, …

Arbeiten Sie zu zweit. Lesen Sie den normalen Tagesablauf von Marie. Was macht sie an diesem Tag anders? Fragen Sie Ihre Partnerin / Ihren Partner abwechselnd und ergänzen Sie die fehlenden Informationen.

oder

Arbeiten Sie zu zweit. Lesen Sie den normalen Tagesablauf von Marie. Was macht sie an diesem Tag anders? Notieren Sie Sätze. Partner/in A zu 1, 3, 5, 7, Partner/in B zu 2, 4, 6. Fragen Sie Ihre Partnerin / Ihren Partner abwechselnd und notieren Sie.

Das macht Marie normalerweise, …	aber heute ist alles anders!
1 Marie steht um 7:00 auf.	1 Sie sieht den Sonnenaufgang an. 
2 Sie frühstückt schnell im Stehen.	2 Sie geht ins Café und liest die Zeitung.
3 Sie fährt mit dem Bus zur Arbeit.	3 Sie nimmt das Fahrrad.
4 Sie sitzt fünf Stunden vor dem Computer.	4 ………
5 Sie isst in der Kantine.	5 Sie macht mit ihren Kolleginnen und Kollegen ein Picknick im Park.
6 Sie fährt um 20:30 Uhr den Computer herunter. 	6 ………
7 Sie schläft vor dem Fernseher ein.	7 Sie liest auf dem Balkon ein Buch.

- Partner/in A: Was macht Marie, anstatt dass sie um 7:00 Uhr aufsteht?
- Partner/in B: Anstatt um 7:00 Uhr aufzustehen, sieht sie den Sonnenaufgang an. Was macht Marie, anstatt dass sie schnell im Stehen frühstückt?
- Partner/in A: Statt schnell im Stehen zu frühstücken, geht sie …

G

Hauptsatz	Nebensatz			
				Ende
Marie sieht den Sonnenaufgang an,	(an)statt dass	sie	um 7:00 Uhr	aufsteht.
	(an)statt			aufzustehen.

Lösungen zu den Schnelltests

MODUL 1

01

W **b** die Jugend **c** die Zukunft **d** die Geburt **e** die Gegenwart **f** das Alter

G **a** Wenn **b** als **c** Als **d** wenn **e** wenn **f** als

K 2, 4, 5, 1, 3

02

W Beziehungen: die / der Bekannte/r, der Freundeskreis, der Freund; Gefühle: die Verbundenheit, die Liebe, das Vertrauen

G **a** Bekannten; Mein Bekannter Oliver wohnt weit weg, daher sehe ich ihn nicht so oft. **b** Bekannte; Meine Bekannte Sandra und ich haben viele Gemeinsamkeiten, darum verstehen wir uns prima. **c** Bekannten; Unsere Bekannten besuchen uns oft spontan, deswegen nerven sie manchmal ein bisschen.

K 1a, 2b, 3b

03

W **b** fleißig **c** teamfähig **d** pünktlich **e** gründlich

G **a** wichtigste **b** schwierigeren **c** mutigste **d** größeres

K 2e, 3a, 4b, 5f, 6d

MODUL 2

04

W **1b** gewöhnen **c** wiederholen **d** änderst **2a** Ausdauer **b** anstrengst **c** bewegen

G **a** Ich nehme heute Nachmittag frei, um ein Webinar zu machen. **b** Meine Kollegin übernimmt meine Arbeit, damit ich das Webinar machen kann. **c** Ich mache ein Webinar über gesunde Ernährung, damit mein Mann und ich uns besser ernähren. **d** Um etwas für die Umwelt zu tun, kaufen wir nur noch regionale Lebensmittel.

K 1a, 2b, 3b, 4a

05

W b4C, c6B, d5A, e3E, f1D

G **a** würde ... interessieren **b** könnten, würden ... ziehen **c** wäre, hätte

K **a** Frage **b** gesprochen **c** einig **d** Mehrere **e** nämlich **f** Insgesamt

06

W **b** wagen **c** umsetzen **d** sammeln **e** verwirklichen **f** eingehen

G **a** ..., obwohl er nicht viel Geld hat. **b** ..., obwohl er nicht so gut Englisch sprechen kann. **c** ..., obwohl er am Anfang große Angst hatte. **d** ..., obwohl seine Familie sich ziemlich über seine Pläne aufgeregt hat.

K 2, 4, 1, 5, 3

MODUL 3

07

W **a** Unterkunft **b** Sehenswürdigkeiten **c** Souvenirläden **d** Touristinnen **e** Touristen **f** Erholung

G **a** schwarzem **b** Kleines, ruhiger **c** Fröhliche, kleinem, nette, guten, aufregende

K 3, 1, 4, 2

08

W **a** Pflicht **b** Bürgerinnen **c** Bürger **d** Soziales **e** Ökologisches **f** Klimaaktivistin **g** Gesellschaft **h** freiwillig

G **a** verbessern. **b** anzufangen. **c** zu verändern. **d** engagieren. **e** zu tun.

K **1** 😐 Ich bin der Ansicht, dass... / Ich bin absolut der Überzeugung, dass / Ich bin ziemlich sicher, dass ... 🙂 Das sehe ich auch so. / Da hast du recht. / Ich bin ganz deiner Meinung. ☹ Da bin ich ganz anderer Meinung. / Da muss ich widersprechen. / Das sehe ich völlig anders. **2a** unterbreche **b** ausreden

09

W **a** Abschluss, Fach **b** Semester, Vorlesungen, Zertifikat **c** Studiengebühren

G **a** Trotz des großen Heimwehs **b** Wegen der intensiven Vorbereitung **c** Wegen der internationalen Kontakte

K 3, 5, 2, 6, 1, 4

MODUL 4

10

W **b** Arbeitsstelle **c** Berufserfahrung **d** Kündigung **e** Mitbestimmung **f** Feedback

G **1a** Ich habe drei Monate gebraucht, bis ich einen neuen Job hatte. **b** Er will hier arbeiten, bis er in Rente geht. **c** Seit wir bei der Aufgabenverteilung mitentscheiden können, sind wir total motiviert. **2a** Morgens schalte ich erst den Computer an, bevor ich mir einen Kaffee mache. **b** Ich kann keine Musik hören, während ich arbeite. **c** Ich habe die Fenster zugemacht, bevor ich nach Hause gegangen bin.

K 3, 2, 5, 1, 4

11

W 2, 6, 1, 4, 5, 3

G **b** Ich kenne viele Menschen, denen Umweltschutz wichtig ist. **c** Holz ist ein Material, aus dem man nicht nur Möbel machen kann. **d** Das ist ein Geldbeutel, für den kein Tier gestorben ist. **e** Ich habe eine Hose aus recyceltem Plastik, mit der ich sehr zufrieden bin.

K 2e, 3d, 4c, 5a

12

W **a** reiben **b** schälen **c** roh zubereiten **d** braten

G **b** Direkt neben meinem Büro gibt es ein Café mit Mittagsmenü, sodass ich nicht weit laufen muss. **c** Die Portionen sind so groß, dass ich oft etwas fürs Abendessen mitnehmen kann. **d** Abends esse ich meistens so spät, dass ich am Morgen noch keinen Hunger habe. **e** Und am Wochenende gehe ich gern aus, sodass ich meine Küche eigentlich gar nicht brauche.

K **b** Zutaten **c** Gewöhnlich **d** probieren **e** anders **f** bereite

MODUL 5

13

W **a** Kuh **b** Taube, Eule **c** Tiger, Elefant **d** Delfin, Tintenfisch

G **a** In unserem Garten gibt es weder Ratten noch Mäuse. **b** Im Ozean leben sowohl Delfine als auch Tintenfische. **c** Tauben sind nicht nur intelligent, sondern auch schnell. **d** Elefanten ernähren sich sowohl von Gras als auch von Früchten. **e** Meine Katze ist nicht nur faul, sondern auch ziemlich langsam. **f** Ich mag weder Hunde noch Katzen.

K 1f, 3e, 4b, 5d, 6a

14

W 2e, 3d, 4a, 5b

G **b** wo **c** was **d** was **e** wo

K **b** Freude **c** Internet **d** Unternehmen **e** beschäftige **f** Kenntnisse **g** Vorstellungsgespräch

15

W **a** verliebt **b** Sehnsucht **c** umarmt, geküsst, liebe **d** flirte, date **e** Liebesgeschichte

G **a** Heute lasse ich meinen Roboter die Wohnung aufräumen. **b** Danach lasse ich ihn mein Fahrrad putzen. **c** Und dann lasse ich ihn ein Date organisieren. **d** Zum Schluss lasse ich ihn einen Liebesbrief schreiben.

K 6, 3, 2, 4, 1, 5

MODUL 6

16

W **b** Bargeld **c** Konto **d** EC-Karte **e** Überweisung **f** Schalter **g** IBAN

G **a** Entweder ... oder **b** zwar ..., aber **c** Je ..., desto

K 4, 3, 1, 6, 2, 5

17

W 2 der Künstler 3 die Zeichnung 4 das Kunstwerk 5 die Skulptur 6 die Grafik

G **a** Indem du gute Kontakte hast und hart arbeitest. **b** Indem man wenig Zucker isst. **c** Indem er jeden Tag eine Stunde übt. **d** Indem ihr viele deutsche Filme schaut. **e** Vielleicht indem du einen Tanzkurs machst.

K **b** halte 😐 **c** lehne ☹ **d** bringt 😐 **e** sieht 🙂

18

W **b** der Notfall **c** das Schmerzmittel **d** die Sprechstunde **e** der Krankenwagen

G **b** Nachdem ich einen anderen Radfahrer überholt hatte, habe ich eine Mülltonne zu spät gesehen und hatte einen Unfall. **c** Nachdem ein Krankenwagen gekommen war, sind wir ins Krankenhaus gefahren. **d** Nachdem ich in der Notaufnahme eine Stunde gewartet hatte, hat mich eine Notärztin untersucht.

K 2, 1, 3, 5, 4

MODUL 7

19

W **b** stellen **c** abgeben **d** ablehnen **e** ausstellen

G **b** Getränke und Snacks sind schon gekauft worden. **c** Die Gäste sind schon eingeladen worden. **d** Das Programm ist schon besprochen worden. **e** Die Musik ist schon ausgesucht worden. **f** Die Dekoration ist schon gebastelt worden.

K **b** üblich **c** Normalerweise **d** Gegensatz **e** Regel **f** vergleichen

20

W 2c, 3e, 4b, 5a

G **1a** nur **b** nicht **c** nur **2a** ohne **b** statt **c** statt

K 1d, 2b, 3e, 4a

21

W **b** Geografie **c** Biologie **d** Geschichte **e** Mathematik

G **b** darf … vernachlässigt werden **c** könnte … verbessert werden **d** soll … gefördert werden

K **1** d, b, a, c **2** b, d, c, a

MODUL 8

22

W **a** Regierung **b** Gericht **c** Abgeordneten **d** Bundespräsident

G **b** Man hat den Eindruck, als ob sie nicht lachen könnte. **c** Ich habe nicht das Gefühl, als ob er glücklich wäre. **d** Es wirkt so, als ob sie keine Zeit hätten.

K **b** Ersten **c** Wirkung **d** beeindruckt **e** Hoffnung

23

W **b** Bundesländer **c** Frieden **d** Grenze **e** Denkmal

G **b** gehabt hätte, … wäre … gegangen **c** gewesen wäre, … hätte … kennengelernt **d** gemacht hätten, … hätten … verliebt

K 4, 6, 3, 1, 5, 2

24

W **a** die Gelassenheit **b** die Eile, sich hetzen

G **b** wirst … machen **c** werde … besuchen **d** werde … reisen **e** wird … werden

K 1b, 2b, 3a

Cover © Getty Images/iStock/Jeff Bergen
U2 © www.landkarten-erstellung.de HF/AB

S. 11: alle © Getty Images/iStock/Wavebreakmedia
S. 12: © Getty Images/iStock/Fenne
S. 14: © Getty Images/iStock/splendens; Nanouk © Getty Images/iStock/Ridofranz; Liam © Getty Images/E+/Drazen_
S. 15: Ying Yang © Rawpixel.com – stock.adobe.com; Mond © Savvapanf Photo – stock.adobe.com
S. 17: Papierflieger © Getty Images/iStock/Vitalii Dumma
S. 19: A © Getty Images/E+/fotografixx; B © Getty Images/iStock/ktaylorg; C © Getty Images/iStock/Viktoriia Hnatiuk
S. 20: © Getty Images/iStock/MichaelDeLeon
S. 21: © Getty Images/iStock/ktaylorg
S. 22: © Getty Images/iStock/ktaylorg
S. 27: © Getty Images/E+/sturti
S. 30: © Getty Images/E+/AscentXmedia
S. 31: © Valmedia – stock.adobe.com; Nils © Daria – stock.adobe.com; Esther © Getty Images/E+/FG Trade
S. 32: © Getty Images/E+/FangXiaNuo; untere Reihe von links nach rechts: © Getty Images/iStock/diignat; © Westend61 – stock.adobe.com; © Volodymyr Shevchuk – stock.adobe.com; © Getty Images/E+/FG Trade; © JackF – stock.adobe.com
S. 33: Nils © Daria – stock.adobe.com; Maruta © Getty Images/iStock/DjordjeDjurdjevic; Britta © Getty Images/E+/Giselleflissak; untere Reihe von links nach rechts: © radiokafka – stock.adobe.com; © Getty Images/iStock/Rawpixel; © Martin – stock.adobe.com; © Hero Images/Hero Images – stock.adobe.com; © astrosystem – stock.adobe.com; © Ryolemon – stock.adobe.com
S. 35: © Getty Images/E+/FG Trade
S. 36: Illustrationen untere Reihe von links nach rechts: © Getty Images/iStock/samuii; © Getty Images/iStock/Color_life; © Getty Images/iStock/Abscent84; © Getty Images/iStock/Mykyta Dolmatov
S. 37: Illustrationen untere Reihe von links nach rechts: © Getty Images/iStock/SpicyTruffel; © Getty Images/iStock/Color_life; © Getty Images/iStock/aseq; © Getty Images/iStock/BRO Vector; © Getty Images/iStock/Yuliya Pushchenko
S. 38: Leon © Thinkstock/Photodisc/Siri Stafford; Franziska © Getty Images/E+/HRAUN; Milena © Getty Images/iStock/wando studios inc; Jerin © Getty Images/iStock/XiXinXing; Yolanda © Getty Images/E+/FilippoBacci
S. 43: © bernard van berg/EyeEm – stock.adobe.com; Mann © Getty Images/iStock/mheim3011; Frau © Getty Images/iStock/fizkes
S. 44: © Franz Specht, Weßling
S. 45: Porto St. Stefano © Getty Images/iStock/monticelllo; Lüneburg © Getty Images/iStock/igmarx
S. 46: Koffer © Getty Images/iStock/Bet_Noire; Haus © Getty Images/iStock/Photomick
S. 47: © Getty Images/Westend61
S. 48: Charlotte © Getty Images/E+/pidjoe; Julius © Getty Images/E+/SolStock
S. 49: Artemis © Getty Images/E+/NoSystem images; Hubertus © Birgit Reitz-Hofmann – stock.adobe.com
S. 51: Bea und Noemi © Getty Images/iStock/MilosStankovic; Michi © Getty Images/E+/bymuratdeniz
S. 52: © Getty Images/E+/Martin Dimitrov
S. 59: © Getty Images/E+/alvarez
S. 60: Janina © Rido – stock.adobe.com; Pascal © Getty Images/iStock/Ridofranz
S. 61: © Getty Images/iStock/Prot Tachapanit
S. 63: beide Fotos © Getty Images/iStock/puhimec; Rahmen Video © Getty Images/iStock/oleksii arseniuk
S. 64: 1 © Getty Images/iStock/lucentius; 2 © Getty Images/iStock/Valeriia Sivakova; 3 © Getty Images/iStock/Tarzhanova; 4 © Getty Images/iStock/antpkr
S. 66: Stofftaschentücher © Getty Images/iStock/Andrei Zonenko; 1 © aneduard – stock.adobe.com; 2 © Anastasiia Burlakova – stock.adobe.com; 3 © Thinkstock/Stockbyte; 4 © Getty Images/iStock/alenkadr; Hund © Getty Images/iStock/PavelRodimov
S. 67: A © Getty Images/iStock/zi3000; B © Getty Images/iStock/kunchainub; C © Getty Images/iStock/triocean; D © Getty Images/iStock/OlgaKorica
S. 68: Gericht © Getty Images/iStock/triocean; Maike © Getty Images/E+/Tempura; Nabiha © Getty Images/E+/Stígur Már Karlsson/Heimsmyndir; Adam © Getty Images/E+/shapecharge
S. 70: © Getty Images/iStock/patrickheagney
S. 75: Tauben © OlegD – stock.adobe.com
S. 76: Zeichnung © Getty Images/DigitalVision Vectors/Grafissimo; Taube © MoRox – stock.adobe.com; Tauben Nest © Getty Images/iStock/ViniSouza128; untere Reihe: Taube © Videocorpus – stock.adobe.com; Ratte © George Dolgikh – stock.adobe.com; Spinne © PantherMedia/Zdenek Pistek; Eule © fotolia/Eric Gevaert; Tiger © MEV; Elefant © Getty Images/iStock/KenCanning; Schlange © Thinkstock/Photos.com/Jupiterimages
S. 77: Delfin © Getty Images/E+/kristian sekulic; Tintenfisch © PantherMedia/Reinhard Bruckner; Ziege © Getty Images/iStock/Fabian Plock; Kuh © fotolia/Jan Schuler; Hirsch © Thinkstock/iStock/dmodlin01; Fuchs © Getty Images/iStock/jimfeng
S. 78: Pinguine © iStock/elmvilla
S. 79: Frauen © Getty Images/E+/filmstudio
S. 80: © Thinkstock/Digital Vision
S. 83: Straßenszene © Getty Images/iStock/Istvan Balogh; Plakat „Ich bin Dein Mensch“ © 2021 Majestic Filmverleih

S. 84: Frau © Coloures-Pic – stock.adobe.com; Mann © GVS – stock.adobe.com; Filmausschnitt „Ich bin Dein Mensch“ © 2021 Majestic Filmverleih
S. 91: Mann © Getty Images/E+/damircudic
S. 92: Elisa © Getty Images/iStock/Capuski
S. 95: Straßenszene © cvincelet – stock.adobe.com
S. 96: Juliana Armenta Produktionsfoto: Jana Weers, Berlin; Kunst Collage aus: © ink drop – stock.adobe.com, © primopiano – stock.adobe.com, © Normform – stock.adobe.com, © Getty Images/E+/FOTOGRAFIA INC., © astrosystem – stock.adobe.com, © Luc.Pro – stock.adobe.com, © Oleksandr – stock.adobe.com, © Robert – stock.adobe.com, © PantherMedia/Hanns-Joachim Recksiek; Künstler-/in © Getty Images/E+/baranozdemir; Maler-/in © Getty Images/E+/South_agency; Fotografie © Getty Images/iStock/monkeybusinessimages; Kunstwerk © PantherMedia/Dmitry Orlov
S. 97: Filmausschnitt Juliana Armenta Produktionsfoto: Jana Weers, Berlin; Gemälde © Getty Images/iStock/Nongkran_ch; Skulptur © Thinkstock/iStock/Gilmanshin; Street-Art © Getty Images/E+/FOTOGRAFIA INC.; Graffiti © fotolia/Visual Concepts; Zeichnung © Shutterstock.com/Ezz Mika Elya; Grafik © Getty Images/iStock/Normform
S. 99: Foto © Getty Images/E+/FatCamera
S. 100: Mann © Getty Images/iStock/DMEPhotography
S. 101: Frau © Getty Images/E+/Portra
S. 107: Schreinerei © Getty Images/E+/sanjeri; Wanderjahre © Getty Images/iStock/sandyriverman
S. 108: Mann © Getty Images/E+/andresr; Frau © Getty Images/E+/sanjeri
S. 110: Brillen © Getty Images/iStock/Ikonoklast_Fotografie
S. 111: Frosch © Getty Images/iStock/Ok Sotnykova; Fam. Hüllnitz © Getty Images/iStock/Image Source; Sara © Getty Images/E+/FreshSplash
S. 112: Fake News © SdecoretMockup – stock.adobe.com; René © Getty Images/iStock/Dejan_Dundjerski; Sara © Getty Images/E+/FreshSplash; Jens © Getty Images/E+/Johnny Greig
S. 114: Eisbären © hperry – stock.adobe.com
S. 115: Junge © Getty Images/iStock/4x6; Whiteboard © Getty Images/iStock/ChakisAtelier
S. 116: Kinder © Getty Images/iStock/Drazen Zigic; alle Piktogramme © Getty Images/iStock/GreenTana
S. 117: Julia © goodluz – stock.adobe.com, Derek © StratfordProductions – stock.adobe.com; Ahmad © eggeeggjiew – stock.adobe.com; alle Piktogramme © Getty Images/iStock/GreenTana
S. 118: Anita © Ulrika Kestere – stock.adobe.com; Yasemin © fizkes – stock.adobe.com; Julian © Getty Images/E+/JGalione
S. 123: Petra Kelly Illustration © Simon Schwartz | Heinrich-Böll-Stiftung, 2022;
S. 124: © picture-alliance/dpa|Karin Hill – Petra Kelly, Sprecherin der Grünen, bei der Blockade des US-Raketendepots am 01.09.1983 in Mutlangen.; die Partei © cbies – stock.adobe.com – die politischen Parteien Deutschlands
S. 126: Logo und Award Foto © www.rightlivelihood.org
S. 127: Turm © Getty Images/iStock/Gutzemberg; Tuncay © Getty Images/iStock/Lord Baileys
S. 128: Karte © sunt/stock.adobe.com; Filmausschnitt © Eulefilm – natur.wissenschaft.audiovisuell – www.eulefilm.de und BUND Fachbereich Grünes Band – www.bund.net; Tuncay © Getty Images/iStock/Lord Baileys; Greta © Thinkstock/iStock/ChrisMajors; Suszanna © Getty Images/E+/filadendron
S. 129: Luchs © Getty Images/iStock/Andyworks
S. 130: Strand © Getty Images/iStock/A-Tom
S. 131: Magdalena © Getty Images/iStock/galdzer
S. 133: Uhren © Getty Images/iStock/FORGEM; Frau © Getty Images/iStock/Deagreez; Mann © Getty Images/iStock/decisiveimages
S. 139: Magazinseite © Cavan Images – stock.adobe.com
S. 140: beide Fotos © Getty Images/iStock/Zinkevych; Blumen © Getty Images/iStock/ChrisGorgio
S. 141: © Getty Images/iStock/Ridofranz; Karussell © Getty Images/iStock/Lugaaa
S. 142: © Getty Images/iStock/jacoblund; Eichhörnchen © Getty Images/iStock/Andyworks
S. 143: © Getty Images/iStock/vadimguzhva
S. 144: oben © Getty Images/iStock/OLGA KAZANTSEVA; unten © Getty Images/iStock/Blumbaker
S. 145: © Getty Images/iStock/Eleonora Grigorjeva
S. 146: © Getty Images/iStock/PeopleImages; Sophie © Getty Images/E+/Goodboy Picture Company
S. 147: 1 © Getty Images/iStock/SuzanaMarinkovic; 2 © Getty Images/E+/AzmanJaka; 3 © Getty Images/iStock/fermate; 4 © Getty Images/iStock/vaaseenaa
S. 148: Roboter © Getty Images/E+/imaginima
S. 149: Schafe © Getty Images/iStock/KarelGallas; Sarah © Getty Images/iStock/Ridofranz; Orang-Utan © Getty Images/iStock/KiltedArab
S. 150: Kinder © Getty Images/iStock/monkeybusinessimages; Ada Lovelace, Porträt um 1835. Englische Mathematikerin und Schriftstellerin – © IanDagnall Computing/Alamy Stock Foto; Margaret Hamilton © NASA Image Collection/Alamy Stock Foto
S. 151: Graf Fidi | https://graffidi.de – Foto © Andi Weiland | andiweiland.de
S. 152: Buchstaben © Getty Images/iStock/Just_Super; Moderator © Getty Images/iStock/Antonio_Diaz

S. 153: Frauen © Robert Kneschke – stock.adobe.com; Illustrationen © Getty Images/DigitalVision Vectors/bamlou
S. 154: A © Getty Images/E+/ClarkandCompany; B © Getty Images/E+/YorVen; C © Getty Images/iStock/joshuaraineyphotography; D © Getty Images/E+/luza studios
S. 155: Cover und Textauszug © DuMont Buchverlag, Köln – Mariana Leky "Kummer aller Art"
S. 160: A © Getty Images/iStock/Ranta Images; B © Thinkstock/iStock/seb_ra; C © Getty Images/E+/yongyuan; D © Getty Images/E+/hobo_018; E © Getty Images/iStock/Getty Images Plus/apomares; F © Thinkstock/Fuse
S. 166: Autos © Kara – stock.adobe.com; Mann © Getty Images/iStock/Jelena Danilovic; Fahrradfahrer © Getty Images/E+/AscentXmedia; Fahrrad © Getty Images/iStock/deepblue4you; Fahrradschloß © Getty Images/iStock/tatniz; Jacke © Getty Images/iStock/gopfaster; Fahrradtasche © Image Factory – stock.adobe.com; Karte © Getty Images/iStock/filborg
S. 167: © picture-alliance/REUTERS | Nacho Doce – Kinder und freiwillige Eltern fahren mit dem Fahrrad zur Schule auf autofreien Straßen als Teil des „Bicibus" (Fahrradbus) der Stadt in Barcelona, Spanien, 18. November 2022
S. 168: © Harald Tedesco – stock.adobe.com
S. 169: © Getty Images/E+/FG Trade
S. 170: A © Seymour – stock.adobe.com; B © Simone van den Berg – stock.adobe.com; C © sebgsh – stock.adobe.com; D © Kitch Bain – stock.adobe.com; E © dionoanomalia – stock.adobe.com; F © Jutta Adam – stock.adobe.com; G © Aukid – stock.adobe.com; H © Peter – stock.adobe.com; I © Getty Images/E+/FrankRamspott; J © katrin sauerwein/EyeEm – stock.adobe.com; K © ronstik – stock.adobe.com; L © Sonja – stock.adobe.com
S. 172: Alina © Thinkstock/Stockbyte; Alexey © Thinkstock/iStock/NADOFOTOS; Edwina © Getty Images/iStock/gustavofrazao
S. 175: © Thinkstock/Zoonar
S. 178: Johannes © Getty Images/iStock/pixelfit; Ruth, Björn, Marlen © Getty Images/E+/Martin Dimitrov
S. 180: Linus © Rido – stock.adobe.com; Theo © Getty Images/iStock/ajr_images
S. 185: A © Getty Images/iStock/Andrei Zonenko; B © Getty Images/iStock/aimy27feb; C © Thinkstock/iStock/msk.nina; D © Thinkstock/iStock/mkos83; E © Getty Images/iStock/clu; F © Getty Images/E+/Antagain; G © Thinkstock/iStock/Picsfive; H © Thinkstock/Stockbyte; I © Getty Images/iStock/clu; J © ThinkStock/iStock/Azure-Dragon; K © Getty Images/iStock/Samohin; L © PantherMedia/Bernhard Spieldenner
S. 190 + 191: Frau © Getty Images/E+/AzmanJaka
S. 194: Zer-Rur © Getty Images/E+/Rifka Hayati; A © Getty Images/iStock/Avlana; B © Getty Images/iStock/Xebeche; C © Getty Images/E+/carlosalvarez
S.195: Kalan © Getty Images/E+/damircudic; A © Getty Images/E*/martin-dm; B © Thinkstock/iStock/bernardbodo; C © iStockphoto/apelletr; Nadine © Getty Images/E+/Drazen_; A © Getty Images/iStock/monkeybusinessimages; B © Getty Images/E+/baona; C © Getty Images/iStock/georgeclerk; Helge © Getty Images/E+/CasarsaGuru; A © Getty Images/iStock/bogonet; B © iStock/Eric Isselée oder © iStock/GlobalP bei alten Projekten; C © Shutterstock.com/halfmax.ru
S. 198: Anita © Getty Images/E+/Portra; Arne © Getty Images/E+/HRAUN; Tim © Getty Images/E+/SolStock; Ferhat © Daniel Ernst – stock.adobe.com; Galina © JackF – stock.adobe.com; Stefan Produktionsfoto: Alexander Sascha Keller, München; Sibylle © Getty Images/E+/FatCamera; Gabriela © Getty Images/E+/SilviaJansen; Daan © Getty Images/E+/PeopleImages; Cosmin © Thinkstock/iStock/NADOFOTOS; Enrico © fotolia/Rido; Réka Produktionsfoto: Florian Bachmeier, Schliersee
S. 202: A © hperry – stock.adobe.com; B © Rawpixel.com – stock.adobe.com; C © Getty Images/iStock/Darko-Art
S. 205: Bundesrat © Getty Images/iStock/Heidloss Tilo Geringswald Felix GbR; Bundestag / Reichstag © Getty Images/iStock/georgeclerk; Schloss Bellevue (Bundespräsident-/in) © Getty Images/iStock/Rolphus; Kanzleramt (Bundeskanzler-/in) © Getty Images/iStock/PatrickPoendl; Bundesverfassungsgericht © Klaus Eppele – stock.adobe.com
S. 206: A © Getty Images/iStock/rvimages; B © Getty Images/E+/FG Trade; C © Getty Images/iStock/Jchaichan; D © Getty Images/iStock/nicoletaionescu; E © Getty Images/iStock/Bogdan Kurylo; F © Getty Images/E+/FatCamera; G © Getty Images/E+/vm; H © Getty Images/E+/SolStock; I © Getty Images/iStock/lzf
S. 207: B © picture-alliance/ASSOCIATED PRESS – Konrad Adenauer bei der Unterzeichnung des Grundgesetzes am 23. Mai 1949; C © Roland Brack/Alamy Stock Foto – Das Denkmal des deutschen Grenzpunkts Alpha.; D © RBM Vintage Images/Alamy Stock Foto – Bau der Berliner Mauer unter bewaffneter Bewachung, Berlin, Deutschland, 1961.; E © imageBROKER.com GmbH & Co. KG/Alamy Stock Foto – © imageBROKER.com GmbH & Co. KG/Alamy Stock Foto; F © sunt/stock.adobe.com
S. 209: Flasche © iStock/diewis33; Papier © Getty Images/iStock/Marat Musabirov
S. 211: 1 © Getty Images/E+/AleksandarNakic; 2 © Getty Images/E+/FangXiaNuo
S. 213: Theo © Getty Images/iStock/ajr_images; Linus © Rido – stock.adobe.com

S. 214: A © Getty Images/iStock/Andrei Zonenko; B © Getty Images/iStock/aimy27feb; C © Thinkstock/iStock/msk.nina; D © Thinkstock/iStock/mkos83; E © Getty Images/iStock/clu; F © Getty Images/E+/Antagain; G © Thinkstock/iStock/Picsfive; H © Thinkstock/Stockbyte; I © Getty Images/iStock/clu; J © ThinkStock/iStock/Azure-Dragon; K © Getty Images/iStock/Samohin; L © PantherMedia/Bernhard Spieldenner
S. 218: Anita © Getty Images/E+/Portra; Arne © Getty Images/E+/HRAUN; Tim © Getty Images/E+/SolStock; Ferhat © Daniel Ernst – stock.adobe.com; Galina © JackF – stock.adobe.com; Stefan Produktionsfoto: Alexander Sascha Keller, München; Sibylle © Getty Images/E+/FatCamera; Gabriela © Getty Images/E+/SilviaJansen; Daan © Getty Images/E+/PeopleImages; Cosmin © Thinkstock/iStock/NADOFOTOS; Enrico © fotolia/Rido; Réka Produktionsfoto: Florian Bachmeier, Schliersee

Mit freundlicher Unterstützung durch Pictura Anima, Tattoostudio Allach (S. 15)
Produktionsfotos: Alexander Sascha Keller, München
Illustrationen: Michael Mantel, Barum
Bildredaktion: Natascha Apelt, Hueber Verlag, München

Inhalt der CD
CD 1: Hörtexte zum Kursbuch Lektionen 1 – 6;
CD 2: Hörtexte zum Kursbuch Lektionen 7 – 12;
CD 3: Hörtexte zum Kursbuch Lektionen 13 – 18;
CD 4: Hörtexte zum Kursbuch Lektionen 19 – 24

Sprecherinnen und Sprecher: Angelika Bender, Stefanie Dischinger, Peter Frerich, Leslie-Vanessa Lill, Verena Rendtorff, Manuel Scheuernstuhl, Patricia Strasburger, Walter von Hauff, Alexander Wohnhaas

Produktion: Tonstudio Graf, 82178 Puchheim bei München | Scheune München Mediaproduction GmbH